城市交通经典文丛

公共交通引导城市发展（TOD）
实践者资源与工具手册

世界银行　编

一览众山小 - 可持续城市与交通团队　组译

涂　睿　黄　飘　黄若畅　孙丽明　王宇琦　肖中圣　张小韫　刘岱宗　译

© 2018 The World Bank

Prepared for World Bank Group by IBI Group

《公共交通引导城市发展（TOD）实践者资源与工具手册》基于公共交通引导开发的原则，从评估、赋能、规划与设计、融资和实施等方面，以条理清晰的分步指导、高辨识度的图表等形式，通过对大量成功实践案例的客观分析，为读者提供了丰富且易于理解和应用的全流程知识资源和实践工具。

　　本书由全球环境基金（Global Environment Facility, GEF）资助，世界银行（The World Bank）管理的可持续城市全球平台（Global Platform for Sustainable Cities，GPSC）主导撰写，融汇了30余座不同规模、不同地理区域城市的TOD开发经验，在业内具有无可比拟的权威性和指导价值。

　　本书既可作为城市规划、城市交通规划及房地产行业从业者的实践指导读物，也可作为城市规划决策者的施策参考读物，还可供有兴趣了解可持续城市交通理念的大众读者阅读。

TOD IMPLEMENTATION RESOURCES & TOOLS

Copyright © 2018 by International Bank for Reconstruction and Development / The World Bank

公共交通引导城市发展（TOD）实践者资源与工具手册

版权 © 2018 国际复兴开发银行 / 世界银行

This work was originally published by The World Bank in English as *TOD IMPLEMENTATION RESOURCES & TOOLS* in 2018. This Chinese translation was arranged by China Machine Press. China Machine Press is responsible the quality of the translation. In case of any discrepancies, the original language will govern.

　　本作品英文原版由世界银行于2018年出版，作品名为 *TOD IMPLEMENTATION RESOURCES & TOOLS*。本作品简体中文版由机械工业出版社组织翻译，并对译文质量负责。如果本作品简体中文版与英文原版存在差异，则以英文原版为准。

　　本作品所述任何研究成果、释义和结论未必反映世界银行、世界银行执行董事会及世界银行执行董事所代表的政府的观点。

　　世界银行不保证本作品所述数据的准确性。本作品引用的地图中标注的边界、颜色、面积等信息，不代表世界银行对任何领土的法律主张，以及对相关边界的认可或判断。

图书在版编目（CIP）数据

公共交通引导城市发展（TOD）实践者资源与工具手册 / 世界银行编；涂睿等译.—北京：机械工业出版社，2021.7
（城市交通经典文丛）
书名原文：TOD Implementation Resources & Tools
ISBN 978-7-111-68135-9

Ⅰ.①公… Ⅱ.①世…②涂… Ⅲ.①城市交通系统–公共交通系统–交通规划–手册 Ⅳ.①U491.1-62

中国版本图书馆CIP数据核字（2021）第084300号

机械工业出版社（北京市百万庄大街22号　邮政编码100037）
策划编辑：孟　阳　　责任编辑：孟　阳
责任校对：黄兴伟　　责任印制：张　博
北京利丰雅高长城印刷有限公司印刷
2021年7月第1版第1次印刷
215mm×280mm・34印张・2插页・692千字
0 001—2 500册
标准书号：ISBN 978-7-111-68135-9
定价：299.00元

电话服务　　　　　　　　　网络服务
客服电话：010-88361066　　机　工　官　网：www.cmpbook.com
　　　　　010-88379833　　机　工　官　博：weibo.com/cmp1952
　　　　　010-68326294　　金　书　网：www.golden-book.com
封底无防伪标均为盗版　　机工教育服务网：www.cmpedu.com

序

"设想一下,如果我们能建设一个拥有更高质量社区、更低成本基础设施和更低单位活动二氧化碳排放量的城市,那么,在这样的城市中,居民将享受到更低综合成本的交通和住房。公共部门通过提供低成本的公共交通、步行和骑行等综合出行方式,帮助居民轻松到达工作地点,并获得大部分公共服务。城市的经济和人口中心具有抵御自然灾害的强大韧性。与此同时,综合利用土地和交通规划创造的价值,还能用于改善公共空间、增强城市互联互通性及建设保障性住房。公共交通引导开发(TOD)恰能助力我们实现这一愿景。"世界银行团队在《通过公共交通引导的发展改造城市空间:3V方法》一书中提出了从大都市区、交通走廊到社区层级,将空间经济、规划和设计功能整合的变革愿景。

中国国务院发展研究中心与世界银行联合发布的《中国:推进高效、包容、可持续的城镇化》报告中特别指出,随着中国城镇化进程的快速推进,以及世界上最大规模高铁和地铁网的投建与运营,TOD 概念将在中国迎来广阔的应用前景。然而,在亲自参与了中国的 6 个高铁项目、南昌和郑州的 2 个地铁项目以及天津的 1 个绿色交通项目后,我意识到,对于一个 TOD 项目,从提出愿景到付诸实施会面临重重挑战:许多参与方会在一定时间内发生变化;应对挑战的策略尚不明确;相关法规仍须修订完善;机构职责的重叠不利于制订协调性解决方案;项目时间跨度往往长达数年。

不仅在中国,世界银行在全球不同地区开展的 35 个 TOD 项目也面临着相似挑战。在确定 TOD 概念对城市的适用性后,项目的利益相关方会提出一系列问题:我们要做什么?我们要如何做?有哪些成功案例值得我们参考?

《公共交通引导城市发展(TOD)实践者资源与工具手册》基于 30 余座不同规模、不同地理区域的城市的 TOD 开发经验编写,旨在为即将从事 TOD 相关工作的读者提供知识资源和实践工具支持,指导他们在项目的每个阶段轻松地与同行沟通交流,同时列举了若干成功实践案例,并明确了项目执行过程中不同角色的职权范围。与同类普适性知识产品一样,本书并没有收录所有 TOD 问题,也没有囊括不胜枚举的地方性差异,而是希望为读者夯实业务基础,帮助他们把握机会、应对挑战,探索适合自己所在城市的实践方法。世界银行将对本书的电子版进行不定期更新,不断引入新的案例和经验,例如我的同事方琬丽在世界银行项目中所开展的大规模数据分析,以及过去十年中国各地实施的诸多 TOD 案例。

我希望这本书能对您有所裨益,并诚挚欢迎您与所有 TOD 实践者分享以 TOD 理念改造城市的经验。

欧杰(Gerald Ollivier)
世界银行首席交通专家

哥伦比亚,波哥大

致　　　谢

TOD 实践资源和工具知识产品由世界银行管理的可持续城市全球平台（GPSC）和 TOD 实践共同体（TOD CoP）创建，相关文档由 TOD CoP 负责人欧杰（Gerald Ollivier）主持编制。

IBI 集团起草并设计了文档的版式，同时汇编了完善文档过程中咨询过的专业人士所分享的各类知识资源。IBI 集团的团队由 Ashish Ghate 和 Bankim Kalra 领导，团队成员包括 Aadish Nargunde、Amanda Murray、Aravind Vishwanathan、Astha Malhotra、David Richardson、Duncan Allen、Kamran Naseem、Kim Behrouzian、Ksenija Pridraski、Linden Laserna、Marckley Etienne、Nita Johnson、Patricia Rumado、Rachel Vesz、Rashmi Rajpal、Sandeep Venkataramu、Shraddha Kumar、Sumeet Sharma、Surabhi Kapoor、Tony Zhou、Trevor McIntyre、Vivian Brooks 和 Zohra Mutabanna。

GPSC 的团队成员 Lincoln Lewis 和 Qiyang Xu 提供了反馈建议，同时与 IBI 集团合作翻译了文档，并上传至 GPSC 互联网平台。

诚挚感谢世界银行召集的同行审议小组。该小组由 Franz Drees-Gross 和 Sameh Wahba 领导，成员包括 Fabio Duarte、Sujata Govada、Sarah Lin、Joanna Masic、Aiga Stokenberga、Eric Turner、Felipe Targa Rodriguez、Shin Kim、Jasmine Tillu、Cuong Dang 和 John Good（来自世界银行），以及 Mariana Orloff（来自世界资源研究所）。Valerie-Joy Santos、Victor Vergara 和 Barjor Mehta 也为文档的编制工作做出了贡献。

文档由 Sameh Wahba 领导的世界银行社会、城市、农村与灾害风险管理全球实践局（GSURR）与 Franz Drees-Gross 领导的世界银行交通全球实践局（GTRDR）团队联合开发。

特别感谢 Xueman Wang，她负责协调 GPSC 团队开发相关知识产品。

文档的编制得到了 GPSC 合作伙伴的支持，包括全球环境基金（GEF）、世界银行、项目参与国和城市、项目执行机构和资源团队组织。

缩略语对照

ADB	Asian Development Bank	COC	Cash On Cash Return
AICTSL	Atal Indore City Transport Services Limited	COP	Community of Practice
APTMS	Automatic Public Transport Management System	CPRE	Campaign to Protect Rural England's
		CPTED	Crime Prevention through Environmental Design
ARDSS	Augmented Reality Decision Support Systems	CPTM	São Paulo Metropolitan Trains Company
ARR	Accounting Rate of Return	CTOD	Centre for Transit Oriented Development
ASI	Avoid–Shift–Improve	CTS	Centre of Sustainable Transport
BER	Break-Even Ratio	DBF	Design-Build-Finance
BID	Business Improvement District	DBFM	Design-Build-Finance-Maintain
BMC	Bombay Municipal Corporation (now known as Municipal Corporation of Greater Mumbai)	DBLVC	Development-Based Land Value Capture
		DBO	Design-Build-Operate
		DCR	Debt Coverage Ratio
BMS	Bus Management System	DCRs	Development Control Regulations
BMTC	Bangalore Metropolitan Transport Corporation	DDA	Delhi Development Authority
		DMDP	DSM Metropolitan Development Project
BOT	Build-Operate-Transfer	DMRC	Delhi Metro Rail Corporation
BRT	Bus Rapid Transit	DOTS	Digital Observation Technology Skills
BRTS	Bus Rapid Transit System	DPR	Detail Project Report
BTOD	Bus Transit Oriented Development	DRC	Development Rights Certificate
CAP	Capital	DULT	Directorate of Urban Land Transport
CAPEX	Capital Expenditure	EDC	External Development Charges
CBD	Central Business District	EMTU	Metropolitan Urban Transportation Company
CDM	Clean Development Mechanism	EPA	Environmental Protection Agency
CET	Traffic Engineering Company	FAO	Food and Agriculture Organization
CFAT	Cash Flow After Tax	FAR	Floor Area Ratio
CFBT	Cash Flow Before Tax	FIFA	International Federation of Association Football
CISA	Certified Information System Auditor		
CNU	Congress for the New Urbanism		

FSI	Floor Space Index	ICT	Information and Communication Technologies
FV	Future Value	IDB	Inter-American Development Bank
GDP	Gross Domestic Product	IPT	Intermediate Public Transport
GEMI	Gujarat Environment Management Institute	IRR	Internal Rate of Return
GHG	Greenhouse Gas	ITDP	Institute for Transportation and Development Policy
GHMC	Greater Hyderabad Municipal Corporation	ITP	Integrated Transport Plan
GIS	Geographic Information System	ITS	Intelligent Transportation Systems
GISPTN	Gauteng Intermodal Strategic Public Transport Network	ITU	International Telecommunications Union
GIZ	The Deutsche Gesellschaft Für Internationale Zusammenarbeit	JICA	Japan International Cooperation Agency
GLAAS	The UN-Water Global Analysis and Assessment of Sanitation and Drinking-Water	KPI	Key Performance Indicator
		LAC	Latin American and Caribbean
GOI	Gross Operating Income	LCR	London and Continent Railways
GPS	Global Positioning System	LEED	Leadership in Energy and Environmental Design
GPSC	Global Platform for Sustainable Cities	LOS	Level of Service
GRHS	Global Report of Human Settlements	LPA	Locally Preferred Alternative
GRM	Gross Rent Multiplier	LRT	Light Rail Transit
GSI	Gross Scheduled Income	LSE	London School of Economics
GTIDR	Global Training Institute Development & Research	LTA	Land Transport Authority
GVM	Gross Vehicle Mass	LTV	Loan to Value
GVMC	Greater Vishakhapatnam Municipal Corporation	LVC	Land Value Capture
		MCGM	Municipal Corporation of Greater Mumbai
HCMC	Ho Chi Minh City	MDGS	Millennium Development Goals
HDI	Human Development Index	MIDC	Maharashtra Industrial Development Corporation
HMDA	Hyderabad Metropolitan Development Area		
HMR	Hyderabad Metro Rail Limited	MIT	Massachusetts Institute of Technology
IBGE	Brazilian Institute of Geography and Statistics		

MLD	Millions of Liters Per Day	PIC	Public Information Center
MMTS	Multi-Modal Transport System	POC	Postal Operations Council
MPD	Master Plan Development	PPIP	Policy-Program-Implementation Process
MRT	Mass Rapid Transit	PPP	Public-Private Partnerships
MRTS	Mass Rapid Transport System	PPUDO	Pick Up and Drop Off
MRVC	Mumbai Railway Vikas Corporation Ltd.	PRC	People's Republic of China
MTR	Mass Transit Railway	PTUS	Urban Transportation Plan for Santiago
NACTO	National Association of City Transportation Officials	PUI	Proyecto Urbano Integral
		PV	Present Value
NAMA	Nationally Appropriate Mitigation Actions	PWC	PricewaterhouseCoopers
NCT	National Capital Territory	REA	Real Estate Analysis
NCTD	National Capital Territory of Delhi	ROI	Return on Investment
NGO	Non-Governmental Organizations	ROW	Right-of-Way
NMG	Nanchang Municipal Government	RTA	Road and Transportation Authority
NMT	Non-Motorized Transportation	RTAAP	Rapid Transit Alternative Analysis Process
NOI	Net Operating Income	RTC	Road Transport Corporation
NPPF	National Planning Policy Framework	RTOD	Rapid Transit Oriented Development
NPV	Net Present Value	SAP	Station Accessibility Plans
NRTG	Nanchang Railway Transit Group	SAR	Special Administrative Region
OECD	Organization for Economic Co-operation and Development	SBC	Sustainable Buildings and Construction
		SDI	Seoul Development Institute
OER	Operating Expense Ratio	SEFORALL	Sustainable Energy for All
OODC	Outorga Onerosa do Direito de Construir	SEZ	Special Economic Zone
OPEX	Operating Expense	SSEZ	Shenzhen Special Economic Zone
OVE	Evaluation and Oversights	STEM	Science, Technology, Engineering and Mathematics
PBS	Public Bicycle Sharing		
PDG	Palmer Development Group	STM	Secretariat of Metropolitan Transport
PERT	Program Evaluation Review Technique	SUTMP	Sustainable Urban Transport Master Plan

SWOT	Strengths, Weaknesses, Opportunities and Threats		Development
		UTF	Urban Transport Fund
SZMC	Shenzhen Metro Group Co.	UT-DAT	Urban Transport Data Analysis Tool
TAD	Transit Adjacent Development	UTTIPEC	Unified Traffic and Transportation Infrastructure Planning and Engineering Centre
TDLC	Tokyo Development Learning Centre		
TDM	Transportation Demand Management		
TDR	Transferable Development Rights	VCF	Value Capture Financing
TIF	Tax Increment Financing	VGF	Viability Gap Funding
TNO	The Netherlands Organization Business	WB	World Bank
TOD	Transit-Oriented Development	WHO	World Health Organization
TOR	Terms of Reference	WRI	World Resources Institute
TRX	Tun Razak Exchange		
TSD	Transit Supportive Development		
UAE	United Arab Emirates		
UHI	Urban Heat Island		
ULB	Urban Local Body		
UNDP	United Nations Development Programme		
UNECE	United Nations Economic Commission for Europe		
UNEP	United Nations Environment Programme		
UNESCO	United Nations Educational, Scientific and Cultural Organization		
UN-HABITAT	United Nations Human Settlements Programme		
UNICEF	United Nations Children's Fund		
UNIDO	United Nations Industrial Development Organization		
UPU	Universal Postal Union		
USAID	United States Agency for International		

译 者

涂睿
美国规划协会注册规划师
南加州大学公共政策学院交通规划硕士
前世界银行可持续城市综合方式示范项目顾问
曾就职于 HDR 咨询公司和洛杉矶交通局
在美国、加拿大、中国参与超过二十个城市的交通规划和可行性研究
主要从事城市交通规划、可持续交通政策、交通科技可行性研究和推广战略规划等工作

王宇琦
中国人民大学国民经济学学士
清华大学公共管理学院应用经济学硕士
麻省理工学院城市规划硕士
湾区大都市区交通规划委员会规划师和土地利用模型建模分析师
在美国和中国从事政策分析、城市经济咨询、地产咨询、创业公司项目管理等工作

张小韫
麻省理工学院土木与环境工程学士
加州大学伯克利分校交通工程与城市规划硕士
Cambridge Systematics 咨询公司交通规划师、建模师
从事城市交通建模、客运系统分析、可持续交通政策、地理空间分析、慢行交通等研究工作
曾就职于东日本旅客铁路公司研发部与美国旧金山郡交通规划组织
城市规划科普节目《湾上说规划》主播、策划人

黄飘
北京师范大学行政管理、法学双学士
在中国一线城市轨道交通运营领域拥有超过 10 年工作经验
先后从事车站运营管理、服务管理、品牌建设与管理等工作
曾参与智慧地铁、领先型城市轨道交通服务系统、TOD 产品策划等研究工作

简 介

黄若畅
美国规划协会注册规划师
美国宾夕法尼亚大学设计学院城市规划硕士
现就职于美国嘉科工程，主要从事交通影响评估、交通规划建模、数据分析等工作
曾就职于费城大都市区规划组织参与区域交通需求模型完善校准工作

肖中圣
北京交通大学在读博士研究生
参与多项城市轨道交通政策、土地开发、城市规划相关项目
主要研究方向为TOD、城市轨道交通规划与管理、可达性

孙丽明
北京交通大学交通运输工程学士
加拿大卡尔加里大学公共交通规划与设计硕士
现就职于卡尔加里市政府LRT"绿线"规划与建设部门
曾就职于HDR咨询公司
主要从事公共交通分析、规划与设计、公共交通车站行人仿真等工作

刘岱宗
2003年研究生毕业于新加坡国立大学土木工程学院，本科毕业于东南大学交通运输学院。曾受聘为国务院参事室共享出行专家、联合国亚太经济与社会委员会（UNESCAP）可持续交通专家、世界银行公共交通引导发展（TOD）顾问专家，以及亚洲开发银行可持续交通与低碳城镇化顾问专家，同时还担任北京市交通委员会第三批特聘专家、世界交通运输大会未来交通运输与可持续发展学科主席、重庆城市交通开发投资集团外部董事等社会职务。2014年主导创立微信公众号"一览众山小 - 可持续城市与交通"。2017年与"一席"合作推出公开演讲《完整街道Street for All》，点播量超过500万次。连续三年受邀在耶鲁大学森林与环境学院做研讨会演讲，并受邀在美国约翰霍普金斯大学和宾夕法尼亚大学等国际著名学府做相关学术演讲，推动中美两国在城市与交通领域的学术合作

目 录

1	**TOD知识产品**（1）	介绍了知识产品和公共交通引导开发（TOD）的原则、障碍和现有资源，作为运用TOD工具的基础，同时介绍了TOD的五个步骤，以及各步骤涉及的工具。

TOD框架

2	**评估**(27)	概述了对城市开展TOD规划准备情况进行检视的步骤，包括定义规划的规模和范围，以及确定TOD项目的利益相关方。
3	**赋能**(123)	介绍了在开展详细的TOD规划计划前，创造有利于TOD成功实施的启动环境所必需的步骤。
4	**规划与设计**(193)	介绍了一系列详细规划原则和设计要素，用于在各层级（城市、走廊、站点区域和地块层级）中制订TOD规划。
5	**融资**(325)	概述了城市实现先前步骤确定的TOD规划政策、项目和计划可使用的融资工具。
6	**实施**(379)	概述了实施TOD规划所需的任务和子任务，包括机构框架和支持性公共政策。

本书衍生资源包括：全球TOD实验案例研究、有关知识产品类型的现有报告示例和职权范围、图像库及词汇表。这些知识产品也可通过可持续城市全球平台（GPSC）的TOD网站和世界银行的TOD实践共同体（CoP）网站获得。

TOD知识产品

概 述

概　述

TOD（Transit-oriented Development）意为公共交通引导开发，是一种城市规划和设计策略。它以公共交通和慢行交通（步行与骑行）为主要交通方式，致力于建设有活力、多样化的宜居社区。通过将高密度土地开发、社区和居民活动集中在公共交通站点（公交或轨道）5~10分钟步行范围内来实现。TOD可提高城市空间质量，实现多种土地利用模式间的便捷、高效连通。

TOD囊括了土地利用、交通规划、城市设计、城市更新、房地产开发、土地交易、土地价值捕获（Land Value Capture，LVC）和基础设施建设等要素，以更好地实现城市的可持续发展。鉴于TOD实施环节的复杂性，理解城市内所有系统（房地产经济学、公共交通路线规划、基础设施设计、土地利用规划和分区法规、城市更新推动的地方经济发展、城市设计等）的动态关系至关重要。TOD作为一种工具，可使城市管理者通过协调城市事务的优先级来构建最优发展环境，并最终实现具有包容性和韧性的发展模式。世界银行认为，这些优先考虑因素是TOD成功的基础。

具有包容性和韧性的TOD八项原则

1. 使人口和经济密度与公共交通载客能力和路网特性相协调，提高可达性。
2. 创建通勤时间较短的紧凑型区域。
3. 确保公共交通连通地区的韧性。
4. 在交通走廊层级规划混合收入社区。
5. 围绕车站创造充满活力、以人为中心的公共空间。
6. 开发鼓励步行和骑行的社区。
7. 发展优质、可达的综合性公共交通系统。
8. 管理私家车需求。

TOD知识产品汇集了来自多个国家和组织的知识资源，可辅助分解TOD概念，并将其应用于世界银行客户国的城市。世界银行通过实践共同体（Community of Practice，CoP），同可持续城市全球平台（Global Platform for Sustainable Cities，GPSC）一道，与30多个不同规模、不同地理区域的城市合作进行TOD开发，共同确定了对相关资源的需求。CoP致力于支持TOD的评估和实施，扩充现有TOD知识库，并充分发挥与其他智库和机构的合作关系。

这些知识资源是世界银行CoP在提供TOD规划和实施指南方面进行的首次全面尝试。随着各地对快速公共交通系统投资的增加，编写本书正当其时。它将帮助世界银行客户国的TOD利益相关方整合土地利用和公共交通，并推动越来越多的城市转变发展模式。

世界银行客户国的TOD挑战

在一些高收入国家的主要城市，TOD往往以增加人口密度和公共交通客流量为目的，由对市场风险和发展的强烈需求、明确的监管和政策框架、强大的机构执行能力等因素推动。中国香港特别行政区、新加坡和美国弗吉尼亚州阿灵顿市（Arlington）为我们提供了成功的TOD案例。它们的成功得益于高质量的公共交通投资以及与之匹配的公共基础设施投资、开发法规的及时修订、正确执法，以及私人部门的积极参与。

纵观世界银行客户国，发展迅速的城市往往在引入公共交通前就已达到较高人口密度。全球人口密度最高的城市，例如马尼拉（Manila）、达卡（Dhaka）、孟买（Mumbai）和墨西哥城（Mexico City），都面临公共交通基础设施不足或过载问题。城市核心区生活条件的恶化使郊区化迅速成为城市开发的首选方法。许多城市用限制性政策规制郊区化开发，通常具有密度上限较低和停车位下限较高的特点，而较低的土地价格和土地组织的缺失又加剧了这一情况。这类发展情况在北京、上海、古尔冈（Gurgaon）和拉各斯（Lagos）等城市的郊区都能看到。

TOD是扭转郊区化趋势、重回由高质量公共交通系统支撑的紧凑型发展模式的基本策略。城市可持续发展的完整概念，包括精明增长、完整街道和区位效率，可作为在全球范围内解决21世纪问题、发展城市交通和提高城市生活品质的指南。过去十年，在世界银行（World Bank）、联合国开发计划署（UNDP）、德国国际合作机构（GIZ）、世界资源研究所（WRI）和交通与发展政策研究所（ITDP）等全球性机构/组织的协调下，新型公共交通系统已经开始在德里（Delhi）、艾哈迈达巴德（Ahmedabad）、广州、上海、北京、达累斯萨拉姆（Dar es Salaam）、拉合尔（Lahore）、波哥大（Bogota）和库里蒂巴（Curitiba）等城市运营。

尽管现有的全球TOD指南已经帮助上述城市重新诠释了本地应用的概念，但TOD成功实施的案例仍寥寥无几。艾哈迈达巴德和库里蒂巴等城市以高收入国家和地区为参照，无论私营企业还是政府部门，都主要将TOD作为密集化发展工具，强调增加容积率（FAR）或楼面面积指数（FSI）。广州和波哥大等城市已成功将改善公共交通与步行、骑行网络联系起来，但仍然没能影响城市发展模式。实践中，TOD的许多基本前提常常被忽视或在应用中大打折扣，包括采用基于当地文脉的设计标准（例如依据公共交通载客能力、地块面积、街道宽度、基础设施承载能力等车站区域特征确定建筑密度）、创新性房地产谈判、在公共交通站点周边布局可负担住房以及高质量公共空间设计等。

世界银行集团（World Bank Group）出版的《公共交通改变城市》(Suzuki，Cervero and Luchi 2013）总结了世界银行客户国实施 TOD 的主要障碍：

- 大都市区层面缺乏区域协调。
- 城市层面各部门间的独立行为。
- 没有完善的政策和法规来战略性地创造与城市公共交通所提供的可达性和连通性水平相称的"关联密度"（战略性地使大都市区各部分具有不同密度）。
- 限制性的国家层面法规和行政约束。
- 规划工具不一致且实施效力不足。
- 欠缺支持建成区，尤其是棕地或陷入困境的地区进行再开发的政策、法规和机制。
- 忽视社区或街道层面的城市设计。
- 资金限制。

TOD 的实施和风险管理非常复杂，依赖于长期跨部门实施、政策支持和机构能力。各地需基于自身经济状况和基础设施需求，对 TOD 的概念进行利弊权衡，这使 TOD 的实施面临诸多挑战。例如，许多案例证明，TOD 带来的土地价值捕获与维持住房可负担性的需求相矛盾，公共交通设施周边的高密度开发对基础设施的承载能力构成了挑战，公共交通设施周边的房地产市场需求往往无法支撑 TOD 设计原则。

当前，TOD 利益相关者迫切需要解决上述问题，并藉此提高 TOD 项目成功率，增强其提高生活质量的能力。源于香港、德里、墨西哥城和首尔等城市的 TOD 经验有助于了解实现这一目标的主要障碍，并为制订策略和寻找创新方案指明了方向。

下一步：利用现有资源

世界银行等机构现有的TOD相关资料聚焦于多个主题，突出了交通规划、土地使用规划、房地产开发、土地管理、基础设施交付，以及融资与体制框架间的强力关联。通过广泛查阅已发布的报告、网络文章以及网站和课程模块，整理出以下对TOD实施过程最具影响力的资料。

公共交通改变城市：实现可持续城市发展的公共交通与土地利用的整合（Suzuki, Cervero and Iuchi 2013）。该报告探讨了在发展中国家迅速发展的城市中，公共交通和土地利用一体化的复杂过程；梳理了障碍和机遇，提出了一系列包括政府政策在内的实施措施，以有效协调公共交通基础设施和城市开发。

土地价值支持以公共交通为导向的开发，世界银行集团，2015（Suzuki, Murukami, et al. 2015）。铃木博明（Hiroaki Suzuki）对土地价值捕获进行了全面检视，包括在东亚（中国和日本）等地区进行的基于开发的土地价值捕获案例。讨论了如何在快速增长的发展中城市实施书中所述原则，以帮助其筹集交通投资所需资金。

通过公共交通引导的发展改造城市空间：3V方法（Salat and Ollivier 2017）。3V框架考虑了每个站点的节点价值、场所价值和市场潜力价值，通过对公共交通网络、城市设计质量以及市场供求关系的分析，来衡量每个站点的可行性和关键潜力因素。该分析工具可帮助城市在城市层级和交通走廊层级开展TOD规划、开发TOD类型学、了解不同TOD类型的机会，并确定TOD投资优先级。

TOD标准v.3.0，（Institute of Transportation and Development Policy 2017）。TOD标准（TOD Standard）是一种评估工具，可根据城市发展规划和产品对步行、骑行、连通、公共交通、混合、密集紧凑和移动等TOD原则的遵循情况，开展评估和评分。其评分系统可在25个定量指标中分配100分，这些指标旨在衡量八项原则及其实施中的14个具体目标。指标由详细信息、测量方法、数据源和标记标准构成。

TOD 走廊课程（World Bank Group and World Resource Institute 2015）。走廊层级公共交通引导开发课程介绍了 TOD 的概念及其为城市带来的潜在利益。该课程包含了概念概述和多层级规划工具（插图、案例研究和流程）。政府官员、从业人员和公众可利用这些工具启动多层级 TOD 规划程序。

城市土地再利用：使用私人投资的从业人员指南（Amirtahmasebi，et al. 2016）。该报告从城市土地再利用规划项目的构思到实施，为城市管理者和规划师提供了包含多种选择的广泛指导。它将城市土地再利用过程划分为四个明确阶段，即确定范围、规划、融资、实施，并厘清了应陆续采取的行动。

TOD 指导文件（Ministry of Urban Development, India 2016）。该文件提供了分析工具、交流工具、包含设计标准和流程的设计原则、可与法规文件相融合的适用政策，以及符合印度情况的实施纲要；提出了五步骤 TOD 规划框架，即评估、赋能、规划和设计、融资、实施。其中，"赋能"步骤专为解决中低收入国家的体制性问题。

TOD 项目和政策实施指南：面向低碳排放城市（ITDP 2015）。该指南是墨西哥地方政府的"工具包"，用于动员和实施与 TOD 相关的政策和试点项目，将气候韧性作为 TOD 项目的主要目标之一。

TOD 城市社区指南（CTS-EMBARQ Mexico 2014）。该指南是数字观察科技技能（DOTS）工具包的一部分，旨在指导墨西哥的 TOD 从业人员。工具包含设计概念、指标、地理信息系统（GIS）分析、公众参与工具和规划方法。

避免公平的 TOD 项目停滞不前的步骤（Carlton & Fleissig April 2014）。该报告在美国城市 TOD 实验的背景下介绍了 TOD 失败的典型原因以及成功实施 TOD 的可能性策略。

基于绩效的 TOD 开发类型学指南（C-TOD 2010）。该指南为社区提供了根据多因素绩效定义 TOD 类型的工具，为旨在解决 TOD 长期目标的策略奠定了基准。

TOD知识资源需求

尽管前文所列资源已经为世界银行客户国的TOD利益相关者提供了广泛的基础知识，但仍有必要将其整合为易于使用且全面的TOD工具、指南和资源，以帮助世界银行客户国克服实施TOD过程中遇到的困难。

本书整合了来自不同作者的现有TOD资源，并对其进行了必要补充，包括理论性、学术性、分析性和最佳实践工具，利用与关键主题相关的现有研究和知识，建立了全面且完整的TOD资源库。这并不是为TOD创建新的定义或措施，而是为解决当前文献中的重复性问题并填补空白。设计知识产品在很大程度上是为解决以下关系到TOD能否成功实施的问题。

战略性和综合性规划

缺乏长期性、战略性和协调性规划的问题在许多国家普遍存在。这些国家的资源有限，且亟需解决方案。对快速成功和长期持续收益的追求，催生了对灵活的、分阶段的和多层级的TOD方法的需求。

为满足上述需求，TOD知识产品提供了有关简化评估技术和全面协调综合规划方法的指南和资源，以有效适应各种规模和环境。

改善财务机制

世界银行客户国普遍面临资金匮乏问题的现状表明：首先，要根据有效的成本核算模型测算资金需求；其次，要利用现有资源创造短期和长期融资机会。非正式市场参与者的存在也限制了利益相关者在强大的资金支持下预测和计划投资的能力。

为满足上述需求，TOD知识产品为相关规划技术和分析过程提供了指南，以帮助TOD利益相关者了解市场趋势，挖掘基于TOD的土地价值捕获和发展机会。

改善治理和实施

在许多城市，无效的法规和政策框架在很大程度上受传统规划模式限制，而无效的监测和评估机制则加剧了这种局限性，进而限制了机构从自身经验中学习的能力。因此，改善管理结构和法规已经迫在眉睫。改善后的新范式应高度关注公共部门与私人部门的沟通，并确保其接受和遵守TOD基本原理。

为满足上述需求，TOD知识产品提供了有关政策框架、阶段性战略、监管机制、有效管理与协调机制和采购实践的指南。其中，监管机制指南附带范例。

TOD知识资源目标

TOD 知识资源的目标是为实践者、城市领导者、利益相关者和学者提供支持 TOD 实施的一站式资源。它完整且有深度，包括每个专题要实现的目标，以及对世界各地一系列解决方案和最佳实践的研究，并以世界银行客户国作为重点研究对象。TOD 知识资源可帮助从业人员通过掌握获得广泛认可的 TOD 方法处理实践问题，同时对解决方案进行调整和优化，使其适应世界银行客户国的发展环境。

该工具包的主要目标包括：

- 创建全面的 TOD 知识资源，重申 TOD 的基本观点，并强调详细的设计需求和实施机制。
- 结合政策实践与设计和金融案例，重点关注对象是中低收入国家。
- 创建一组新工具和清单，帮助城市领导者、实践者、私人开发商和市民代表理解 TOD 项目的实施机制、利弊权衡方法及优缺点。

本文以 TOD 在世界银行客户国城市的经验教训和现有 TOD 资源的空白领域为基础，确定了关键主题。这些主题对来自规划能力和知识不足城市的实践者和领导者尤为有益。TOD 知识资源主要围绕这些主题构建，涵盖了 TOD 项目从构想到实施的整个生命周期。

A：TOD 实施前的可行性分析

1. 经济基线情况、房地产评估和城市复兴。
2. 出行需求预测、备选方案分析和基础设施设计。

B：TOD 规划与设计最佳实践案例

3. 区域／战略性规划和跨政府部门协调。
4. 城市设计、停车标准和分区法规。

C：TOD 实施工具与机制

5. 土地价值捕获和其他融资机制。
6. 支持性基础设施、实体空间影响和成本估计。
7. 向公众宣传 TOD。

TOD框架

TOD 框架旨在整合工具和资源，以确保 TOD 项目在各层面都具有健全的启动、设计和评估流程。TOD 框架由五个步骤组成：评估、赋能、规划和设计、融资及实施。该过程是一个非线性循环过程，其框架改编自《TOD 指导文件》（Ministry of Urban Development，India 2016）和《城市土地再利用：使用私人投资的从业人员指南》（Amirtahmasebi,et al. 2016）。TOD 框架的重点是为决策者提供一种循序渐进的方法，以制定出切实可行、具有灵活性、适应本地条件/能力/资源的 TOD 规划方案。

五步流程：知识产品

以下依据 TOD 的五步骤框架对现有 TOD 资源进行了补充。每一步中最有用的资源依框架步骤和知识主题而定。

步骤	知识产品类型	所需资源类型
01 评估	**A1｜经济基线情况、房地产评估和城市复兴** 旨在让规划师了解不同类型的开发项目对新房地产空间的潜在需求。	入门指南 评估房地产需求的分析工具 最佳实践
	A2｜出行需求预测、备选方案分析和基础设施设计 开发 TOD 项目的基本前提之一，是确保交通投资方案本身在经济上是合理的，且是在新走廊的预计通行量下的最优方案。	出行方式选择分析工具 入门指南
02 赋能	**B3｜区域/战略性规划和跨政府部门协调** 由于区域和大都市区层级的开发往往在多个行政辖区内开展，实践者必须理解每个利益相关者的动机和可能做出的利益取舍。	跨政府部门合作指南 利益相关者的角色和责任
	C7｜向公众宣传TOD 在成功实施 TOD 前，应处理公众对 TOD 的误解和顾虑，例如公众对 TOD 可能导致自己被迫搬迁的顾虑。	沟通策略 利益相关者的互动游戏模板
03 规划与设计	**B4｜城市设计、停车标准和分区法规** 大多数规划工作发生在相关联的各层级之间。在多层级规划的整个过程中都要考虑和理解 TOD 的原则和最佳实践方法。	公认的 TOD 规划原则和设计标准 TOD 土地分区法规模板 针对不同层级和不同结果的规划指南 最佳实践方法

步骤	知识产品类型	所需资源类型
04 融资	**C5 | 土地价值捕获和其他融资机制** 在 TOD 较集中地区，建议由公共机构通过特别税收等机制来获得土地价值增值部分，以资助交通基础设施投资或其他社会服务。	制订不同融资方案指南 工具和激励措施纲要 最佳实践方法
	C6 | 支持性基础设施、实体空间影响和成本估计 帮助 TOD 实践者了解在开发或致密化开发城区对一整套基础设施的需求。	成本分析工具
05 实施	**B3 | 区域/战略性规划和跨政府部门协调** 由于区域和大都市层级的开发往往在多个行政辖区内开展，实践者必须了解如何更好地协调各方利益，以成功执行规划。	关键绩效指标 时序实施和能力建设指南

知识资源类型

根据五步骤TOD框架中确定的资源类型，新知识产品可划分为不同类型。新知识产品的讨论范围并不局限于TOD理论，而是侧重于实施和决策的可操作性工具，并以可获取的标准、案例研究和模板（例如土地分区法规）作支撑。

分析

这类产品以现有事实或信息为基础进行关键评估。

➡ 表格 | 参考文献 | 清单

交流

这类产品通过传授或交换信息来获得较好结果。

➡ 交互游戏 | 参考文献

操作指南

这类产品的作用是逐步评估大量信息以得出结论。

➡ 分步指南

资源

这类产品提供详细的外部资料来源，可供参考，以辅助评估。

➡ 备忘单 | 电子表格 | 参考网站 | 术语表

采购

这类产品可辅助从外部购买服务或工作，以完成任务、达成目标。

➡ 参考资料 | 职权范围模板

根据地方特定需求调整

TOD 知识产品旨在为城市在各规划阶段排除 TOD 障碍提供指导，制订切实可行的融资计划，并为具有最佳发展机会的公共交通站点提供直接投资。然而，由于中低收入国家的环境因城市而异，TOD 知识产品的应用必须适应当地需求和优先事项。本文详细描述了影响 TOD 过程和结果的城市环境特征。

TOD规划层级

尽管 TOD 项目是在站点区域内的单个地块或街道上实施的，但需要在以下相互联系的多个层面上考虑其规划问题。

- **城市区域**：包含一片连续的、已城市化的区域，大体上由行政管辖范围界定。
- **公共交通走廊**：具有公共交通线路及其直接受益区域的交通走廊。
- **站点区域**：指公共交通站点周围步行 10 分钟以内的区域。沿公共交通线路的所有站点区域构成了公共交通走廊。
- **地块**：指公共交通走廊或站点区域内的地块。地块距站点越近，TOD 潜力越大。

鉴于上述关联性，城市范围的 TOD 规划必须基于站点或地块层级的市场接受度，而特定站点需要由更大的 TOD 框架支持。TOD 规划可从较小层级开始，也可从较大层级开始。以下概述了与各已确定 TOD 层级对应的项目关注内容和预期结果。

城市开发环境

世界银行客户国的城市往往处于不同发展阶段，城市开发环境对 TOD 的可行性和成败有重要影响，本文主要考虑三种类型的开发环境。

- **绿地开发**：指位于现有城市的郊区，或在新规划的城市内，目前几乎未城市化的地块。
- **郊区**：城市外围仅有零星开发的地块。郊区地块的特点是住宅密度低且公共交通服务覆盖范围小。
- **都市**：指人口密集的城市内部区域，其特点是开发密度高，有缺乏开放空间和市政设施的棕地地块，或有高密度、老旧或破败的开发项目。

一些新兴城市或现有城市的郊区和增长区域都有大量绿地开发机遇，例如墨西哥城、孟买、新德里和开普敦（Cape Town）等。已开发地区则以提供再开发机会为主。绿地适合大尺度、公共和私人空间综合设计的开发类型，但市场风险较高。再开发项目在地块面积和可达性方面的灵活性可能较差，某些情况下还高度依赖混合土地利用，这增加了规划的复杂性，从而影响了项目本身的可行性。

TOD规划层级

	边界/区域	主要结果	焦点
城市区域	行政边界 / 公共交通系统 TOD 实施计划，埃塞俄比亚亚的斯亚贝巴（Addis Ababa, Ethiopia）	涉及土地利用与公共交通系统规划的整合，以支持城市范围的相关分析和决策。在法定文件（总体规划或发展规划）中为 TOD 提供政策干预点	• TOD 政策 • 通用 DCR 修订 • 实施 TOD 的制度框架 • 大都市区或城市级 TOD 规划 • 可达性指南
走廊	在现有或规划的公共交通走廊两侧 10 分钟步行或骑行范围（0.8~2 公里）内 BRTS 城市设计策略，印度胡布利-达瓦（Hubli-Dharwad, India）	确保一个站点的开发与其他站点的开发相辅相成，从而形成以公共交通为引导的网络系统。通过分析站点周边的开发潜力来评估具体站点的客流量指标	• TOD 政策 • 通用 DCR 修订 • 不动产或土地价值捕获潜力 • 实施 TOD 的制度框架
站点区域	距站点设施 5~10 分钟步行范围（0.4~1 公里）内 马来西亚吉隆坡 TRX 金融区（TRX financial district, Kuala）	关注 5~10 分钟步行距离内的公共交通站点周边区域，重点关注土地利用、公共交通站点可达性、多种出行方式衔接和连通性	• 站点区域内的详细规划 • 城市设计指南（建成形态） • 可达性和街景设计方案 • 不动产或土地价值捕获潜力 • 融资策略 • 实施计划
地块	距站点设施 5~10 分钟步行范围（0.8~1 公里）内的单个地块 中国南昌地铁大厦站	关注站点区域内每个项目的具体开发情况，包括净容积率目标、内部交通流线、建筑设计和停车场	• 地块规划 • 详细开发方案 • 城市设计指南 • 可达性和街景设计方案 • 融资策略 • 实施计划

开发环境

	机遇	挑战
绿地	• 单一所有权 • 政府拥有的土地比例高 • 有机会在公共交通设施周围规划新社区 • 地价低 • 财政资源多 • 有机会建设大容量基础设施体系 • 强大的政策支持 • 监管障碍少	• 新城市建成所需时间长 • 人口结构未知 • 在初始阶段实现职住平衡的可能性较小 • 通往市中心的公共交通连通性不强，常导致城市蔓延 • 开发商可能不愿承担相应风险
郊区	• 可用于开发的地块占比高 • 有机会改善低密度社区的公共交通可达性 • 地价低	• 密度低 • 无序扩张的发展模式 • 用地类型单一 • 连通性较差 • 机动车优先级高于慢行交通
都市	• 位于主要交通走廊和现有就业中心附近 • 慢行交通分担率较高，尤其在中低收入地区 • 有机会改善公共交通可达性 • 有机会重新开发老化建筑	• 土地所有权多样化 • 地块大小和形态不规则 • 现有用地类型通常不支持公共交通 • 大尺度街区不利于步行 • 交通用地权有限

TOD规划中的角色

城市领导者：包括市长、政府幕僚、政府官员和有重要影响的人。城市领导者的参与在项目赋能和实施阶段最为重要。他们能从沟通、监测和评估工具中获益。

政策制定者：包括国家、区域或地方官员和技术领导者。他们的参与在整个TOD过程中都非常重要。他们能从最佳实践、资源、采购和沟通工具中获益。

城市规划师：包括城市、大都市区或区域规划组织的规划师。城市规划师定义城市的发展框架，因此，他们的参与是整个TOD规划过程的关键。城市规划师能从诸多指南中获益，例如总体规划、公众参与、开发模式最佳实践、TOD区域步行环境的城市设计要求、提高开发密度所需的基础设施升级以及混合用途的土地分区法规改革等。

公共交通规划师：包括公共交通机构的官员和公共交通系统运营者。公共交通规划师也需要参与整个规划过程，他们能从诸多分析工具和实施指南中获益，例如，将提高开发密度预测纳入交通需求预测、通过TOD连通新交通走廊和现有路网、在新交通走廊沿线确定适宜站点位置、设计服务行人和骑行者的多模式交通、审视停车政策以及探索通过联合开发来建设公共交通基础设施等。

经济发展的利益相关者：包括经济规划人员、开发商和发展融资机构的工作人员。经济发展专业人士能从分析经济集群和增长部门、可用存量土地、土地整合流程、TOD实施时的宣传、房地产开发商面临的障碍以及潜在公私合作项目等分析工具和指南中获益。

TOD利益相关者和社区专家：包括学术界、民间团体、社区团体和地方商业团体等。社区专家能从最佳实践、资源、沟通和分析工具中获益。这些工具能帮助他们确保整个TOD实施过程的透明度和公众参与度。

参考文献

Amirtahmasebi, Rana, Mariana Orloff, Sameh Wahba, and Andrew Altman. 2016. Regenerating Urban Land – A Practioner's Guide to Leveraging Private Investment. Washington, DC: World Bank Group.

Carlton, I., & Fleissig, W. (April 2014). Steps to Avoid Stalled Equitable TOD Projects. Living Cities.

Center for Transit Oriented Development. (2010). Performance-Based Transit Oriented Development Typology Guidebook. CTOD.

CTS-EMBARQ Mexico. (2014). TOD Guide for Urban Communities. Mexico City: World Resource Institute. Institute of Transportation and Development Policy. 2017. "TOD Standard. 3rd ed." New York.

ITDP (The Institute for Transportation and Development Policy). (2015). TOD Implementation Guide for Projects and Policies - Towards Low Emission Cities. Mexico City: USAID; SEDATU; SEMARNAT.

MOUD (Ministry of Urban Development, India). 2016. Transit Oriented Development Guidance Document.

Consultant Report, IBI Group, New Delhi: Global Environment Facility, UNDP and World Bank.

Salat, Serge, and Gerald Ollivier. 2017. Transforming Urban Space through Transit Oriented Development - The 3V Approach. Washington DC: World Bank Group.

Suzuki, Hiroaki, Jin Murukami, Yu-Hung Hong, and Beth Tamayose. 2015. Financing Transit-Oriented Development with Land Values. Washington DC: World Bank Group.

Suzuki, Hiroaki, Robert Cervero, and Kanako Iuchi. 2013. Transforming Cities with Transit - Transit and Land Use Integration for Sustainable Urban Development. Washington DC: The World Bank Group.

World Resource Institute and World Bank Group. 2015. Corridor Level Transit-Oriented Development Course. Washington, DC.

按步骤划分TOD知识产品

评估 AS

评估阶段的作用是评估城市的技术能力、房地产条件和交通服务质量是否为TOD做好准备，并确定合适的TOD层级和环境。

分析（ANALYTICAL）—A

AS-A 01 - TOD准备程度评估— 可参考 `IM-H01`

一套适用于所有层级和环境的清单和电子表格，旨在帮助**城市领导者**和**决策者**定义城市各方面的准备情况。

AS-A 02 - TOD 层级与环境评估— 可参考 `PD-H01/02/03/04/05`

一份适用于所有层级和环境的清单，旨在帮助**城市规划师**定义TOD层级和适合特定环境的TOD类型。

AS-A 03 - TOD房地产需求阈值— 可参考 `AS-H01`

一套适用于城市和郊区环境下，走廊和站点区域层级的电子表格，旨在帮助**城市规划师**识别房地产需求。

AS-A 04 - 快速公共交通模式阈值— 可参考 `AS-H02`

一套适用于城市和郊区环境下，城市和走廊层级的电子表格，旨在帮助**交通规划师**确定与TOD开发密度相适应的交通方式。

操作指南（'HOW-TO' GUIDE）—H

AS-H 01 -如何进行房地产市场分析— 可参考 `AS-H03 / AS-R01 / AS-P01 / FI-A02`

适用于各种环境下走廊、站点、地块层级的分步指南，旨在帮助**经济学家**确定TOD走廊和地块的发展潜力及这类项目的经济可行性。

AS-H 02 - 如何进行快速公共交通系统备选方案评估— 可参考 `AS-H04 / AS-P02 / FI-A01`

适用于各种环境下城市和走廊层级的分步指南，旨在帮助**交通规划师**评估快速公共交通的模式、成本效益状况和路线方案。

AS-H 03 -基础设施承载能力评估— 可参考 `AS-P03 / FI-A01`

适用于各种环境的分步指南，旨在帮助**城市规划师**和**交通规划师**评估城市和TOD开发对基础设施承载能力的需求。

评估
AS

资源（RESOURCE）— R
AS-R 01 - 房地产分析最佳实践— 可参考 `AS-H01`

  适用于各层级和环境的实践案例，为在中低收入国家开展TOD项目的**经济学家**进行房地产分析提供参考。

采购（PROCUREMENT）—P
AS-P 01 - 房地产分析职权范围— 可参考 `AS-H01`

  适用于各种环境下的走廊、站点、地块层级，为**城市领导者**聘请的房地产顾问开展TOD走廊沿线需求分析提供模板。

AS-P 02 - 公共交通系统备选方案分析职权范围— 可参考 `AS-H02`

  适用于各种层级，为**城市领导者**聘请的交通规划顾问开展公共交通系统备选方案研究提供模板。

AS-P 03 - 基础设施分析职权范围— 可参考 `AS-H03`

  适用于各层级和环境，为**城市领导者**聘请的顾问对TOD项目开展基础设施分析提供模板。

赋能 EN

赋能阶段强调了政策障碍、沟通机制和治理建议，可使 TOD 规划过程更具可行性。

交流（COMMUNICATION）—C

EN-C 01 - 将TOD纳入公共沟通策略— 可参考 `EN-C02`

适用于各层级和环境的创新性指南，帮助**城市规划师**向公众和区域性机构传播信息，宣传TOD的重要性和益处。

EN-C 02 - TOD展开：利益相关者参与互动游戏— 可参考 `EN-C01 / EN-P01`

适用于各层级和环境的互动游戏，为跨政府部门协调和各利益相关者共同展望TOD前景提供模板。利益相关者包括**城市领导者**、**交通规划师**、**城市规划师**、**政策制定者**、**经济学家**和**社区成员**。

操作指南（'HOW-TO' GUIDE）—H

EN-H 01 -如何建立合作机构并实现跨政府部门协调— 可参考 `IM-H01 / IM-P01`

适用于各层级的分步指南，旨在帮助**城市领导者**和**政策制定者**在现有规划和发展框架内确定可促成TOD的机构体制和协调框架。

资源（RESOURCE）—R

EN-R 01 - 利益相关者的角色和义务— 可参考 `EN-C01 / EN-P01`

适用于各层级和环境的资源，旨在帮助**TOD规划师**和**交通规划师**确定参与TOD规划和实施的利益相关者，以及每个利益相关者的角色和责任。

采购（PROCUREMENT）—P

EN-P 01 - 沟通策略职权范围— 可参考 `EN-C01 / IM-H01`

适用于各层级和环境的模板，为聘请公关顾问分析潜在风险，并策划和实施社区内的TOD沟通策略提供指导。

规划和设计 PD

规划和设计阶段的重点是制订具体计划、设计解决方案及优先级顺序。

操作指南（'HOW-TO' GUIDE）—H

PD-H 01 - 如何制订城市层级TOD规划— 可参考 `PD-H05 / PD-R01`

适用于各种环境下城市层级的分步指南，提供一系列以任务为基础的行动指导意见，协助**城市和交通规划师**在全市范围内规划和实施TOD。

PD-H 02 - 如何制订走廊层级TOD规划— 可参考 `PD-H05 / PD-R01`

适用于各种环境下走廊层级的分步指南，提供一系列以任务为基础的行动指导意见，协助**城市和交通规划师**在走廊层级规划和实施TOD。

PD-H 03 - 如何制订站点区域层级TOD规划— 可参考 `PD-H06 / PD-R01`

适用于各种环境下站点区域层级的分步指南，提供一系列以任务为基础的行动指导意见，协助**城市和交通规划师**在站点区域层级规划和实施TOD。

PD-H 04 - 如何制订地块层级TOD规划— 可参考 `PD-R01`

适用于各种环境下地块层级的分步指南，提供一系列以任务为基础的行动指导意见，协助**城市和交通规划师**在地块层级实施TOD。

PD-H 05 - 如何制定与TOD配套的分区法规— 可参考 `PD-H01`

适用于各层级和环境的指南，为**城市领导者**和**政策制定者**准备或修订支持TOD的分区法规提供指导意见，涉及步行活动、城市设计和停车限制内容的修订。

PD-H 06 - 土地整合框架— 可参考 `IM-H01`

适用于各层级和环境，向**城市规划师、交通规划师**和**政策制定者**详细说明土地整合过程。

资源（RESOURCE）—R

PD-R 01 - TOD分区法规模板— 可参考 `PD-H01/02/03/04/05`

适用于各种环境下城市和走廊层级的分区法规范本和指南，包括行人通道、活动用途、可渗透的城市设计、停车限制和公共停车设施等，供**政策制定者**使用。

TOD知识产品 概 述 | 21

规划和设计 PD

PD-R 02 - TOD规划原则和设计指南— 可参考 `PD-H05`

一系列适用于各层级和环境的规划原则和设计细则，以帮助**城市规划师**和**交通规划师**制订适应各层级和环境的TOD规划。

PD-R 03 - 土地利用和交通一体化最佳实践— 可参考 `AS-H02 / PD-H01 / PD-R01`

适用于各种环境下走廊和站点层级的案例，向**城市规划师**和**交通规划师**展示全球多个城市通过土地利用和交通一体化来改善城市和交通状况的成功经验。

PD-R 04 - 步行友好型设计最佳实践— 可参考 `PD-R01`

适用于各种环境下走廊和站点层级的案例，展示中低收入国家小尺度、渐进性步行友好型设计经验，为**城市规划师**和**交通规划师**借助步行导向设计来改善地区状况提供参考。

采购（PROCUREMENT）—P

PD-P 01 - TOD规划职权范围— 可参考 `PD-H01/02/03/04 / PD-R01`

适用于各层级和环境，为**城市领导者**聘请的顾问制订适合特定层级和环境的TOD规划提供模板。

融资
FI

融资阶段关注房地产融资、基础设施投资与私人开发商在TOD中的作用之间的动态关系。

分析（ANALYTICAL）—A

FI-A 01 - 基础设施资本和运营成本的估算和范围界定— 可参考 `AS-H03 / AS-P03`

一套适用于各层级和环境的交互式表格，旨在以中低收入国家为例，帮助**城市规划师**估算TOD项目的资本和运营成本。

FI-A 02 - 房地产开发财务预测与分析— 可参考 `AS-H01 / AS-R01 / AS-P01`

一套适用于各层级和环境的电子表格，帮助**经济学家**根据给定TOD项目的基本开发参数来评估潜在投资回报率（ROI）。

操作指南（'HOW-TO' GUIDE）—H

FI-H 01 - 土地价值捕获框架— 可参考 `FI-R02`

适用于各层级和环境的分步指南，为**经济学家**、**城市规划师**、**交通规划师**和**城市领导者**提供适于不同层级和环境的TOD项目的多种土地价值捕获方法。

FI-H 02 - 私人部门参与框架— 可参考 `FI-R03`

适用于各层级和环境的项目流程制订指南，帮助**经济学家**利用公私合营（PPP）融资框架为TOD项目制订可满足其资金需求的融资计划。

资源（RESOURCE）—R

FI-R 01 - 开发激励政策— 可参考 `FI-R03`

适用于各层级和环境的融资工具，**城市规划者**和**经济学家**可借以帮助TOD项目融资。

FI-R 02 - 土地价值捕获最佳实践— 可参考 `FI-H01`

适用于各层级和环境的案例，展示全球中低收入国家利用土地价值捕获工具为重大公共交通项目融资的经验，为**经济学家**和**城市规划师**提供参考。

FI-R 03 - 市政融资工具— 可参考 `FI-R01 / FI-H02`

适用于各层级和环境的TOD和城市发展常用融资工具，指导**经济学家**和**城市规划师**进行TOD融资。

实施 IM

实施阶段将TOD项目所需的各种干预措施联系起来，从确定项目优先级到赋能，再到监测。

分析（ANALYTICAL）—A

IM-A 01 - 监测和评估框架— 可参考 `IM-A02`

一套适用于各层级和环境的方法，帮助**城市领导者**和**规划师**确定适当的TOD项目监测和评估框架，以跟踪项目进展。

IM-A 02 - TOD关键绩效指标— 可参考 `IM-A01`

适用于各层级和环境的测评框架，帮助**城市领导者**和**交通规划师**根据全球绩效指标衡量单个城市的TOD规划和实践。

操作指南（'HOW-TO' GUIDE）—H

IM-H 01 - 能力建设指南— 可参考 `IM-P01`

适用于各层级和环境的指南，帮助**城市领导者**和**政策制定者**建立服务于TOD项目的制度和体制。

IM-H 02 - 如何制订TOD时序策略— 可参考 `PD-R01`

适用于各层级和环境的方法，帮助**城市规划师**和**交通规划师**制订TOD项目分阶段策略。

采购（PROCUREMENT）—P

IM-P 01 - 能力建设策略职权范围— 可参考 `IM-H01`

适用于各层级和环境的模板，帮助**城市领导者**外包能力建设和TOD知识培训。

TOD知识产品分类

分析—A

AS-A01 - TOD准备程度评估

AS-A02 - TOD层级与环境评估

AS-A03 - TOD房地产需求阈值

AS-A04 - 快速公共交通模式阈值

FI-A01 - 基础设施资本和运营成本的估算和范围界定

FI-A02 - 房地产开发财务预测与分析

IM-A01 - 监测和评估框架

IM-A02 - TOD关键绩效指标

交流—C

EN-C01 - 将TOD纳入公共沟通策略

EN-C02 - TOD展开：利益相关者参与互动游戏

资源—R

AS-R01 - 房地产分析最佳实践

EN-R01 - 利益相关者的角色和义务

PD-R01 - TOD分区法规模板

PD-R02 - TOD规划原则和设计指南

PD-R03 - 土地利用和交通一体化最佳实践

PD-R04 - 步行友好型设计最佳实践

FI-R01 - 开发激励政策

FI-R02 - 土地价值捕获最佳实践

FI-R03 - 市政融资工具

操作指南—H

AS-H01 - 如何进行房地产市场分析

AS-H02 - 如何进行快速公共交通系统备选方案评估

AS-H03 - 基础设施承载能力评估

EN-H01 - 如何建立合作机构并实现跨政府部门协调

PD-H01 - 如何制订城市层级TOD规划

PD-H02 - 如何制订走廊层级TOD规划

PD-H03 - 如何制订站点区域层级TOD规划

PD-H04 - 如何制订地块层级TOD规划

PD-H05 - 如何制定与TOD配套的分区法规

PD-H06 - 土地整合框架

FI-H01 - 土地价值捕获框架

FI-H02 - 私人部门参与框架

IM-H01 - 能力建设指南

IM-H02 - 如何制订TOD时序策略

采购—P

AS-P01 - 房地产分析职权范围

AS-P02 - 公共交通系统备选方案分析职权范围

AS-P03 - 基础设施分析职权范围

EN-P01 - 沟通策略职权范围

PD-P01 - TOD规划职权范围

IM-P01 - 能力建设策略职权范围

哥伦比亚，波哥大

评估
摘　要

在TOD知识产品中，"评估"步骤通过对经济、地理、人口、街区形态和制度因素的全面分析，来判断城市是否具备TOD开发条件

© 2018 International Bank for Reconstruction and Development / The World Bank 1818 H Street NW Washington DC 20433

Telephone: 202-473-1000

Internet: www.worldbank.org

本作品是世界银行工作人员在外部资助下完成的。本作品所包含的研究成果、释义和结论不完全代表世界银行、世界银行执行董事会及世界银行执行董事所代表的政府的观点。

世界银行不保证本作品所述数据的准确性。本作品引用的地图中标注的边界、颜色和面积等信息，不代表世界银行对任何领土的法律主张，以及对相关边界的认可或判断。

权利与版权

本作品中的素材均受版权保护。世界银行鼓励知识传播，因此只要注明作品版权归属，就可在非商业目的下复制本作品的全部或部分内容。

任何有关权利和许可，包括版权在内的咨询，应向世界银行出版社提出。

地址：The World Bank Group, 1818 H Street NW, Washington, DC 20433, USA

传真：202-522-2625

电子邮件：pubrights@worldbank.org

引用说明如下： Global Platform for Sustainable Cities, World Bank. 2018. "TOD Implementation Resources & Tools." 1st ed. Washington, DC: World Bank.

所有图片版权均为版权方所有，未经版权方书面许可，不得以任何目的使用。

概　述

在本TOD知识产品中，"评估"步骤通过对经济、地理、人口、街区形态和制度因素的全面分析，来判断城市是否具备TOD开发条件。真正的TOD项目是由TOD规划区域中一系列项目组成的。不能将TOD简单理解为毗邻公共交通站点的单个项目或建筑。建设TOD没有单一解决方案，拥有公共交通便利性的地区不一定具备成功创建TOD的所有条件。确定合理的项目层级与范围，是制订TOD发展规划的重要一环。

在世界银行客户国的许多城市中，都会出现高交通流量、快速人口增长、收入提高和高密度等情况。这为TOD推动城市大规模转型提供了契机。此外，很多城市的基础设施建设不足，房地产市场野蛮无序扩张，更突显出以公共交通引导的集约型城市开发的必要性。

无论郊区、市区，还是高密度中心区，利用公共交通建设与投资的适当时机，以及交通走廊沿线地价来确定TOD项目层级，有助于选取适应未来发展的投资战略类型。确定层级后，识别TOD发展的机遇与障碍，是判断一个城市、公共交通走廊或站点区域是否具备开发TOD条件的关键。同时，可藉此制订差异化发展策略，提高TOD项目的可行性。在TOD项目启动前，城市规划者和经济发展专家应了解相关区域对房地产新增空间的需求，以及不同类型的开发产品的增长潜力。以精明增长下的城市基础设施规划和公共政策为引导，可促进城市经济发展，并提高市场对特定区域的关注度。

开展TOD项目前期可行性研究，是城市平衡开发潜力和公共交通系统公众利益的第一步。公共交通和土地规划者在依据人口参数等基础数据选定站点、公共交通走廊的地址时，往往会忽视该区域的房地产发展潜力。此外，公共交通建设与周边配套设施开发时序不同步，会导致私营企业不愿进行长期经营布局，而更倾向于短期投机行为，进而造成区域内土地价格上涨。规划者应确保公共交通建设具有一定经济价值，同时为新公共交通走廊沿线带来最佳客流量。公共交通规划者要在结合现有信息及未来运载能力预测的基础上，确定公共交通基础设施投资的优先时序。

公共交通规划者还应综合考虑创新技术带来的需求和影响，例如共享出行（ride-sharing）。创新技术可利用活跃大数据分析实时出行模式，为TOD决策提供更全面的信息。例如优步（Uber）的Movement（https://movement.uber.com/）数据共享平台，可在空间和时间两个维度上提供数据，让城市管理者更充分地了解用户出行特点，通过对比分析推导出TOD建设的最佳选址。

城市发展战略贯通了经济、交通和土地规划领域，涉及众多机构，各方观点可能并不一致，有时甚至是对立的。因此，前期可行性评估有助于探知TOD项目的经济和技术可行性，降低规划过程中的早期投资风险。

本章内容基于世界银行TOD实践共同体（CoP）、可持续城市全球平台（GPSC）、世界资源研究所（WRI）、交通与发展政策研究所（ITDP）、重新连接美国（Reconnecting America）和美国佛罗里达州交通部（Florida Department of Transportation, USA）等机构的研究成果编写。尽管这些研究多围绕中高收入国家或最佳实践案例展开，但其所包含的开发工具、实施流程和理论，适用于多数世界银行客户国。本章介绍的TOD评估工具可用于世界银行客户国实施中的TOD项目。需要明确的是，每个TOD项目都面临政治、国家治理方式、法律实施方式和融资等方面问题的挑战，即使是成功的项目也不例外。

知识产品

分析

- **AS-A01** TOD准备程度评估（表格+用户指南）
- **AS-A02** TOD层级与环境评估（清单）
- **AS-A03** TOD房地产需求阈值（表格+用户指南）
- **AS-A04** 快速公共交通模式阈值（表格+用户指南）

操作指南

- **AS-H01** 如何进行房地产市场分析（分步指南）
- **AS-H02** 如何进行快速公共交通系统备选方案评估（分步指南）
- **AS-H03** 基础设施承载能力评估（分步指南）

资源

- **AS-R01** 房地产分析最佳实践（参考文献）

采购

- **AS-P01** 房地产分析职权范围（职权范围模板）
- **AS-P02** 公共交通系统备选方案分析职权范围（职权范围模板）
- **AS-P03** 基础设施分析职权范围（职权范围模板）

参考文献

Agarwal, O. P., Gouthami Padam, Aroha Bahuguna, and Salvador Pena. 2014. Urban Transport Data Analysis Tool (UT-DAT) : user's manual (English). Energy Sector Management Assistance Program (ESMAP). Washington, DC: World Bank Group.

http://documents.worldbank.org/curated/en/395261468147569317/Urban-Transport-Data-Analysis-Tool-UT-DAT-users-manual.

CTOD (Center for Transit-Oriented Development). 2011. Transit-Oriented Development Strategic Plan. Consultant Report (Nelson Nygaard), Portland: Portland Metro.

Florida Department of Transportation. n.d. "Achieving Outcomes for TOD: An Analysis of Readiness User Guide and Documentation." Accessed 09 2018.

https://planfortransit.com/wp-content/uploads/2016/01/Station-Area-TOD-Readiness-Tool-User-Guide.pdf.

n.d. Global BRT Data. Accessed 08 20, 2018. https://brtdata.org/.

GVMC (Greater Visakhapatnam Municipal Corporation). 2017. "Transit-Oriented Redevelopment of the Dwaraka Bus Station-Feasibility Study Final." Consultant Report (AECOM, IBM, KPMG), Visakhapatnam.

Institute of Transportation and Development Policy. 2017. "TOD Standard. 3rd ed." New York.

Moccia, Luigi, Duncan W Allen, and Eric C Bruun. 2018. "A Technology Selection and Design Model of a Semi-Rapid Transit Line." Researchgate .

MOUD (Ministry of Urban Development, India). 2016. Transit Oriented Development Guidance Document. Consultant Report, IBI Group, New Delhi: Global Environment Facility, UNDP and World Bank.

MRVC (Mumbai Rail Vikas Corporation). 2014. "Revenue maximising study in particular for non-fare box revenues with affordability." Consultant Report (PwC), Mumbai.

Reilly, Jack, and Herbert Levinson. 2011. Public Transport Capacity Analysis Procedures for Developing Cities. Washington DC: The International Bank for Reconstruction and Development / The World Bank.

Salat, Serge, and Gerald Ollivier. 2017. Transforming Urban Space through Transit Oriented Development - The 3V Approach.

Washington DC: World Bank Group.

UNICEF. 2006. Manual for Child Friendly Schools. UNICEF.

Urban Redevelopment Authority. n.d. Realis Tool. Accessed 08 18, 2018. https://spring.ura.gov.sg/lad/ore/login/index.cfm.

Vuchic, Vukan R. 1981. Urban Public Transportation Systems and Technology. Englewood Cliffs, NJ.

WHO (World Health Association). 2012. Global costs and benefits of drinking-water supply and sanitation interventions to reach the MDG target and universal coverage. Geneva, Switzerland: WHO.

World Resource Institute and World Bank Group. 2015. Corridor Level Transit-Oriented Development Course. Washington, DC.

AS–A01

TOD准备程度评估

本知识产品需配合交互式表格使用，可通过GPSC网站（https://www.thegpsc.org）中的TOD页面及世界银行相关网页获取。请阅读本章内容后再使用相关工具

形式：表格+用户指南

简 介

世界银行客户国的许多城市正经历快速的城市化扩张和人口增长过程，这使城市快速公共交通系统的规划与建设成为刚需，并得到广泛接纳。在过去十余年间，很多国家开始建设快速、大运量的公共交通系统，例如坦桑尼亚、巴西（超过20个城市）、南非（6个城市）、中国（超过40个城市）、印度（超过15个城市）和印度尼西亚（超过10个城市）。快速公共交通系统的投资就像催化剂一样，为公共交通站点区域提供了前所未有的发展机会，创造出一种经济可行、兼顾社会公平和环境友好的发展方式。为通过TOD项目实现利益最大化，在项目早期识别出机会点是至关重要的。

部分世界银行客户国的城市政府，特别是中型城市政府，已经利用政府内部资源对TOD展开初步规划和策划。但他们现有的资源储备相当有限，不足以支撑复杂且微妙的TOD项目。TOD项目在建设阶段涉及的项目理解、运作和实施都需要精细指导。此外，数据收集通常也是棘手任务，直接影响决策。本知识产品可帮助政府采用相对易获取的当地数据，快速开展TOD准备程度评估。

免责声明：*TOD知识产品旨在为TOD项目实施提供顶层框架，并指导城市在规划的所有阶段排除障碍。由于中低收入城市的情况不尽相同，TOD知识产品的应用必须适应当地需求和优先事项，并根据个案定制。*

© 2018 International Bank for Reconstruction and Development / The World Bank

目 的

TOD准备程度评估工具通过对三种主要TOD开发规模的评估来识别现有项目的潜力。

- **TOD准备程度初步评估**：本工具中的清单用于对外部条件要素进行快速评估，无论项目所在城市背景如何，该评估对TOD规划和实施都至关重要。外部条件要素包括：① 现有政策和管理框架；② 内部技术能力；③ 现有的可用于深化研究的有效数据。通过该清单可更全面地了解TOD支持政策及主要公共要素。本工具在世界银行和世界资源研究所《TOD走廊课程》"TOD构成要件"（Building Blocks for TOD），以及印度《TOD指导文件》的基础上开发而成。

城市级TOD准备程度评估可能要使用赋能、规划与设计、实施等知识产品（EN-P03、EN-P05；PD-H01；IM-P03）。

- **深化站点区域级项目的准备程度评估**：城市规划师和政策制定者可利用这份交互式电子表格评估站点区域级TOD项目的准备程度。开展TOD规划时，需明确大运载量交通中的站点属于沿线网络的一部分，各站点间既相互独立，也有共通之处。城市规划师和政策制定者可利用该表格确定站点区域属性，因地制宜地制订策略，从而提升TOD可行性，并释放该站点对所属沿线交通网络的价值。政府机构可将该表格作为委外顾问开展进一步研究的基础，或用于确定站点区域投资的优先时序，或拟定委外顾问的职权范围。现有研究成果为本工具提供了参考，特别是世界银行在《通过公共交通引导的发展改造城市空间：3V方法》中提到的3V模型。

站点区域级TOD准备程度评估可能要使用规划与设计、实施等知识产品（PD-H0、PD-H04、PD-H05；IM-A01）

- **深化走廊级项目的准备程度评估**：本工具用于对沿线所有站点的节点、场所和市场潜力价值进行评估。综合所有衡量标准，每个站点会得出一个分数，最低分为16分（项目在全部16个衡量标准下均评级为"低"），最高分为48分（项目在全部16个衡量标准下均评级为"高"）。根据站点综合得分，将站点划分为三种开发类型，即长期的、新兴的、已有的。不同开发类型匹配不同投资工具和策略，并在不同投资阶段匹配不同定位。

走廊级TOD准备程度评估可能要使用规划与设计类知识产品（PD-H01、PD-H02、PD-H03）

假设与限制

- 本工具针对TOD项目在城市、走廊及站点区域层级的应用，不包括在地块层级的应用。
- 本工具涉及多种土地利用背景，包括绿地区、城市填充区、郊区和城市更新区。
- 本工具不对交通沿线各站点进行对比，而会重点提出每个站点区域的TOD开发潜力。
- 本工具用于衡量一个站点相比其他站点在衔接、城市空间和市场潜力方面的差异，以规划为目的，而非以设计为目的。
- 本工具可供政府部门、城市开发机构、公共交通运营企业、私人开发商，以及任何有兴趣为城市开发TOD项目的机构使用。

数据来源

- 高清卫星图/谷歌地图（Google Earth）网页/开放街图（Open Street）网页
- 人口普查信息
- 地方政府GIS数据
- 现场调查和照片
- 地方政府交通数据
- 辅助文件，例如相应的分区法规和已采用的总体规划
- 实地调查
- 第三方报告
- 社区地图参与性规划
- 开源数据
- 众包数据
- 谷歌（Google）街景或其他类似应用程序

预期成果

- 制订初步清单，务求尽早识别潜在危机，优先为赋能和实施TOD项目采取措施。
- 创建数据可用性目录。
- 评估站点区域现有优势和劣势，识别TOD的全部潜力和提升机会。
- 根据对数据可用性的初步了解，明确聘请外部顾问的工作范围和职权范围。
- 利用电子表格的评估结果，结合其他TOD知识产品，开展进一步技术指导。

如何使用TOD准备程度评估工具

用户应在使用电子表格前阅读用户指南。TOD准备程度评估工具的使用包括四个基本步骤。

01 初步评估

填写初步评估选项卡，梳理城市有关政策、法规和制度框架，分析技术数据资料的可用性，以便后续详细评估。

02 创建城市或走廊的基础地图

沿交通网络或交通走廊确定站点/节点。收集每个站点的基本数据，包括客运量、土地使用情况和其他列在"详细评估"选项卡中的重要数据。

03 详细评估

在详细评估选项卡中输入数据。电子表格是使用现有数据和某些案例中的GIS空间分析结果建立的评估标准。

04 总结

填写总结选项卡，根据工具自动计算出的准备情况评分，识别站点区域的优势和劣势。

初步评估
工具

初步评估工具适用于所有TOD开发层级。通过该工具可评估相关机构在开展TOD规划和实施上的技术和法规准备情况，具体包括三个评估维度：

01 技术能力
02 数据可用性
03 政策和监管环境

- 对照电子表格对每个指标进行评价。
- 对应每个指标，如果具备该项能力，则得1分；如果不具备，则得0分。
- 各评估维度的得分都由一组单独指标计算得出。三个维度的评价标准共30个，各维度总分定档为"低""中""高"。

总分由以下结果得出：

技术能力

对现有管理、实施和监督TOD规划活动的技术和专业人员进行评价

		分数		知识产品参考
A	低	0~3	分数越高，准备程度越高	如果分数为高，则请参考**EN-H01**；如果分数为中或较低，则请参考**IM-H01**、**IM-P01**，开展能力建设，同时参考**PD-P01**继续聘请外部顾问；如果分数为低，则应聘请外部顾问开展TOD规划和活动。参考采购工具
B	中	4~6		
C	高	7~10		

数据可用性

建立全面数据库资源，以此作为基线文档，以GIS/AutoCAD数据库为基础，分析过去5年的应用情况

		分数		知识产品参考
A	低	0~5	分数越高，准备程度越高	如果分数为高，则请参考规划与设计中的工具**PD-H01**至**H04**；如果分数为中或低，则请参考**PD-P01**，继续聘请外部顾问
B	中	6~10		
C	高	11~15		

政策和监管环境

对城市TOD准备程度进行评估，包括制度支持、规划、政策和发展中市场

		分数		知识产品参考
A	低	0~3	分数越高，准备程度越高	如果分数为高，则请参考**EN-C01**与**C02**、**EN-P01**、**PD-H05**；如果分数为中或低，则请参考**PD-H01**与**H02**，继续聘请外部顾问
B	中	4~6		
C	高	7~10		

详细评估工具

详细评估工具适用于开发规模为走廊层级和站点区域层级的项目。该工具既将某个站点与其他站点进行对比，也对站点本身进行评价，具体包括三个评估维度：

- 01 节点价值
- 02 场所价值
- 03 市场潜力价值

这三个价值是参考世界银行开发的"3V框架"（Salat and Ollivier 2017）设置的，定义如下：

A. 节点价值

节点价值指一个站点在公共交通网络中的价值，基于其客流量、换乘能力和在公共交通网络内的中心性。

B. 场所价值

场所价值指一个地区的城市质量及其在生活设施上的吸引力，包括学校、广场/开放空间等设施，代表了站点周围的城市肌理。

C. 市场潜力价值

市场潜力价值指站点区域未实现的潜在市场价值。通过市场分析，估量驱动需求的核心要素，包括当前和未来的人口密度（居住和就业）。

通过工具识别、区分公共交通网络中不同站点的发展机会，可了解在何处、何时及如何创造潜在经济价值。详细条件评估工具的作用是突出经济、土地利用、城市设计和公共交通网络等要素与站点间的联系。使用该工具获得的结果可指导城市起草TOD愿景，并藉此制订详细计划，提高站点区域的价值和经济潜力。

- 在详细评估电子表格中列出的每个指标项中输入数据。
- 将评价指标表现简化为1~5分，5分表示"高"，3分表示"中"，1分表示"低"。
- 总分揭示了关键优势和机会。根据确定的优势、劣势和机会，城市可制订有针对性的战略，从而提高该地区对TOD项目的准备程度。

参考文献

MOUD (Ministry of Urban Development, India). 2016. Transit Oriented Development Guidance Document. Consultant Report, IBI Group, New Delhi: Global Environment Facility, UNDP and World Bank.

Salat, Serge, and Gerald Ollivier. 2017. Transforming Urban Space through Transit Oriented Development - The 3V Approach. Washington DC: World Bank Group.

World Resource Institute and World Bank Group. 2015. Corridor Level Transit-Oriented Development Course. Washington, DC.

Capital Metropolitan Transportation Authority. TOD Priority Tool - A Resource for Identifying TOD Opportunities to Support High-Capacity Transit. Austin, Texas.

什么是3V框架？

3V 框架是一种用于确定地铁站点周边区域的经济机会，并通过节点、场所和市场潜力价值间的相互作用来推动价值提升的方法。它提供了基于三个价值的分类框架，将同类型站点合并为一组。它为政策制定者和决策者提供了量化指标，帮助他们更好地了解城市经济发展、土地利用、公共交通网络、站点质量与市场活力间的相互带动作用。通过 3V 框架，可初步描绘站点群的规划与实施路径，对有限的公共资源进行优先级排序，发挥协同效应以提升价值。

B. 场所价值

场所价值指一个地区的城市质量，通过基础设施、学校、医疗、城市发展模式，以及步行和骑行可满足日常需求等特点体现吸引力。站点周边城市肌理的品质，源于高步行可达性、街道网络细密化、创造充满活力的社区以及混合土地利用。

具体评价要素包括：

- 街道交叉路口密度
- 步行可达性
- 用地多样性
- 站点800米范围内的社会基础设施密度

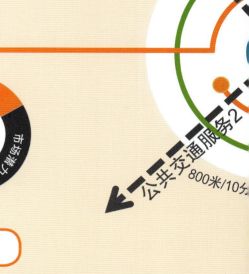

A. 节点价值

节点价值指一个站点在公共交通网络中的价值，基于其客流量、换乘能力和在公共交通网络内的中心性进行评价。

具体评价要素包括：
- 点度中心性
- 接近中心性
- 中介中心性
- 日均客运量
- 换乘多样性

C. 市场潜力价值

市场潜力价值指站点区域未实现的价值。通过市场分析，测算影响价值的核心要素情况，包括当前和未来的人口密度（居住和就业）、当前和未来30分钟通勤距离内的就业岗位数量，以及影响资源供应的因素，例如可开发土地供应情况、区域潜在机会（提高容积率）和市场活力。

具体评价要素包括：
- 人口密度
- 职住比例
- 人口密度增长潜力
- 平均或中位数收入
- 劳动力中管理人员占比
- 公共交通覆盖范围内的就业岗位数量
- 房地产机会
- 房地产开发动态

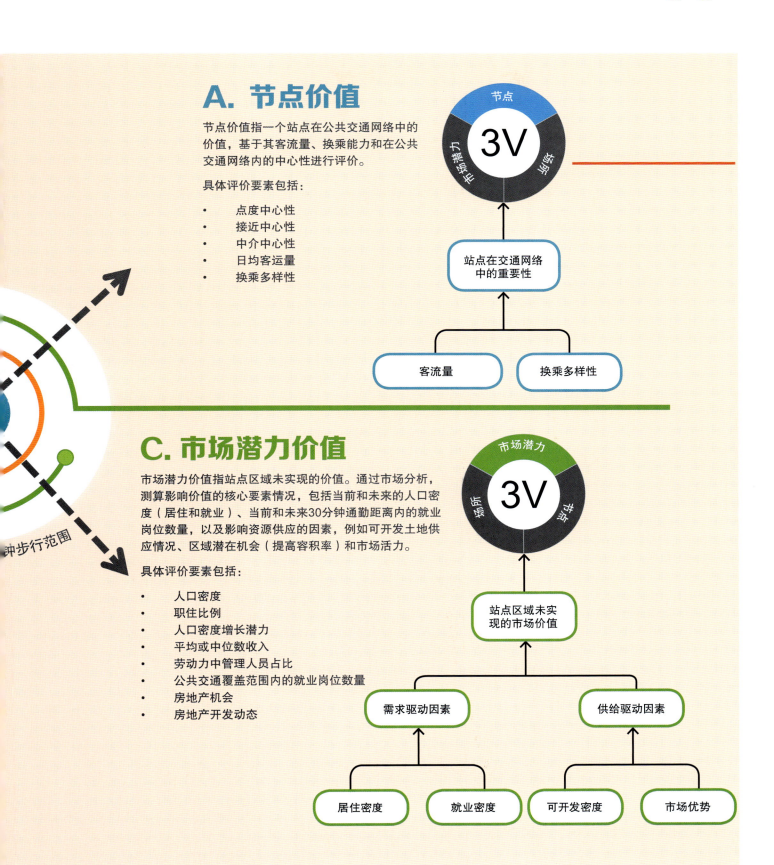

中国,香港特别行政区

AS–A02
TOD层级与环境评估

确定合适的TOD规划层级清单

形式: *清单+用户指南*

简 介

高收入和中低收入国家的TOD评估文献都不约而同地强调了不同层级的TOD项目规划需求，包括大都市区/整个城市层级（城市级TOD规划）、公共交通网络/公共交通走廊层级（走廊级TOD规划）、当地/邻里/站点周边地区层级（站点区域级TOD规划）以及站点/地块层级（地块级TOD规划）（Salat and Ollivier 2017; WB/WRI TOD Corridor Module 2015; Ministry of Urban Development, India 2016; Center for Transit Oriented Development 2010）。世界银行客户国的一些发展中城市，例如印度的德里和胡布利-达瓦、南非的开普敦和约翰内斯堡（Johannesburg），都在城市总体规划和公共交通专项规划中采用了多层级TOD规划方法。然而，世界银行客户国的大多数城市在各级城市规划中，对公共交通选址、用地规划、基础设施建设和经济产业规划等板块采用了不同的规划方式。

从实施角度看，站点周边区域规划是最重要的，因为大部分项目属于这一规模层级，且与公共交通的投资规模相匹配。城市层级与公共交通网络规模的规划通常是同步的，而TOD房地产项目面临的挑战是公共交通枢纽的建设与房地产项目规划、开发时间不一致，例如，在波哥大，研究表明，一项开发计划的批准和开发许可证的申请，一般情况下需要4~5年时间。由于土地分割条例计划（Territorial Ordinance Plan）与开发计划间缺乏协调（Suzuki, Cervero and Iuchi 2013），丧失了在"快速公共交通系统"建设的第一时间吸引开发TOD的机会。

开发的环境，无论是绿地、郊区、密集的市区，还是城市更新地区，都与TOD项目所能创造的潜在价值密切相关。在过去二十年中，世界银行客户国在原有农业用地上发展新城镇的项目案例一直保持增长趋势。例如坦桑尼亚的新首都多多马（Dodoma）和印度查蒂斯加尔邦（Chattisgarh）的新首府赖布尔（Naya Raipur），在城市设计之初就将TOD理念植入各个方面。

免责声明：TOD知识产品旨在为TOD项目实施提供顶层框架，并指导城市在规划的所有阶段排除障碍。由于中低收入城市的情况不尽相同，TOD知识产品的应用必须适应当地需求和优先事项，并根据个案定制。

© 2018 International Bank for Reconstruction and Development / The World Bank

参考文献

Center for Transit Oriented Development. 2010. Performance-Based Transit Oriented Development Typology Guidebook. CTOD.

MOUD (Ministry of Urban Development, India). 2016. Transit Oriented Development Guidance Document. Consultant Report, IBI Group, New Delhi: Global Environment Facility, UNDP and World Bank.

Salat, Serge, and Gerald Ollivier. 2017. Transforming Urban Space through Transit Oriented Development - The 3V Approach. Washington DC: World Bank Group.

Suzuki, Hiroaki, Robert Cervero, and Kanako Iuchi. 2013. Transforming Cities with Transit - Transit and Land Use Integration for Sustainable Urban Development. Washington DC: The World Bank Group.

World Resource Institute and World Bank Group. 2015. Corridor Level Transit-Oriented Development Course. Washington, DC

目 的

TOD 项目规模评估工具，帮助城市了解项目在不同规模规划下的相互关系，以及其对 TOD 项目实施的影响。城市环境评估工具，根据现在及未来规划的城市形态、交通状况以及吸引 TOD 项目相关投资的市场优势，确定公共交通枢纽周边区域的类型。两种工具的综合运用能帮助对 TOD 感兴趣的城市识别挖掘 TOD 发展潜力的着手点，以及城市更新过程中对周边环境的设计需求。

考虑到开发趋势，将两种工具设计为交互式清单，可通过 GPSC 网站（https://www.thegpsc.org）中的 TOD 页面及世界银行相关网页获取。请先阅读以下摘要再使用电子表格。

假设与限制
- 本工具仅指导用户进行初步评估，在可行的情况下，需另行开展详细分析。
- 使用者可在TOD实施过程的多个阶段中使用本工具，不必按次序使用。

数据来源
- 辅助文献，例如分区法规、总体规划及相关政策。
- 第三方报告。
- 谷歌地图及其他高质量航拍、卫星图像。

如何使用 TOD 层级与环境评估工具

01 填写核对清单

阅读相应章节，并在符合项目特征的选项下打"√"。项目背景清单主要用于站点层级或具体项目地块层级的规划。清单中各选项列出了交通枢纽周边环境的典型条件。选项是有关同级别规划项目和土地权属的评价要素，可帮助规划人员确定最适合发展的TOD项目规模。

02 分析结果

该城市只要满足一个选项，就可以实施相应级别和背景下的TOD规划。如果有多个选项，则选择最符合实际情况的选项。

确定 TOD项目规划环境

绿地

☐ 由农业用地向高强度用途的土地性质变更规划。
OR
☐ 政府持有用地高占比地区。
OR
☐ 人口密度极低或无人区。
OR
☐ 靠近城市核心区,但以使用汽车为主要出行方式。
OR
☐ 高质量公共基础设施投资是经济的关键驱动力。

郊区

☐ 无公共交通服务或公共交通服务频次低。
OR
☐ 较低人口密度。
OR
☐ 街道连通性、行人和自行车设施及城市建设间缺乏整合。
OR
☐ 大量土地被单一用途开发项目占用。

城市（填充和更新）

☐ 高人口密度。
OR
☐ 良好或完善中的步行和骑行网络。
OR
☐ 具有零售和服务基础设施的混合社区。
OR
☐ 就业岗位高度混合。

确定TOD项目规划层级

城市-区域层级

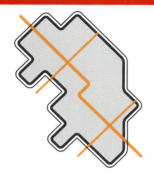

- 区域规划、城市发展规划、总体规划
  （筹备中/进行中/已完成）
- OR
- 交通规划、出行规划
  （筹备中/进行中/已完成）
- OR
- 快速公交系统、轨道交通系统项目规划
  （筹备中/进行中/已完成）

走廊层级

- 对土地开发政策的调整
  （筹备中/进行中/已完成）
- OR
- 交通规划、出行规划
  （筹备中/进行中/已完成）
- OR
- 快速公交系统、轨道交通系统项目规划
  （筹备中/进行中/已完成）

站点区域层级

- 正在运营/建设中的公共交通系统。
- OR
- 现有公共交通系统周边闲置公有土地及旧改机会。
- OR
- 现行土地资源共享策略。
- OR
- 市场状况（物业价值的快速变化）

地块层级

- 公共交通站点周边地区再开发机会。
- OR
- 市场对绿地、土地拍卖和开发的兴趣。
- OR
- 现有公共交通系统周边闲置公有土地及旧改机会。

AS-A02　TOD层级与环境评估

印度，浦那快速公交（BRT）走廊

TOD K P

AS–A03
TOD房地产需求阈值

本知识产品为交互式表格，可通过GPSC网站（https://www.thegpsc.org）中的TOD页面及世界银行相关网页获取。请先阅读本章内容再使用工具

形式：表格+用户指南

简 介

房地产开发的业态类型大致分为住宅、零售业、商业（办公室）和酒店业。对 TOD 项目而言，强烈推荐混合用途开发，因为 TOD 项目提高了全时段公共交通覆盖地区的利用率，也提高了步行可达性。在集聚多种功能的项目中，经济上的成功取决于多项因素。其中，规模适当和项目开发是关键因素。

通常情况下，在低密度市场，住宅开发是决定房地产所有其他业态类型需求的市场驱动因素。然而，在许多 TOD 项目中，细分区域市场是由商业和零售业发展推动的。因此，混合用途开发中，业态配比的优化取决于交叉融资需求。

房地产需求主要通过两个指标体现，即价格（Price）和入住率（Occupancy）。价格是房地产区域细分市场供需关系的直接变量。入住率表示市场的空置 (供应 - 需求) 情况，为卖方过高定价提出了合理化解释。

资产收益率是衡量房地产投资未来收入或收入潜力的指标。各业态类型的收入潜力排序见下表。

房地产需求可通过下页图所示的价格和入住率两个指标来衡量。应对各象限所展示的潜在土地利用组合方式进行评估，从而更好地平衡收益风险和收益潜力。

例如，在收益风险高的高房价地区，优先选择房地产收益率适中的开发项目，使潜在收益能适度平衡资本投资。在价格高、风险低的地区，高收益投资是首选，这样可使盈利最大化。同样，在价格较低的地区，根据所面临的风险，低、中收益投资是首选。

下表可用于开发建议中的初步概述阶段。在进一步开展项目建设和融资前，强烈建议在初步规划的基础上开展详细的财务尽职调查。

免责声明：TOD知识产品旨在为TOD项目实施提供顶层框架，并指导城市在规划的所有阶段排除障碍。由于中低收入城市的情况不尽相同，TOD知识产品的应用必须适应当地需求和优先事项，并根据个案定制。
© 2018 International Bank for Reconstruction and Development/ The World Bank

序号	开发类型	衡量指标	物业收益* （每年租金收入/资本价值）	收入潜力排名
1	酒店业	每间空置房的收入、平均房价	高	1
2	零售业	资产及租赁价值	中至高	2
3	商业（写字楼）	资产及租赁价值	中至高	3
4	住宅	资产及租赁价值	低	4

*：这里引用物业收益是为比较不同开发类型。收益率通常由地理位置和区域细分市场条件等因素决定。2018年，（全球主要城市）商业地产收益率从圣保罗（Sao Paulo）的9%到北京的5%不等（JLL Global Research 2018），而住宅地产收益率从圣保罗的4%到北京的1.5%不等（www.numbeo.com）。

假 设

收益风险-高 **优先开发模式** 住宅-低 商业-中 零售-中 酒店业-低	**收益风险-中至低** **优先开发模式** 住宅-低 商业-中 零售-中 酒店业-中	**收益风险-低** **优先开发模式** 住宅-低 商业-低 零售-中 酒店业-高
收益风险-高至中 **优先开发模式** 住宅-中 商业-中 零售-低 酒店业-中	**收益风险-中** **优先开发模式** 住宅-中 商业-中 零售-低 酒店业-低	**收益风险-中至低** **优先开发模式** 住宅-高 商业-中 零售-中 酒店业-中
收益风险-高 **优先开发模式** 住宅-高 商业-中 零售-低 酒店业-低	**收益风险-高至中** **优先开发模式** 住宅-高 商业-中 零售-中 酒店业-低	**收益风险-中至低** **优先开发模式** 住宅-高 商业-中 零售-中 酒店业-低

价格（低→高） 入住率/租用率（低→高）

各类型在总体混合使用土地中的比例

低	10%~15%
中	25%~30%
高	40%~50%及以上

通过图表展示价格和入住率/租用率等房地产条件的变化范围。

AS-A03 TOD房地产需求阈值

目 的

本工具的用途是分析房地产开发的潜力和不同业态类型的组合方式，从而提高投资收益。本工具将 TOD 项目分为四个基本类别：

a. 地块层级

b. 站点区域层级

c. 走廊层级

d. 城市层级

同时，本工具对规划开发项目的区域/位置进行了分类，从而构建房地产业态类型组合的建议策略。此外，本工具还根据市场情况和现有供应水平，对住宅、零售业、商业和酒店业等业态类型进行了详细分析，从而评估规划开发的 TOD 项目的市场价值。

数据来源

- 人口密度—每平方公里人口数量
  - 城市区域
  - 区域细分市场
- 基础设施成本比率—纯比率（每平方米交通基础设施规划总投资/每平方米土地成本）
- 物业价格比率—纯比率（每平方米平均物业价格/每平方米土地成本）
  - 住宅
  - 零售业
  - 商业
  - 酒店业
- 溢价供给比—纯比率[区域市场中，A 级物业总供给（米^2）/B 级物业总供给（米^2）]
  - 住宅
  - 零售业
  - 商业
  - 酒店业
- 入住率/租用率—纯比率（入住单位总数/单位总数）
  - 住宅
  - 零售业
  - 商业
  - 酒店业

如何使用TOD房地产需求阈值工具

用户应先阅读用户指南选项卡，再使用电子表格。

01 选择层级与环境

- **TOD 项目层级**：选择 TOD 项目层级，在数据控制板上标注对应单元格。

- **场所价值**：选择 TOD 项目开发环境。

- **节点价值**：选择交通节点开发环境。

基于以上选择，在数据控制板中提供了有关房地产板块开发战略和业态类型建设的参考。黄色高亮部分是建议开展进一步分析的初始策略。

本工具包括：

- 用户指南
- 数据控制板
- 评估
- 住宅
- 零售业
- 商业
- 酒店业
- 参考矩阵
- 参考城市案例

02 输入"评估"数据

仔细阅读应用指南后，在"评估"表中的橙色单元格中选择相应数据

橙色
选择相应数据

03 查看详细战略建议

在每块土地使用范围内，请参阅项目中房地产业态类型开发的具体策略建议。

墨西哥,墨西哥城

TOD KP

AS–A04

快速公共交通
模式阈值

本知识产品为交互式表格。可通过GPSC网站
（https://www.thegpsc.org）中的TOD页面及世界银行相关网页获取。
请先阅读本章内容再使用工具

形式: 清单+用户指南

简 介

随着世界银行客户国的城市经济增长速度超越农村，城市人口和就业机会也快速增加，人们需要以更便捷、更可靠的公共交通系统作为通勤工具。公共交通需求使这些城市必须将现有的、不受管制的本地公共交通系统转变为更加健全和高质量的快速公共交通（Rapid Transit）系统。在过去二十年中，多个国家开通了新型快速公共交通系统，包括坦桑尼亚（达累斯萨拉姆，Dar-es-Salaam）、巴西（20多个城市）、南非（6个城市）、中国（40多个城市）、印度（15个城市）和印度尼西亚（10个城市）。大多数城市在发展综合TOD项目时，都会有难以把握公共交通投资和改革用地监管时机的情况，进而影响TOD的综合效果。此外，快速公共交通系统更适合人口密度和就业机会较高的公共交通沿线走廊。城市可在放宽土地使用规定的同时，选择主动投资快速公共交通系统。这将丰富无车人群在居住、出行方面的选择。

近年来，快速公共交通模式为发展中国家提供了在有限经济条件下解决公共交通出行需求问题的机会。快速轨道交通拥有悠久历史，但其造价较高，且在应对需求变化方面缺乏灵活性。快速公交（Bus Rapid Transit，BRT）能灵活适应不同需求，但其多样化的"快速"版本也要求更高的规划和设计技巧，且难以在许多交通出行习惯不佳的城市实施。

世界银行客户国的公共交通规划人员需要以收集交通数据和研究交通建模为基础做出决策。收集交通数据通常是一项艰巨的任务，缺少分析数据会影响决策可靠性。快速公共交通模式阈值选择工具可帮助城市尽快在公交车和轨道交通间做出选择，并提供通常仅供当地使用的数据。

免责声明： TOD知识产品旨在为TOD项目实施提供顶层框架，并指导城市在规划的所有阶段排除障碍。由于中低收入城市的情况不尽相同，TOD知识产品的应用必须适应当地需求和优先事项，并根据个案定制。

© 2018 International Bank for Reconstruction and Development/ The World Bank

目的

快速公共交通模式阈值选择工具旨在为以下两种城市在选择快速公共交通模式方面提供指导性帮助：
① 正在考虑引进新型快速公共交通系统的城市。
② 正在评估快速公共交通运营模式的城市。

➡ **初步评估**：对不同快速公共交通模式进行初步可行性分析。该工具运用数据，根据技术与交通用地权，对不同快速公共交通模式进行评估。

➡ **详细评估**：确定最适合某条交通走廊的快速公共交通模式。该工具运用数据对目标交通走廊沿线和乘客需求提出合理建议。对每条交通线路都要进行具体分析，但最终选择并不一定由最终评估分数决定，而应由具体项目环境和标准决定。

初步评估可能要用到"如何进行快速公共交通系统备选方案评估"（AS-H02）。

假设与限制

1. 本工具先将公共交通模式简单划分为轨道交通和公交车两种，再根据设计运营速度和设计载客能力对两者进一步分类。基于速度的分类通常根据公共交通系统与其他交通流的"隔离"程度和冲突点数量来定义。"隔离"程度大致可分为三级，即 A 级、B 级、C 级交通用地权（Right of Way，ROW）。其中，A 级表示立体交叉（无交叉路口冲突点）或车道连续完全物理隔离，B 级表示车道不连续物理隔离或部分立体交叉隔离，C 级表示混合交通（Vuchic 1981）。有多种物理结构和机械装置可用于各种类型的专用道隔离，包括实体物理障碍物硬隔离和信号类技术软隔离。

2. 模式选择工具中考虑的快速公共交通模式如下。

   a. **快速公交（BRT）系统**是一种基于常规公交车的快速公共交通系统，主要有三大特征：高质量、高燃油经济性公交车；专有隔离交通用地权；搭乘前售 / 检票系统。根据运营质量和通行能力，可将 BRT 细分为三小类：

   » **快速公交系统**：使用标准式或铰接式或双铰接式公交车，运营在全线隔离的车道上。专用隔离车道包括高架或分离的公交专用道或沿线物理隔离的公交专用道，同时设计有连续的超车道，能提供与地铁系统相媲美的可靠、快速和舒适的公共交通出行服务。

   » **半快速公交（BRT Semi-Rapid）系统 1 类**：使用标准式或铰接式或双铰接式公交车，运营在公交专用道上，并在站点处设有超车道，在交叉路口通过物理隔离或信号优先权来保证快速、可靠的公共交通服务。

   » **半快速公交（BRT Semi-Rapid）系统 2 类**：使用标准式或铰接式公交车，运营在公交专用道上，运营速度高于常规公交车，同时在交叉路口对部分转向交通流进行限制。

快速公交系统：和谐中心巴士廊道，雅加达交通（Transjakata)

图片版权 © Gunawan Kartapranata and made available under a Attribution-ShareAlike 4.0 International license

半快速公交系统1类：兰州快速公交系统

图片版权 © ITDP China and made available under a Attribution-3.0 Unported license

半快速公交系统2类：艾哈迈达巴德（Ahmedabad）快速公交系统

图片版权 © Enthusiast and made available under a Attribution-Sharealike 3.0 Unported license

印度，印多尔

AS-H01

如何进行房地产市场分析

提供了成功开发TOD项目所需的房地产知识。通过使用本工具，可确定TOD项目影响区域内的市场需求，并根据人口、地理和经济发展趋势，确定满足需求的最佳发展模式

形式: 分步指南

06 编制房地产市场分析报告

准备一份房地产分析报告，总结调研过程中的关键点，包含如下内容。

1. 房地产市场表现趋势。
2. 通勤人员出行特征。
3. 分析竞争优势与产业集群。
4. 分析长期居住和就业需求。
5. 发展及旧城改造和更新机会建议。
6. 基于NPV和IRR结果的盈利能力和收入潜力。
7. 激励措施和融资模式。

AS-H02

如何进行快速公共交通系统备选方案评估

识别、评估和选择合适的快速公共交通方案的整体框架,包括线路、运营模式和运营环境

形式: 分步指南

免责声明：TOD知识产品旨在为TOD项目实施提供顶层框架，并指导城市在规划的所有阶段排除障碍。由于中低收入城市的情况不尽相同，TOD知识产品的应用必须适应当地需求和优先事项，并根据个案定制。

© 2018 International Bank for Reconstruction and Development/ The World Bank

01 明确路线和运营模式选项的初始范围

使用 **A** 初步参考标准绘制公共交通走廊初稿，并收集政府、公共交通机构及公众等利益相关方的意见。

- 人口及就业密度
- 目的地和土地用途
- 潜在的和可行的衔接方式
- 现有的推荐方案
- 可行的交通模式

数据来源
- 卫星图像
- 政策和规划文件
- 现有交通研究
- 实地调查
- 利益相关者工作营

利益相关者

主要利益相关者：
- 交通规划/城市规划机构

次要利益相关者：
- 国有和非国有交通运营商
- 土地使用规划者、环境规划者
- 住房、基础设施和交通管理部门
- 社区/社区组织

02 开展初步筛选

使用 **B** 走廊筛选标准对步骤1中识别的公共交通走廊方案进行初步筛选

- 城市愿景与目标
- 交通需求
- 实施难易程度
- 社区建设

数据来源
- 卫星图像
- 现有人口普查数据
- 就业人口/预测
- 政策和规划文件
- 走廊沿线的土地利用和节点

利益相关者

主要利益相关者：
- 交通规划机构

次要利益相关者：
- 国有和非国有交通运营商
- 土地使用规划者、环境规划者
- 住房、基础设施和交通管理部门
- 社区/社区组织

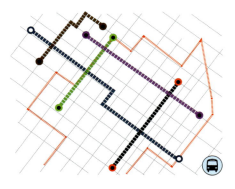

03-A 开展走廊方案深化筛选

使用 B 走廊筛选标准对步骤2所列的走廊方案进行深化筛选

- 城市愿景和目标
- 交通需求
- 实施难易程度
- 社区建设

03-B 开展技术/模式评审

基于以下要素评价公共交通技术：

- 潜在客流量
- 各模式运载能力
- 成本比较

参考AS-A04

数据来源

- 交通客运量预测
- 政策和规划文件
- 走廊沿线的土地利用和节点
- 环境评估报告
- 资本和运营成本
- 利益相关者工作营

利益相关者

主要利益相关者：
- 交通规划机构

次要利益相关者：
- 政府官员/企业高管
- 地方管理部门
- 资助机构
- 国有和非国有交通运营商
- 城市规划机构
- 土地所有者和潜在房地产开发商
- 学术机构、倡议团体

04 开展经济可行性分析

对照 C 成本比较开展具体的成本效益分析

I	明确基础分析的规划案例	根据当前及未来客运量
II	列出收益项	包括生产力节约、医疗成本节约，区域经济和环境效益
III	列出成本项	包括交通建设和运营费用、机构调整费用和负外部相关费用
IV	收入与成本货币化	将尽可能多的收益和成本按现金价值标示，在需要的地方使用对价来对价值进行现金价值转化
V	计算净现值	以当期现金价值折现年度净成本和收益，明确收入成本比

数据来源

- 资本及营运成本
- 客流量和总里程数据
- 排放和燃料数据
- 公共支出数据

利益相关者

主要利益相关者：
- 交通规划机构

次要利益相关者：
- 政府官员/企业高管
- 政府部门
- 投资机构

A 初步参考标准

在前期城市研究及相关工作基础上，综合各利益相关者、团队的反馈，编制公共交通走廊开发备选方案清单。在识别开发备选方案时，应考虑以下要素。

要素	方法	重要性
人口和就业密度	根据人口普查数据及其他调查，确定住房单元数和就业密度	人口密度高的地区需要快速公共交通服务，以公平满足所有人的出行需求
目的地和用地性质	根据目的地地图和用地性质，确定区域内的高频次出行轨迹（工作日和周末）	在公共目的地和高集聚地区提供快速公共交通服务，在缓解拥堵的同时确保客流量
潜在的和可行的衔接方式	根据出行数据和用户需求，识别现有的和潜在的衔接方式	使用现有交通服务、出租车信息或拥堵地图中的数据确定出行模式
现有推荐方案	审查现有规划和政策文件中的方案，明确与本项目的相关性和有效性	确保对现有的（和相关的）研究进行全面审查，例如交通总体规划、总体规划等，并在公共交通规划中予以考虑
可行的交通模式	根据交通阈值筛选可行的交通模式 参考 AS-A04	对最可行的城市交通技术和运营环境方案进行快速评估

数据来源

- 谷歌地球、卫星图像、GIS数据、Worldwind、Marble、Virtual Ocean、Ossimplanet、GeoMapApp、OpenStreetMap
- 政策文件和相关研究-总体规划/发展规划/交通总体规划
- 现有公共交通/公交车专用道/民营交通运营商的数据
- 实地调查
- 最佳实践
- 利益相关者
- 公众工作营

❸ 走廊筛选标准

筛选沿线走廊方案的目的是评估开发备选方案的"长清单"和"短清单",并识别最佳的快速公共交通方案。沿线走廊方案要与模式和技术方案并行评估。本章提出的筛选方式包括两个步骤,首先对备选方案的长清单进行初步评估,然后对选定的备选方案短清单进行详细评估。不同项目可根据实际需要、数据和资源的可用性跳过初步评估。

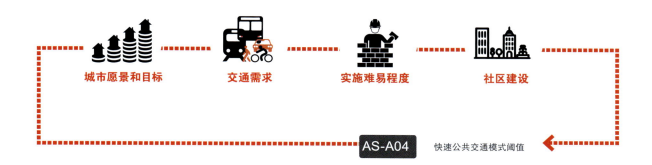

 城市愿景和目标

要素	初步筛选方法	详细评估
增长潜力	预测项目500米影响区内,未来10年的人口密度(人/公顷)和就业密度(岗位/公顷) ↑ 越高越好	支持增长管理,在规划区进行高密度、混合利用开发;支持以公共交通引导开发,鼓励兼容发展快速公共交通走廊和公共交通站点
经济发展潜力	统计项目500米影响区内,现有的或计划中的与市中心的连接度 ↑ 越高越好	吸引和留住人才的能力,影响长期就业目标,可提高企业生存能力和吸引力
混合用途开发潜力	统计沿线500米影响区内,有混合土地用途(2个或以上)的地区 ↑ 越多越好	提供土地和市场,接纳新型混合用途开发或旧城改造/更新机会
土地价值捕获潜力		带动沿线房产价值提升,提高沿线居住环境吸引力,改善停车场和通道

数据来源

- 谷歌地球、卫星图像、GIS数据、Worldwind、Marble、Virtual Ocean、Ossimplanet、GeoMapApp、OpenStreetMap
- 现有人口普查数据
- 根据政策文件和相关研究得出的人口/就业预测
- 政策文件和相关研究-总体规划/发展计划/交通总体规划
- 走廊沿线土地利用
- 关键节点和目的地
- 基础设施建设和运营成本
- 土地所有权数据

❸ 走廊筛选标准

 交通需求

标准	初步筛选方法	详细筛选方法
公共交通客流潜力	统计现有及预计的人口和就业密度、现有交通服务客流量 ⬆ 越高越好	预测交通网络中所有模式的客流量（人/时）数据，包括开通首日和长期数据
出行时长优化潜力	统计线路长度、汽车平均延误（时间）、最大V/C（最大服务交通量/基本通行能力）值、出行时间（私家车相对现有公共交通方式） ⬇ 首选表现较差的道路	预测主要出行路径的出行时间，对比私家车及公共交通，公共交通在出行时间上应有实质性改善
现有交通网络整合	统计现有交通网络的换乘站数量 ⬆ 越多越好	快速公共交通与现有或已规划交通网络的融合度，重点是交通网络延展性和未来发展潜力
公共交通服务可靠性		影响快速公共交通服务的可靠性、频率、服务质量和灵活性的路权特征包括： ○ 可供专用车道/轨道的阔度 ○ 十字路口、转弯限制和交通信号
支持主动交通		城市支持的主动出行模式，例如步行、骑行和公共交通，都是容易获取且包容所有群体的，包括： ○ 街区大小和街道连通性 ○ 提供步行和骑行公共设施
安全性（对所有使用者）		可改善十字路口、十字路口位置和紧急车辆通道的道路特性

 数据来源

- 政策文件和相关研究-总体规划/发展规划/交通总体规划
- 现有的交通客运量数据-进出站数据
- CAD、GIS街道网络，或任何交通需求建模软件格式，包括路权、交叉路口和信号
- 信息
- 走廊状况和/或交通量数据
- 现有公共交通/公交车专用道/民营交通运营商的数据
- 事故数据

❸ 走廊筛选标准

具有运作可行性且易于实施

标准	初步筛选方法	详细筛选方法
可实施性	统计协调管辖的相关机构，1个或多个 ⬇ **协调挑战越少越好**	可灵活地分阶段开发快速公共交通网络
易于建设	统计可获得的交通用地权；最少化不可移动障碍 ⬆ **空间越大越好**	建设过程面临的挑战量和复杂度，包括铁路道口、水道道口、敏感或历史保护区域、急转弯、交通用地权问题、公共事业和其他建设问题
财务可行性	根据运营环境和模式，统计周转量的年化成本	快速成本效益分析（Cost-Benefit Analysis, CBA）与运营收入成本比、生活品质提升效益之间的对比
房地产影响		尽量减少征地或重大土地调整需求；避免对财产所有权或资产价值造成负面影响
环境影响		尽量减少对指定的重要环境保育地区、湿地和省级重要湿地、鱼类栖息地、林地和重要林地、重要河谷或环境敏感地区、濒危和受威胁物种栖息地以及具有自然和科学价值地区的影响

数据来源

- 政策文件和相关研究-区域规划，环境研究
- 谷歌地球、卫星图像、GIS数据、Worldwind、Marble、Virtual Ocean、Ossimplanet、GeoMapApp、
- OpenStreetMap
- 基础设施布局数据，CAD、GIS或其他同类格式的未来规划数据，允许数据重叠分析、干扰识别
- 土地所有权信息
- 房地产估值数据
- 资本和运营成本

B 走廊筛选标准

社区建设与活化

标准	初步筛选方法	详细筛选方法
支持包容性发展目标	低收入/中等收入社区能享受可负担的出行选择，通达关键节点和目的地 ⬆ 越高越好	匹配计划增长、加密和集约化发展，保持高可负担性的可持续发展
与社区和商业区的连接	通过密集的街道网络，提高对社区的渗透程度，增加可达性 ⬆ 越高越好	改善社区设施（学校、图书馆和医院等）的使用条件，在保障车辆可进入住宅区和商业区的同时，尽量减少车辆对邻近社区的影响
集约化开发潜力	以增长和集约化为目标设计走廊，使这些走廊有潜力因TOD进一步集约化，并带来潜在客流量 ⬆ 未充分利用地段优先	在走廊500米影响区内可供集约化开发的土地包括： o 露天停车场 o 未充分利用的空间 o 破旧/寿命周期完结的楼宇 o 可转变用途的土地，例如前工业用地等
公共空间及设施		优化公共空间利用率，美化环境，加强社区联系，以设计保障安全，尽量减少对现有公共和私人绿化区的影响
文化遗产影响		尽量减少对文化遗产和考古资源的影响
气候适应能力		遵循城市密实化原则，应对全球变暖趋势（例如洪水和干旱）；对空气污染和温室气体排放的影响

数据来源

- 发展潜力
- 房产估值和可负担能力数据
- 根据政策文件和相关研究得出的人口/就业预测
- 政策文件和相关研究—总体规划/发展规划/公共领域规划
- 社区节点和目的地
- 遗产或考古数据
- 空气质量数据
- 利益相关者工作营

❻ 成本比较

项目资金成本

资金成本是设备购置、运作等阶段所需的成本,包括设备采购成本、基础设施建设成本、工程和运营成本等。

硬件设施成本	支出
产权收购	
土建工程	
赋能工程	
设施/场地维护	
停车设施/停车场及交通设施	
建筑物	
公共服务设施迁改	
街区景观改善	
站点	
电力、线路及变电站供水	
给排水	
信号设备	
运营控制中心	
合计(A)	
不可预见支出(A1)	~10%

软件设施成本	支出
工程设计施工管理	
设计支援(建设管理)	
代运营成本	
项目管理	
合计(B)	
不可预见支出(B1)	~5%

交通工具成本	支出
交通工具投资成本	
合计(C)	
不可预见支出(C1)	~5%

总成本	总支出
总计(A+B+C)	
不可预见支出总计(A1+B1+C1)	

运营成本与收入预测

运营成本是系统运行和维护的成本,例如运营服务人力成本。维护成本包括工具和备件采购、软件维护等成本。

硬件设备/设施成本	首年	项目生命周期年平均
日均客流量		
年收益		
年度运营和维护成本		

AS-H02　如何进行快速公共交通系统备选方案评估

巴西，里约热内卢科帕卡巴纳海滩

AS-H03
基础设施承载能力评估

评估城市基础设施需求的总体框架

形式: 分步指南

概 述

目的

基础设施是可持续、弹性城市规划的基础（Pollalis 2016）。因此，任何 TOD 项目发展的可行性和可持续性都应包含对基础设施的评估，以确保当前服务供应充足，并有能力支持未来发展。

世界银行客户国的基础设施承载能力往往与当前需求不匹配，这主要源于对城市的快速发展认识不足。未考虑基础设施承载能力的 TOD 项目将可能对生活质量造成不良影响。在提出集约化开发前，基础设施承载能力评估是不可或缺的。

公共交通引导的城市开发工作要求主要建筑体与公共交通协同发展。本工具用于评估待开发地区满足基础设施需求的能力。目前，由于很多城市都存在财政赤字问题，需要通过制订具体的资本投资计划，来探讨降低新增或升级基础设施所需的必要资本投资的战略。

免责声明：TOD知识产品旨在为TOD项目实施提供顶层框架，并指导城市在规划的所有阶段排除障碍。由于中低收入城市的情况不尽相同，TOD知识产品的应用必须适应当地需求和优先事项，并根据个案定制。

© 2018 International Bank for Reconstruction and Development/ The World Bank

本工具包括：

- 基础设施评估流程
- 基础设施建设目标
- 详细的基础设施规划流程

以开发环境为标准的基础设施评估流程分类

 绿地

绿地项目指不受其他早期工作限制的项目。项目在未经使用的土地上建设，不需要改造或拆除现有建筑。

 城市/郊区

城市和近郊项目建设指利用原建设区域内的地块开发的项目。这些地块上已经存在公共基础设施和其他设施，还可能涉及现有建筑所有权的转让问题。

基础设施评估流程

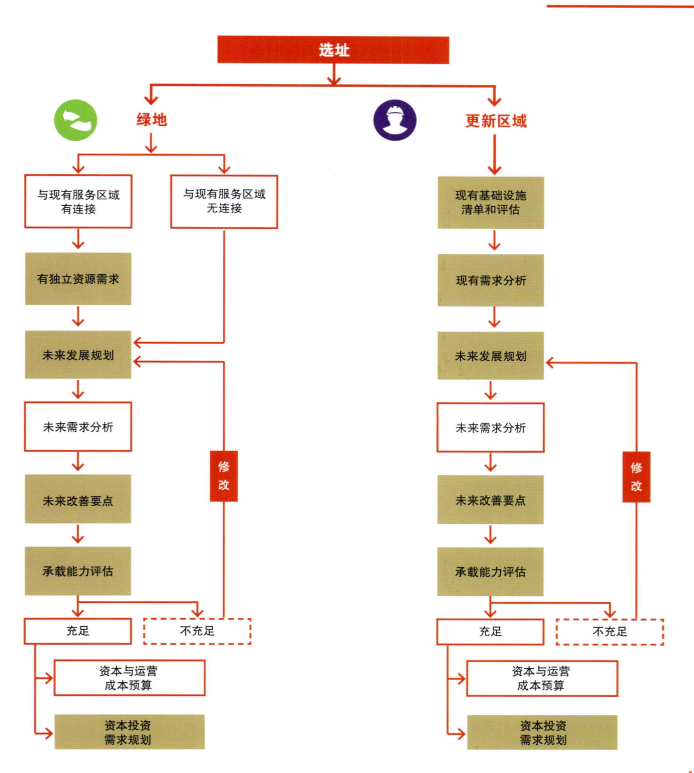

AS-H03 基础设施承载能力评估

基础设施建设目标

基础设施建设

　　基础设施建设包括基本的服务供给系统，例如供水、污水处理、废弃物管理、能源和景观。步行和自行车基础设施也是实体基础设施的组成部分。这些基础设施建设是高成本投资，对一个城市的发展至关重要（Pollalis 2016）。

供水系统

- 确定资本投资需求
- 确定现有服务能力及提供新增服务的能力

水的消耗　　水的供应　　水的处理　　供水网络

排污系统

- 确定资本投资需求
- 确定提供新增服务的网络能力

污水的产生　　污水的处理　　污水的排放

能源

- 确定资本投资并保障能源供应
- 评估和管理现有电网服务的能力

能源的消耗　　能源的供应　　能源的生产　　分布和传输

废弃物

- 确定处理、收集和转移废弃物的资金投入
- 确定产生新增废弃物的基本信息

废弃物的产生　　废弃物的运输　　处理和排放　　收集和转化

通信

- 确定资本投资和通信需求
- 确定新增通信需求

通信的需求　　采集及连接方式　　通信的节点　　通信的网络

景观

- 了解劣势及规划机会
- 识别景观所发挥的功能及满足需求的能力

景观的需求　　景观的项目　　景观的模式　　景观的维护

基础设施建设目标

社会性基础设施

社会性基础设施通常指提供公共事业服务的资产，例如中小学校、职业学院、大学、医院、监狱、警察局、消防站和购物市场等。城市的生活质量取决于高质量社会基础设施的可用性和可达性。

医疗

- 确定分区留用地和资本投资需求
- 确保医疗设施满足新增人口需求

 充分性　 可达性　 可负担性　 高质量

教育

- 确定分区留用地和资本投资需求
- 确保教育设施满足新增人口需求

 充分性　 可达性　 可负担性　 高质量

酒店业

- 确定分区留用地和资本投资需求
- 确保酒店业用地满足新增需求

 充分性　 可达性　 可负担性　 高质量

警察/消防/其他

- 确定分区留用地和资本投资需求
- 确保应急服务满足新增需求

 充分性　 可达性　 高质量

---

*适用于所有层级　　 绿地　　 城市/郊区

AS-H03　基础设施承载能力评估 | 83

基础设施存量评估

规划密度和人口在基础设施布局方面起主导作用。在评估基础设施建设需求时，应考虑设施或服务所能覆盖的人口数量及密度指标。

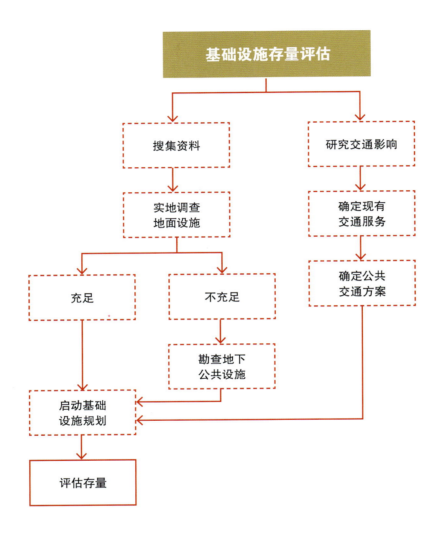

基础设施承载能力评估

水的可用性	- 安装容量(兆升/日)
水源	- 是否在市区范围内
供水覆盖范围	- 供应网络服务区域 - 人均可供应量(升/人/日) - 供应时间
废水处理	- 每日产生的污水 - 处置容量(兆升/日) - 现时运作容量(兆升/日)
废弃物	- 每日产生的废弃物(吨/日) - 每日收集的废弃物(吨/日)

现有需求分析

随着 TOD 项目所在地区人口密度的增大，基础设施需求也会相应增加。开展本项评估的目的是量化城市、走廊、站点区域或地块的需求。

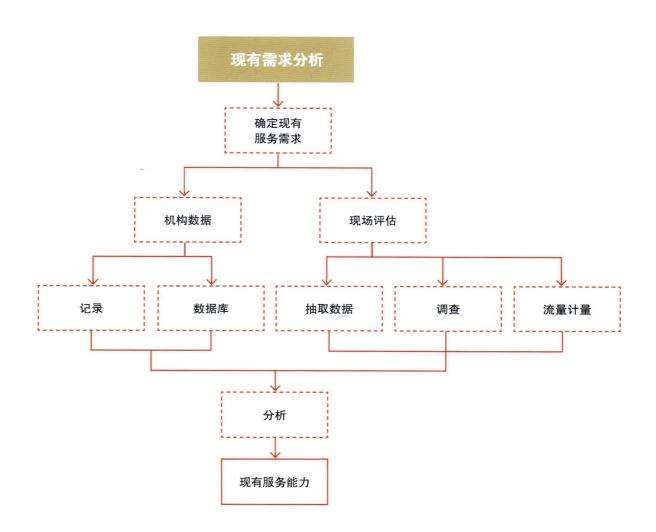

新基础设施需求来源

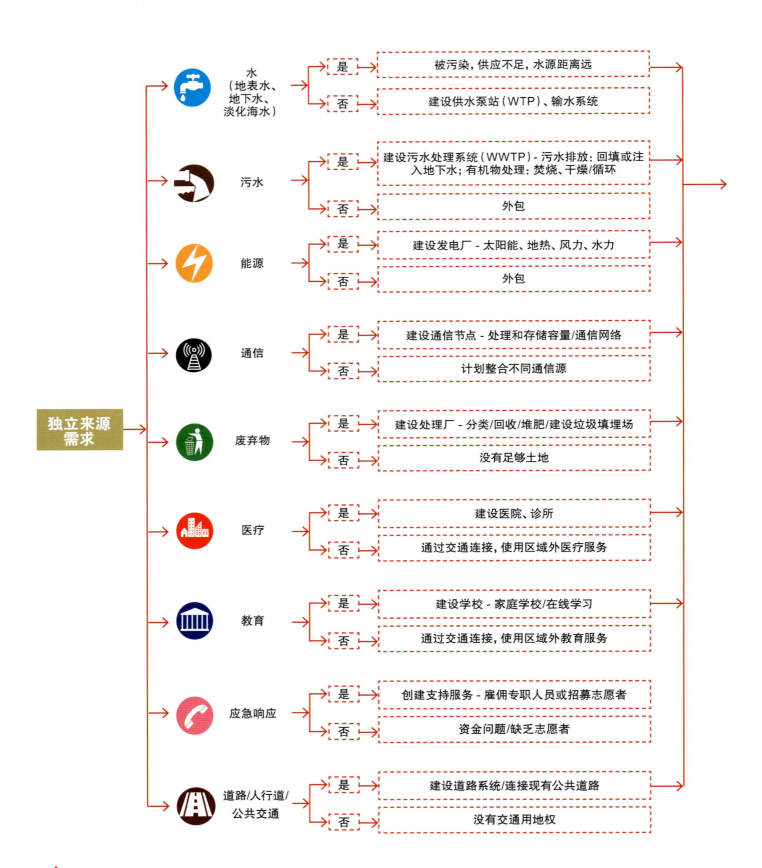

未来发展规划

通过基础设施发展规划和站点概念规划,评估是否能满足区域需求并实现 TOD 项目目标。如果基础设施规划不能满足 TOD 需求,则应权衡利弊,在满足基础设施需求的同时实现对公共交通开发的支持。

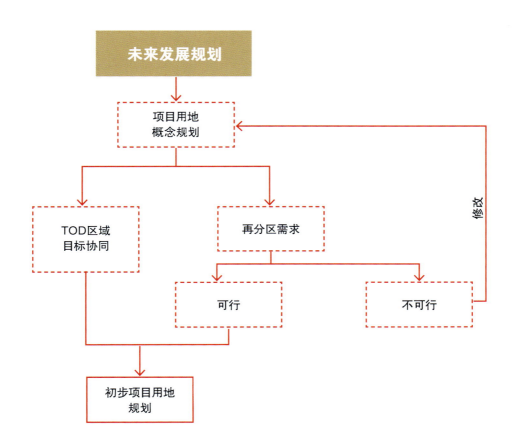

未来基础设施需求

计算基础设施赤字后,应确定该地区在新建、升级基础设施及网络扩展等方面的需求。

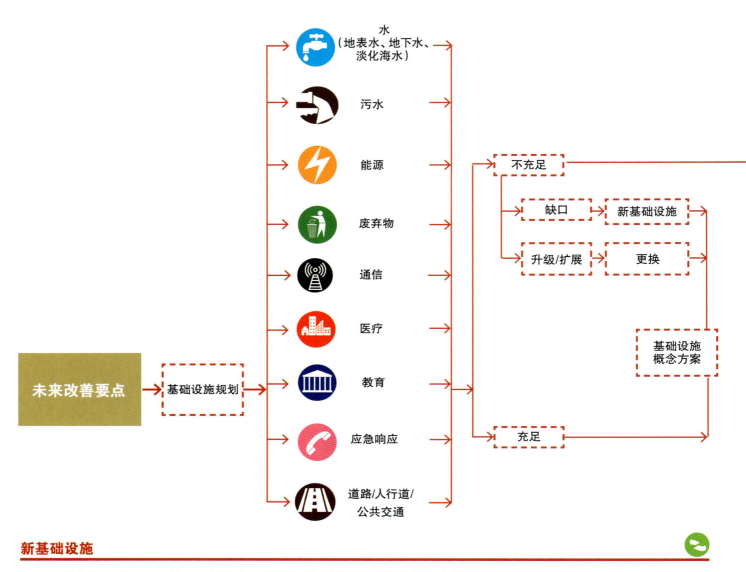

新基础设施

在所有绿地项目中,均应按规划发展提供新基础设施,涉及大量资本投资。

基础设施升级

如果基础设施现有承载能力不能满足新增基础设施需求,则须升级基础设施系统。这项举措适用于实体资产扩张成本过高或受物理环境限制而无法进行的情况。

网络扩展

无论在绿地还是在更新区域,如果区域内缺乏基本基础设施,而邻近区域的基础设施能满足需求,则建议通过建设交通网络来实现连通。

确定降低资本投资的策略（本地化/去中心化设施）

在规划 TOD 项目基础设施需求时，应考虑本地化或去中心化设施。这些设施不仅能减轻中央配电系统 / 节点设施的压力，支持更高密度，还能降低关键基础设施系统所需的资本投资。通过优化资源利用方式，并防止 / 控制资源浪费，可有效管理基础设施需求。

→ **确定降低资本投资策略的要素**

01 确定关键基础设施需求和短缺情况

02 制订基础设施去中心策略

 供水： 有助于减少消耗并生产更多水资源的策略

 污水： 有助于减少污水并促进污水回收再利用的策略

 能源： 有助于减少能源消耗并生产清洁和可再生能源的策略

 废弃物： 有助于减少废弃物并促进废弃物回收再利用的策略

 景观： 减少破坏自然景观的策略

 通信： 支持使用综合通信技术的策略

 社会基础设施： 允许在已建成地区实现多元功能的策略

 为新发展预留土地的策略

03 评估利用去中心化措施减少的设备/设施实际数量

04 制定政策或用地指导方针，强制私人开发商提供分散布局、去中心化的基础设施

05 鼓励遵循环保建筑标准（LEED或同等标准）

承载能力评估

建设社会基础设施,例如生活用水处理厂、污水处理厂、变电站、大学、医院和消防站等,均需大量土地。即使存在可用的土地,其他相关资源也可能是稀缺的。因此,有必要评估待开发地区的土地和资源配置能力,以支持城市的基础设施需求。确定基础设施建设用地是一项重要工作。政府的城市总体规划应为重要基础设施建设指定并预留土地。

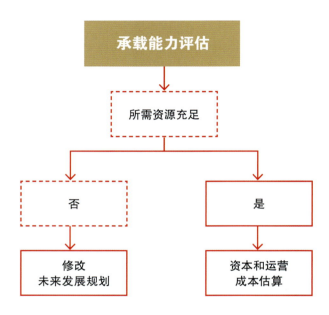

承载能力评估

土地

研究区域内或周边土地是否能满足基础设施建设需求?

资源

该地区是否有充足的自然资源和人力资源?

1. 该地区现有的供水源是什么?
2. 该地区雨量是否充足?
3. 该地区是否有高渗透性土壤?
4. 该地区地下水位高吗?
5. 该地区地下水是否被污染或不适合使用?
6. 该地区是否有对污水循环再利用或供水组合的规定?
7. 该地区的气候是否支持将废弃物制成堆肥?
8. 该地区是否有其他处理废弃物的方法?
9. 该地区是否有充足的可产生能源的资源,例如石油、煤炭、天然气、核能、风能、太阳能、地热、水能、潮汐能、生物质和废弃物等?
10. 该地区是否有自然和生物多样性保护区?
11. 该地区是否易发生自然灾害?
12. 该地区是否有充足的绿化空间?
13. 该地区是否有充足的专业人员,例如医生、教师等?

规划资本投资需求

资本投资规划是公共事业管理专业中仍在逐步发展的领域。地方政府往往只在需要向民众提供市政服务或履行其他强制性义务时才考虑资产问题。由于地方政府可用于基础设施建设项目的财政资源是有限的，应设置相应流程来评估各种市政服务间"相互竞争"的需求，确保财政资源效用最大化，将财政资源用于优先级最高的服务。地方政府须制定和颁布地方财政政策，以确定资本投资目标、资本投资优先事项和资金来源。方案应跨越多个年度。资本投资应以全生命周期计算成本，同时应考虑投资备选办法的评估框架，例如减少对服务／设施的需求，允许民营机构／组织参与等。

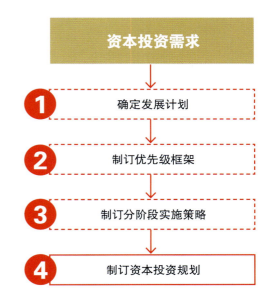

类别	项目	资金投入					
		第1年	第2年	第3年	第4年	第5年	汇总
水							
污水							
能源							
废弃物							
医疗							
通信							
教育							
应急响应服务							
道路/公共交通/人行道							

参考文献

Pollalis, Spiro N. 2016 Planning Sustainable Cities - An Infrastructure-based Approach. Zofnass Program for Sustainable Infrastructure, New York NY: Routledge.

Reilly, Jack, and Herbert Levinson. 2011. Public Transport Capacity Analysis Procedures for Developing Cities. Washington DC: The International Bank for Reconstruction and Development / The World Bank.

UNICEF. 2006. Manual for Child Friendly Schools. UNICEF.

WHO (World Health Association). 2012. Global costs and benefits of drinking-water supply and sanitation interventions to reach the MDG target and universal coverage. Geneva, Switzerland: WHO.

TOD KP

AS-R01

房地产分析最佳实践

世界银行客户国TOD项目的房地产分析实例

形式：参考文献

简 介

通过房地产开发，公共交通管理机构和运营商可将房地产资产货币化，并将其作为增加收入来源的手段。TOD项目打破了将交通与土地利用以及不同城市功能区分开来的传统概念，提供了发挥协同作用的有效方法。一方面，利用公共交通投资提升土地价值，另一方面，通过对公共交通周边的集约开发提高客流量。本章列举的三个研究案例表明，交通机构和城市更新机构如果能努力发挥协同作用，则可能为城市融资开辟新途径。

- 针对孟买郊区铁路的收入最大化研究：铁路局通过交通网络带动房地产投资，增加非票款收入并补贴票价。
- 德瓦卡（Dwarka）公交站点TOD项目：大维沙卡帕特南市政公司（Greater Visakhapatnam Municipal Corporation，GVMC）利用既有公交站点尝试进行混合用途开发，旨在为行政需求创造更多空间和可持续现金流。
- REALIS：房地产市场信息工具，为民营机构提供资料和了解市场的机会，促使其参与潜在的TOD项目。

免责声明：TOD知识产品旨在为TOD项目实施提供顶层框架，并指导城市在规划的所有阶段排除障碍。由于中低收入城市的情况不尽相同，TOD知识产品的应用必须适应当地需求和优先事项，并根据个案定制。

© 2018 International Bank for Reconstruction and Development/ The World Bank

参考文献

MRVC (Mumbai Rail Vikas Corporation). 2014. "Revenue maximising study in particular for non-fare box revenues with affordability." Consultant Report (PwC), Mumbai.

  http://www.mrvc.indianrailways.gov.in/works/uploads/File/Final%20Report.pdf

GVMC (Greater Visakhapatnam Municipal Corporation). 2017. "Transit-Oriented Redevelopment of the Dwaraka Bus Station-Feasibility Study Final." Consultant Report (AECOM,IBM,KPMG), Visakhapatnam.

  https://www.smartvizag.in/wp-content/uploads/2017/12/Transit-oriented_Redevelopment_of_the_Dwaraka_Bus_Station_Feasibility_Study_Final_Report.pdf

Urban Redevelopment Authority. n.d. Realis Tool. Accessed 08 18, 2018. https://spring.ura.gov.sg/lad/ore/login/index.cfm.

收入最大化研究（特别是基于可负担性研究的非票款收入）

编写者：	普华永道（PWC, India）
客户：	孟买铁路维卡斯有限责任公司（Mumbai Railway Vikas Corporation Ltd, MRVC）
研究地点：	孟买
研究时间：	2014年

研究背景

孟买的郊区铁路系统是世界上最复杂、运载量最密集、使用最集中的铁路系统之一。它是孟买最便宜、最快捷的交通方式。为长期维持这项服务，（运营商）需要探索其他收入来源，特别是非票款收入。非票款收入可分为广告、站点租金、间接收益和房地产开发四大类。本节以四个站点的概念规划为重点，研究通过房地产开发来提高潜在收入的方法。

研究目的

- 确定增加郊区铁路系统收入的方法，重点关注非票款收入。
- 研究和审查社会经济状况，并研究其他经济机构提供财务交叉支持的可行性，以及票价调整对票价可负担性、服务质量的影响。
- 通过梳理 MRVC 和其他相关机构（例如孟买都市区域发展局、印度铁道部、马哈拉施特拉邦政府、西部和中部铁路）的研究成果，增加评估非票款收入的知识储备。

研究方法

在房地产领域，铁路拥有的资产可大致分为站点、运营资产（轨道）、运营地块（车间、车辆段、储存仓库、货运物流站点和空地等）、居住区及办公区。对不同类别资产的潜在价值进行估值的方法如下。

01 制定筛选标准

制定筛选标准的目的是输出具有商业价值的资产清单。制定标准时需考虑的因素如下：
- 政策法规
- 市场条件
- 相关文献研究结果
- 城市总体发展规划

02 根据筛选标准选择站点

1. 有利的市场环境。
2. 在已确定的开发节点区内或周边。
3. 客流量大，具有重要战略意义及TOD可行性的站点。
4. 交通运营和商业开发间已出现/未来可能出现冲突。
5. 住宅建筑的资产年限、状况。
6. 站点特征（形状、面积及可达性）。

03 评估市场状况和法规

需考虑因素如下：
- 市场因素
- 吸纳水平
- 出租率
- 债务抵补率（Debt Coverage Ratio, DCR）规定
- 容积率（Floor Space Index, FSI）
- 道路布局和设计（RLDA）指南

04 评估站点潜力

考虑集约化开发对房地产开发潜在收入的影响。

REALIS：提供透明市场数据的房地产信息系统

资源：	新加坡市旧城改造部门
研究地点：	新加坡
研究时间：	2006年

研究背景

为跟踪新加坡房地产市场的快速变化，新加坡市旧城改造部门向私人开发商等利益相关者及市民发布了房地产信息数据库。该数据库名为 REALIS，提供了新加坡住宅、商业和工业地产的价格、可用性、市场状况和存量等数据。

研究目的

- 鼓励私人投资者进入房地产市场，提高对市场状况和趋势的认知程度。
- 研究和评估房地产市场的发展趋势，预测未来状况，并为可持续发展提供信息。
- 确保房地产市场的透明度和包容性，使用简化工具接收最新市场信息。

研究方法

REALIS 是基于订阅服务的互联网工具，供私人开发商和市民获取实时和每日更新的房地产市场数据。

01 开发开源房地产信息系统

创建一个容易访问的工具，为市民和私人开发商提供直观的方式来跟踪房地产市场的情况。工具应具备如下特点：
- 开源、直观、透明。
- 易通过互联网访问。
- 定期更新。

02 让市民和私人开发商订阅并接收最新市场趋势信息。

03 定期与私人开发商和投资者分享市场变化情况，鼓励他们进入市场。

AS-P01

房地产分析职权范围

房地产顾问对公共交通走廊进行针对性需求分析的模板

形式: 职权范围模板

研究背景

房地产市场研究的职权范围应以下列背景资料为基础：

A. 研究区域：职权范围应明确房地产开发项目分析（Real Estate Analysis，REA）的大致边界。研究区域应尽可能与可获得的人口和就业数据所遵照的行政边界保持一致。本研究背景还应包括影响研究区域房地产需求的过往因素。

B. 现有规划和研究报告：背景部分还应提供预期会影响本项目的过往或正在进行中的研究信息。

C. 有关规划、政策和研究的参考书目。

D. 项目利益相关者清单。

研究目的

TOD 项目房地产分析研究的总体目标是更全面地掌握项目所在城市、地区的经济环境，并根据特定的项目规模和环境，制订相关应用类别和密度策略。具体而言，为实现区域潜在价值最大化，TOD 项目策略提出的初步行动包括：

- 设计和应用主题。
- 市场定位。
- 潜在开发方案（例如建筑类型、数量和混合使用方式）。

市场研究应以实现 TOD 项目预期目标为导向，内容包括：

- 为城市推进以公共交通为支撑的高密度开发提供最佳客流量基础。
- 在高可达性站点周边创造混合用途、混合收入社区和更多就业机会。
- 根据需求提供配套基础设施。
- 通过土地价值捕获和现有公共融资机制，为获得非票款收入创造机会。

研究范围

研究者可根据同类经济和市场研究经验，结合国家及地区的政策法规，在不同个案背景下，对工作计划和时间表进行调整。房地产市场研究范围主要包括下列任务。

1. 启动项目并明确市场区域参数。 由项目顾问牵头组织，与项目管理团队召开项目启动会议，展示项目区域背景条件，准确标明项目区域边界。对项目区域环境的定义应与地理或行政辖区边界保持一致，且应包括整个公共交通服务区。项目顾问根据社会经济和自然因素对出行模式的影响，确定市场选择参数。项目顾问应在启动会议前完成对

现有文件和规划的审查。综合审查结果，铺排整体工作计划，提出应对挑战的措施。同时，应回顾、提炼项目面临的初始问题和目标，并明确本次研究的目的。

  a. 客户职责：确定关键利益相关者，并协调启动会议时间表。

  b. 交付成果：初始报告，内容包括现有问题、研究目标和研究范围。

2. 定义项目市场范围。项目顾问根据启动阶段选择的市场参数，确定 TOD 市场范围。相关市场参数可能包括自然特征、基础设施、出行模式、人口密度、管辖范围、发展类型和规模等。在许多城市，即使是毗邻的地区，房地产市场的发展类型、结构和性质也会存在较大差异。例如某些地区具有更高的步行可达性，或对租金更为敏感。如果能获得细分市场的详细信息，则项目顾问应将研究内容细分为不同板块，以便开展更细密化的研究。其中，区域划分最好与人口普查数据收集的区域划分标准对应。

  a. 客户职责：提供宏观和微观数据。

  b. 交付成果：市场范围研究报告，内容包括 TOD 市场范围的划分和以主要特征为基础开展的市场细分。

3. 分析市场供应与需求。项目顾问应编制现有房地产开发类型及商业模式清单，总结住宅、零售和写字楼等资产的特点及投资回报率，涉及的指标一般有类型、分级、租金水平、空置率、租赁条件、选址、职住数量规模以及与大区经济关系。项目顾问结合有关材料，研究项目区内及周边的房地产开发项目，评估现在及未来的供求状况。项目顾问可通过调查、访谈等手段，利用现有资料开展评估。其中，常用数据包括：影响需求的社会经济指标数据，例如收入；从土地登记机构或房地产公司获取的房地产项目上市及销售数据；通过对开发商的访谈，获取的待开发项目类型、吸纳率或年销售额预测数据。

  a. 客户职责：协助查阅土地交易记录，并与私人开发商及房地产代理商讨论。

  b. 交付成果：市场区域需求和供求状况评估报告，内容包括描述不同类型房地产产品及其过去、现在的供求数据。

4. 确定市场机会。项目顾问应编制项目地区、区域和街区的财政分析报告，包括房地产市场的总体情况及其与公共交通项目的经济关系。了解公共交通节点或走廊的经济状况（即它们现在及未来如何与区域内外的零售、写字楼和商业集群形成联动关系）同样重要。市场机会将决定项目的发展潜力，在不同密度、零售额、用途的土地使用和混合开发项目中引入住宅项目，为公共交通提供客流，同时分享毗邻公共交通的便利性。项目顾问应识别城市填充或城市更新的机会，填补关键行业、服务类型、便利设施和/或租赁空间方面的空白，为社区人群提供服务，同时为社区内或服务于社区的零售商、企业、新兴或萎缩行业提供就业人口。此外，项目顾问还应识别和描述在 TOD 项目区域内发展、租赁或开设业务所面临的机会和障碍。

  a. 客户职责：提供输入资料。

b. 交付成果：市场机会报告，内容包括不同类型房地产产品的潜力、现有土地利用结构（与理想结构）的差距以及房地产开发所面临的挑战。

5. **开展经济可行性评估**。项目顾问应就任务 4 中识别的市场机会开展经济可行性评估。在开展具体可行性分析前，应对当地的投资环境进行规划，并对融资渠道进行评估。项目顾问应与客户合作，比较并选择最佳的项目资产组合，编制财务报表并确定投资总回报。本书提供了财务报表参考示例。

a. 客户职责：提供输入资料。

b. 交付成果：房地产经济可行性报告。

6. **公众、社区和利益相关方参与**。制订统筹性策略，使相关机构、走廊沿线社区和企业、主要利益相关方和公众可全过程参与。参与方式包括设立政策和技术咨询委员会、召开公开会议、向社区和商业协会路演、邀请网站和社交媒体报道、使用各种社交工具以及邀请非常驻人口和组织直接参与。在研究过程中的关键节点开展利益相关者工作营和公众开放日活动，沟通内容应包括：①对问题、总体目标、目的、研究结果和发展机会的讨论；②项目建议书和经济可行性评估；③提出产品组合及催化剂项目。同时，应酌情翻译项目资料，以便开展有效宣传。项目顾问至少应完成以下工作：

- 准备一份公众参与计划。
- 准备向咨询委员会会议、公开会议和其他利益相关者报告的演示材料。
- 准备并提供后勤支持，包括组织、安排、通知和参加所有会议，并做好会议记录。
- 跟踪公众意见并反馈，在项目完成后提供给客户。
- 建立项目网站，项目完成后移交给客户维护。
- 编制公众参与过程和反馈总结报告。

交付成果：公众参与计划；利益相关者参与摘要报告；时事通信、网站内容、演示材料、公开会议、咨询委员会会议、会议纪要、翻译服务和利益相关者参与计划中确定的其他参与工具。

7. **确定 TOD 项目所需的开发组合**。项目顾问应创建 TOD 项目区域的产品组合，并根据经济可行性评估结果制订分阶段实施计划。分阶段实施计划应包括确定驱动项目及其项目结构，编制资金投资计划以支持分阶段发展计划。

a. 客户职责：提供输入资料。

b. 交付成果：TOD 项目区域混合开发建议。

交付成果

序号	交付成果	完成时间
1	项目启动报告	项目启动后 2 周内
2	市场范围研究报告	项目启动后 1 个月内
3	区域需求与供给研究报告	项目启动后 3 个月内
4	市场机会研究报告	项目启动后 4 个月内
5	房地产经济可行性报告	项目启动后 5 个月内
6	利益相关者参与总体报告	项目启动后 6 个月内
7	TOD 区域混合开发建议报告	项目启动后 7 个月内

咨询机构资质

咨询机构应具备以下资质条件：

A. 曾完成 1 个同类型 TOD 项目的房地产分析研究。

或

B. 曾完成至少 2 个研究项目，包括房地产市场评估和混合用途开发财务报告。

项目顾问团队应包含下表所示关键专家。

序号	关键专家	从业年限
1	项目经理 / 房地产专家	15 年
2	房地产分析师	5~10 年
3	城市规划 / 设计师	5~10 年
4	基础设施专家	5~10 年
5	保障性住房专家	5~10 年

免责声明：TOD知识产品旨在为TOD项目实施提供顶层框架，并指导城市在规划的所有阶段排除障碍。由于中低收入城市的情况不尽相同，TOD知识产品的应用必须适应当地需求和优先事项，并根据个案定制。

© 2018 International Bank for Reconstruction and Development/ The World Bank

巴西,圣保罗

AS-P02

公共交通系统备选方案分析职权范围

城市主要公共交通系统投资备选方案分析模板
（含各阶段分析时间要求）

形式：职权范围模板

研究背景

快速公共交通系统备选方案分析（Rapid Transit Alternative Analysis Process，RTAAP）职权范围应以下列背景材料为基础。

A. **研究区域**：职权范围应定义待开发快速公共交通备选项目的大致区域。研究地区应尽可能与可随时获得人口和就业数据的管辖边界保持一致。背景还应包括快速公共交通未来服务的走廊和人口。

B. **现有公共交通服务**：背景部分应简要说明现有公共交通服务，包括当前客运量和新增服务预期客运量的所有资料。此外，还应讨论当前面临的困难和机会。

C. **现有规划和研究报告**：背景部分应提供预期会影响 RTAAP 的过往或正在进行中的研究信息。此外，还应讨论其他交通措施，例如高速公路、步行及自行车设施。

D. **有关规划、政策和研究的参考书目**。

E. **项目利益相关者清单**。

研究目的

研究的总体目标和目的应清晰明确。研究目的同时是制定评价标准的基础。例如，分析快速公共交通备选方案的目的是针对备选线路、交通走廊和快速公共交通技术，开展收益、费用及影响对比。本研究应为城市公共交通服务推荐项目优选方案（Locally Preferred Alternative，LPA）。

提供快速公共交通服务的预期目的有：

- 通过高质量、高频次和可靠的公共交通服务来增加客流量。
- 加强与该地区现有交通系统和常规路线公共交通服务的衔接。
- 通过在最具可行性的走廊上提供更有吸引力的交通选择来促进出行。
- 在关键走廊沿线推动 TOD 项目。

研究范围

本节描述了公共交通备选方案评估的职权范围。研究者应根据类似公共交通规划研究经验，结合国家和地区的相关政策，针对不同个案情况，对工作计划和时间表进行适当调整。

1. **启动项目并制定评估标准**。由项目顾问牵头组织，与项目管理团队召开项目启动会议，审查现有文件和条件，确定公共交通备选方案编制流程相关问题。可在初步会议或后续会议中组织对可能的走廊进行参观。项目顾问应整合

相关问题,并将问题的解决方案落实到公共交通备选方案中,完善工作计划。

同时,项目顾问应根据公共交通备选方案评估框架,明确初始问题、总体目标、目的和评估标准。评估标准可酌情设置为单步或多步,并与快速公共交通规划过程的各阶段相匹配。项目顾问应在启动会议期间提出并进一步完善上述信息。现存问题、总体目标、目的及评估标准将作为备选方案编制和评估的框架,同时也是分析报告的目录。

　　a. 客户职责:确定关键利益相关者,协助协调启动会议的时间表。

　　b. 交付成果:初始报告,内容包括现存问题、总体目标、目的和评估标准。

2. 制定线路和模式选择的初步范围。项目顾问应审查和总结所有相关政策、规划研究成果及现有数据,了解出行模式,确定潜在公共交通线路备选方案。此外,项目顾问应审查项目所在地区的其他交通和用地规划资源,藉此预估拟议公共交通系统的潜在需求。项目顾问提出的公共交通备选方案应包括至少1种非建设备选方案、1种公共交通服务改善备选方案、2种或以上的公共交通模式和路线备选方案。公共交通服务改善备选方案应考虑线路调整、服务频率和智能交通系统(Intelligent Traffic System,ITS)的整合升级,例如公共交通信号系统优先级和实时到达预测系统,以实现公共交通服务的有限度优化。同时,应对新线路和模式选择的概念进行详尽描述,包括建议线路和可选模式。

　　a. 客户职责:提供过往的规划、政策和研究。

　　b. 交付成果:技术备忘录,总结初步路线选择的概念网络。

3. 公众、社区和利益相关方参与。项目顾问团队应全程与相关机构、走廊社区和企业、关键利益相关者和公众保持联系。参与方式包括设立政策和技术咨询委员会、召开公开会议、向社区和商业协会路演、邀请网站和社交媒体报道、使用各种社交工具以及邀请非常驻人口和组织直接参与。在研究过程中的关键节点开展利益相关者工作营和公众开放日活动,沟通内容应包括:①讨论问题、总体目标、目的、评估标准和备选方案,并收集数据;②对备选方案进行评估;③演示备选方案评估草案;④选择本地最佳备选方案。同时,应酌情翻译项目资料,以开展有效宣传。项目顾问至少应完成以下工作:

- 准备一份公众参与计划。

- 准备向咨询委员会会议、公开会议和其他利益相关者报告的演示材料。

- 准备并提供后勤支持,包括组织、安排、通知和参加所有会议,并做好会议记录。

- 跟踪公众意见并反馈,在项目完成后提供给客户。

- 建立项目网站,项目完成后移交给客户维护。

- 编制公众参与过程、反馈总结报告。

a. 客户职责：促进公众参与。

b. 交付成果：公众参与计划；利益相关者参与摘要报告；时事通信、网站内容、演示材料、公开会议、咨询委员会会议、会议纪要、翻译服务和利益相关者参与计划中确定的其他参与工具。

4. **筛选走廊的初步方案**。项目顾问应根据集约化能力、运输能力、机动性、实施便利性、操作可行性以及社区建设潜力，评估初步确定的公共交通线路和可选模式。项目备选方案的创建和定义是不断迭代的过程。拟定完成的初步走廊备选方案是范围很广的概念方案。本任务的目标是利用评估标准，对多个备选方案进行评估、筛选和完善，从而确定最具可行性的备选方案。

a. 客户职责：提供资料和指导。

b. 交付成果：技术备忘录，明确备选方案评估工作，包括对障碍和机会的评估。

5. **详细评估走廊方案**。任务期间，在利益相关者就评估结果达成共识后，将开展多周期分析和审查。在此阶段，项目顾问应为每项备选方案制订初步运营计划并预测客流量。通过运营计划，明确服务频率、服务范围、站点选址、收费系统、车辆调度（例如发车次序调整和信号优先级）以及其他影响运营速度、列车停靠时间、服务可靠度和整体服务质量的因素。初步预测将基于现有出行需求模型展开。

a. 客户职责：提供现有公共交通运营条件、客运量等数据信息。

b. 交付成果：技术备忘录，描述运营计划和每项备选方案的客流量估算。

6. **开展技术 / 模式审查**。在开展任务 5 的同时，项目顾问应评估与走廊需求匹配度最高的运输技术，包括车辆类型、尺寸和运营环境。根据运输能力、服务质量、对环境的影响和费用，对公共交通技术进行评估。在后续步骤中，对备选方案的最佳模式进行更详尽的成本估算和环境评估。本任务与任务 5 是相辅相成的。由于对交通模式的偏好是已知的，需将技术评估纳入任务 5 提及的运营计划和客流量估算中。

a. 客户职责：提供偏好需求。

b. 交付成果：技术备忘录，描述模式和技术评审，选择最终模式的原因。

7. **估算资本成本和运营维护成本**。项目顾问应根据前述任务中备选方案的运营计划，估算资本成本和运营维护成本。项目顾问应对所有备选方案进行条件评估，确定是否需重建某些区域的道路或轨道。评估还需识别可能对资本成本产生重大影响的所有物质限制、特殊需要以及交通用地权获取需求。成本概算应利用最新的单位成本编制。单位成本应根据预期的年度通货膨胀率分摊到开通首年。相关成本包括轨道工程、道路铺设、基础设施改装、信号通信、站点和保护设施、设备、公共事业、结构、车辆、维保设施、现有设施（例如交叉路口）改造、项目开发设计、项目管理，以及其他与设计施工相关的事项。

  a. 客户职责：分享现有车辆成本和运营成本知识。

  b. 交付成果：技术备忘录，记录资本成本、运营和维护成本的估算方法。

8. 评估环境、历史和社区的相关问题。公共交通走廊对环境潜在影响的初步评估应考虑空气质量、噪声、振动、交通、能源消耗、历史文化资源、本地植物与动物、稀树草原、漫滩、湖泊、水源、雨水管理、环境司法、TOD项目潜力，以及其他重要环境、社会和经济影响因素。应研究的关键影响主要有公共交通运输/停车、自行车和步行出行的潜在影响。

  a. 客户职责：提供资料和指导。

  b. 交付成果：影响要素及应对措施的概念方案，包括审查所有备选方案对关键社会文化和环境特征的影响。

9. 评估备选方案。根据任务1中制定的评估标准，结合前述工作任务中输出的技术和成本数据，对备选方案进行评估。备选方案的对比情况可利用任务4中的公众参与过程进行审查。

  a. 客户职责：提供资料和指导。

  b. 交付成果：备选方法和评估结果备忘录。

10. 编制最终公共交通备选方案评估商业案例报告。为对快速公共交通备选方案进行最终选择，项目顾问应准备案例报告的过程稿及终稿。项目组需就最终沿线走廊商业案例，与公众及利益相关者进行沟通。最终输出的报告应包括利益相关者、咨询委员会和公众对方案的反馈情况。

  交付成果：最终公共交通备选方案评估商业案例报告。

交付成果

序号	交付成果	完成时间
1	备忘录1：初始报告，包括现存问题和总体目标、目的和评估标准	项目启动后2周内
2	备忘录2：技术备忘录，总结初步路线方案的概念网络	项目启动后1个月内
3	备忘录3：利益相关者参与计划	项目启动后1个月内
4	备忘录4：备选方案清单，包括对障碍和机会的评估	项目启动后2个月内
5	备忘录5：详细走廊评估，包括运营计划和每项备选方案的客流量估算	项目启动后4个月内
6	备忘录6：模式和技术回顾	项目启动后4个月内
7	备忘录7：资本成本、运营和维护成本估算方法	项目启动后5个月内
8	备忘录8：对环境、历史及社会问题概念性防范举措的总结	项目启动后5个月内
9	备忘录9：对备选方案结果和方法的评估，包括利益相关者的参与总结报告	项目启动后5个月内
10	公共交通备选方案评估商业案例报告初稿	项目启动后6个月内
11	公共交通备选方案评估商业案例报告终稿	项目启动后7个月内

咨询机构资质

项目顾问团队应至少具备以下资质：

A. 曾完成 1 个同类型快速公共交通系统备选方案的分析研究

或

B. 曾完成至少 2 项研究或项目报告，其中至少包括：

公共交通走廊概念规划、项目运营规划及公共交通载客量测算。

或

C. 曾完成至少 2 项公共交通可行性研究。

	关键专家	从业年限
1	项目经理/高级交通规划师	15 年
2	公共交通专家	5~10 年
3	运输分析员	5~10 年
4	GIS 专家	5~10 年
5	土地利用规划师	5~10 年
6	环境规划师	5~10 年
7	运输工程师	5~10 年
8	社会保障专家	5~10 年

免责声明：TOD知识产品旨在为TOD项目实施提供顶层框架，并指导城市在规划的所有阶段排除障碍。由于中低收入城市的情况不尽相同，TOD知识产品的应用必须适应当地需求和优先事项，并根据个案定制。

© 2018 International Bank for Reconstruction and Development/ The World Bank

阿曼,马斯喀特

AS-P03

基础设施分析职权范围

基础设施分析职权范围模板，包括各环节时间要求

形式：职权范围模板

免责声明：TOD知识产品旨在为TOD项目实施提供顶层框架，并指导城市在规划的所有阶段排除障碍。由于中低收入城市的情况不尽相同，TOD知识产品的应用必须适应当地需求和优先事项，并根据个案定制。

© 2018 International Bank for Reconstruction and Development/ The World Bank

研究背景

物质和社会基础设施分析职权范围应以下列背景材料为基础。

A. **研究区域**：基础设施分析职权范围应明确待评估的大致区域。研究区域应尽可能与可随时获得人口和就业数据的管辖边界保持一致。背景还应包括TOD规划中的运输、公共交通及其他信息。

B. **发展现状**：总结发展现状及正在开展的相关活动，包括严重短缺的基础设施情况。

C. **基准和指导方针**：提供有关资源的资料，作为项目顾问开展分析时的参考，具体包括国际或国家标准或指导方针。

D. 规划、政策和研究的参考书目。

E. 项目利益相关者清单。

研究目的

这项任务的目的是对各类基础设施服务进行能力和需求评估，包括但不限于：硬件基础设施，例如供水、供电、废弃物管理、污水处理、人行道、自行车道、景观基础设施和通信系统；社会基础设施，例如教育设施、医疗设施、酒店业设施和社区设施。任务最终输出的是一份可行性报告。该报告根据客户要求，以明确和可预测的方式，就基础设施的建设、管理、修复或扩建提出明确计划，确保达成以下目标：

Ⅰ 有效、经济和综合的系统、计划。

Ⅱ 公平地向所有居民提供具有可靠性、安全性的服务。

Ⅲ 高效运营和维修的系统、计划。

Ⅳ 尽量减少对当地居民和环境的不利影响。

Ⅴ 最低限度的额外土地需求。

Ⅵ 改善TOD项目的财务生存能力，尽量降低居民中断使用现有服务的概率，并以符合成本效益的方式消除各种限制。

Ⅶ 根据技术经济因素，以TOD项目实施全过程为周期，分阶段推进项目。

研究范围

本节描述了基础设施评估的研究范围。研究者应根据同类型项目研究经验，结合国家和地区的相关政策，针对不同个案情况，对工作计划和时间表进行适当调整。

1. **启动项目并确定研究方法**。由项目顾问牵头组织，与项目管理团队召开项目启动会议，审查现有文件和条件，确定基础设施能力和需求评估流程相关问题。项目组可在启动会议或后续会议中组织对项目区域的实地调研。项目顾问应整合现有问题和关键需求，将待解决问题落实到工作计划中，并藉此改进工作计划。同时，项目顾问应审查和完善现存问题、总体目标、目的，确定需研究的关键基础设施服务。项目顾问针对每一项待研究的基础设施，要提出对应的研究方法及相关要素需求，包括人口预测等。研究方法应充分考虑各种要素，以根据具体情况，在不同统计口径及区域中获取人口统计资料。

    a. 客户职责：确定关键利益相关者，协助协调启动会议的时间表。

    b. 交付成果：初始报告，包括问题陈述、总体目标、目的、研究方法和需求。

2. **预测人口发展情况并评估需求**。人口预测的时限自研究起始年算起，截至未来10~20年，尽可能与城市基本规划或发展规划保持一致。项目顾问应明确需规划新基础设施或扩建的区域范围。针对当前和未来对基础设施系统有需求的地区，项目顾问应回顾其过往人口增长记录，利用任务1确定的方法及要素开展人口预测。上述人口预测应与其他机构的相关研究进行对比，以从不同规划角度获取人口预测数据。项目顾问应根据TOD项目规划，为不同区域分配合适的人口密度，从而评估基础设施需求，并采用国家人均或家庭需求标准计算需求量。如果缺乏地区标准数据，则项目顾问可通过源于可比经济体的全球标准，或通过对实际消费、生产需求等情况开展小规模抽样调查来验证数据。结合硬件基础设施（例如供水、能源和废弃物管理）、社会基础设施（例如教育和医疗）的总体需求、地区地形条件及发展现状，项目顾问应推荐合适的下属机构阐述细分区域的基础设施需求。

    a. 客户职责：提供人口数据，过往规划、政策和研究。

    b. 交付成果：总结现有基础设施需求并预测未来基础设施需求的技术备忘录。

3. 评估现有硬件基础设施的能力（绿地除外）。项目顾问应审查现有的由公共基础设施部门编制的相关报告，以评估现有基础设施的能力。项目顾问应与有关机构的利益相关者会面，明确当前的基础设施能力是否能满足项目需求。若不能满足需求，则明确现有基础设施的扩充计划能满足多少新增需求。

 a. 客户职责：分享现有报告并协助召开利益相关者会议。

 b. 交付成果：总结现有的和规划中的系统能力是否充足的技术备忘录。

4. 确定项目区域的土地和资源能力。项目顾问应评估特定区域的土地和资源限制。这些限制是满足预期需求的障碍，主要与土地和资源的可用性有关。重要限制如下。

 a. 供水：雨量不足或地下水储备枯竭导致的供水短缺。

 b. 电力：缺乏可发电的再生能源，或缺乏建设供应中心的土地。

 c. 污水或废弃物管理：缺乏建设处理中心或垃圾填埋场的土地。

 d. 景观：缺乏开发景观基础设施的土地或肥沃土壤。

 e. 通信：缺乏有效传输信息和实时数据的手段。

 f. 社会基础设施（学校、医院或警察局）：缺乏支持发展需求的土地。

在限制领域，项目顾问应评估潜在策略，务求提高资源可用性。例如，项目顾问可明确土地再规划或收储需求，以满足土地需求，或确定水资源补给策略，以增加地下水储量。如果所受限制过大，且不能通过任何方法解决，则项目顾问应根据人口预测数或计划开发密度提出修改建议。

 a. 客户职责：输入和指导。

 b. 交付成果：技术备忘录，概述当前土地和资源限制及突破限制的策略。

5. 制订减少消耗的策略和机制。项目顾问应制订减少消耗的策略。在提出大型高密度开发策略的背景下，挖掘资源共享潜力，减少总体需求。例如较大规模的发展项目可容纳灰水循环处理厂，满足所有外部需求，或安装智能电表，以监测并减少电力消耗。同时，项目顾问应提出针对鼓励减少消耗的法规、管理机制和财政激励措施的建议。

 a. 客户职责：输入和指导。

 b. 交付成果：技术备忘录，提出针对减少消耗的法规、管理机制和财政激励措施的建议。

6. 为硬件基础设施的发展或修复拟备指示性设计及布局规划。 项目顾问应为提议的所有新增基础设施（包括中央设施和分配系统）编制概念布局。同时，项目顾问应在适当情况下编制基础设施修复、扩大设施网络的概念性设计。此外，在适当情况下，项目顾问还应为分散式硬件基础设施系统编制设计准则，例如再生水系统、废弃物处理和堆肥中心以及小型太阳能装置。在上述设计过程中，必须遵循国家标准或全球最佳实践标准。

  a. 客户职责：输入和指导。

  b. 交付成果：技术备忘录，描述指示性设计、布局规划及指导方针。

7. 评估社会及环境影响（包括征地等的影响）。 项目顾问应拟备社会及环境影响评估报告，以记录兴建或改善基础设施系统在短期、中期及长期范畴内对区域居民及环境的潜在影响。特别是研究征地拆迁对社会的影响，以及建设大型设施、垃圾填埋场对环境的影响。项目顾问应与客户共同提出策略，以尽可能减轻影响。

  a. 客户职责：输入和指导。

  b. 交付成果：社会和环境影响评估报告，包括任务2~任务6的交付成果。

8. 预估基本建设成本和运营维护成本。 项目顾问应根据任务6中提出的基础设施布局规划和设计，编制基本建设成本和运营维护成本预算。成本预算应利用最新单位成本编制。单位成本应根据预期年度通货膨胀率分摊至设备设施启用首年。成本包括征地成本、土地整理成本、设施建设成本、沿道路铺设管道或管线成本、车辆成本、维护设施建设成本、现有设施改造成本、项目开发/设计和项目管理成本等。成本预算中还应包括财政激励的相关费用。

  a. 客户职责：共享现有基础设施和公共事业建设成本的知识。

  b. 交付成果：技术备忘录，记录建设、运营和维护成本估算过程及估算方法。

9. 编制最终基础设施评估和可行性报告。 项目顾问应在最终基础设施评估和可行性报告中总结整个评估和成本估算过程。

  交付成果：最终基础设施评估和可行性报告。

交付成果

序号	交付成果	完成时间
1	初始报告，包括现存问题、总体目标、目的、研究范围和方法	项目启动后 2 周内
2	备忘录 1：现有的和规划中的基础设施需求	项目启动后 1 个月内
3	备忘录 2：现有的和规划中的系统能力充分性	项目启动后 1 个月内
4	备忘录 3：当前的土地和资源限制及突破限制的策略	项目启动后 2 个月内
5	备忘录 4：减少消耗的法规、管理机制和财政激励措施建议	项目启动后 4 个月内
6	备忘录 5：指示性设计、布局规划及指导方针	项目启动后 4 个月内
7	社会及环境影响评估报告	项目启动后 5 个月内
8	备忘录 6：建设、运营和维护成本估算过程及估算方法摘要	项目启动后 6 个月内
9	基础设施评估和可行性报告初稿	项目启动后 7 个月内
10	基础设施评估和可行性报告终稿	项目启动后 8 个月内

咨询机构资质

项目顾问团队应至少具备以下资质：

A. 曾完成 1 项同类型基础设施评估研究。

或

B. 曾完成至少 2 项研究或项目报告，其中至少包括以下内容：

基础设施需求评估、资源能力评估、基础设施规划的社会和环境影响评估。

或

C. 曾完成至少 2 项基础设施可行性研究。

项目顾问团队应包括下表所示关键专家。

	关键专家	从业年限
1	项目经理 / 高级基础设施规划师	15 年
2	基础设施专家	5~10 年
3	城市规划师	5~10 年
4	市政基础设施工程师	5~10 年
5	环境规划师	5~10 年
6	社会保障专家	5~10 年
7	政府财政专家	5~10 年

巴西，库里蒂巴

赋 能

摘 要

聚焦于TOD项目规划过程中的政策、实施挑战和机制

© 2018 International Bank for Reconstruction and Development / The World Bank 1818 H Street NW Washington DC 20433
Telephone: 202-473-1000
Internet: www.worldbank.org

本作品是世界银行工作人员在外部资助下完成的。本作品所包含的研究成果、释义和结论不完全代表世界银行、世界银行执行董事会及世界银行执行董事所代表的政府的观点。

世界银行不保证本作品所述数据的准确性。本作品引用的地图中标注的边界、颜色和面积等信息，不代表世界银行对任何领土的法律主张，以及对相关边界的认可或判断。

权利与版权

本作品中的素材均受版权保护。世界银行鼓励知识传播，因此只要注明作品版权归属，就可在非商业目的下复制本作品的全部或部分内容。

任何有关权利和许可，包括版权在内的咨询，应向世界银行出版社提出。

地址：The World Bank Group, 1818 H Street NW, Washington, DC 20433，USA

传真：202-522-2625

电子邮件：pubrights@worldbank.org

引用说明如下：Global Platform for Sustainable Cities, World Bank. 2018. "TOD Implementation Resources & Tools." 1st ed. Washington, DC: World Bank.

所有图片版权均为版权方所有，未经版权方书面许可，不得以任何目的使用。

概 述

在TOD框架中,"赋能"工具的重点是营造保障TOD成功实施的环境。世界银行客户城市中最常见的两个TOD障碍包括:①缺乏一个能跨不同规模、不同政府层级和不同规划部门,推动TOD方案实施的统筹协调机构;②缺乏支撑TOD实施的政策框架,包括行人友好型设计法规、高效且包容的规范以及市场友好型金融工具。《公共交通改变城市》(Suzuki, Cervero and Iuchi 2013)一书定义了世界银行客户城市在实施TOD过程中的主要障碍,包括各部门和行政管辖区的治理、监管支撑与协同等方面的因素。

这些障碍大多涉及协同和制度化的规划行为。"赋能"工具(步骤)聚焦于排除这些障碍,使相关城市具备规划、融资和实施可持续且具包容性的TOD项目的能力(包括人力资源和流程等)。这既适用于民营机构、社会组织层面,也适用于政府公共服务部门层面(公职人员和公务员等)。本工具中的知识资源将为各级政策制定者提供一套开展TOD工作的实用技术和方法,以及相关的成功实践案例。理想情况下,应在TOD项目启动时就同步应用这些知识资源,而不要等到项目实施阶段再穿插应用。

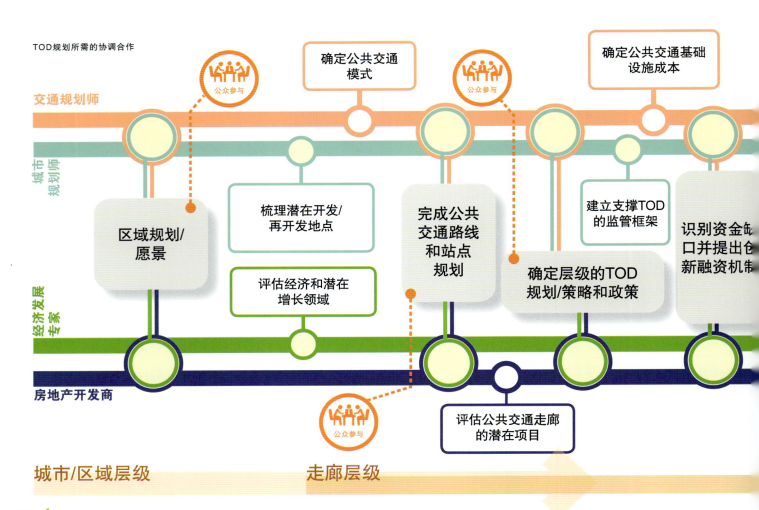

TOD规划所需的协调合作

与任何长期规划战略一样,TOD战略的可持续性取决于流程和目标的制度化程度。世界银行、世界资源研究所的《TOD走廊课程》(World Bank,World Resources Institute 2015)提出了为营造TOD赋能环境而构建制度化流程和目标的关键因素。

1. **领导力和愿景**:TOD是一个长期的变革性过程,其关键成功因素之一是强大的领导力和政治愿景。领导力包括制订强有力的长期愿景,创建有实权的、包容的且透明的实施机构和规划流程,确定资源分配的优先级,并向公众宣传项目愿景。然而,很多世界银行客户城市受制于政治体制,都会面临领导者更迭、管辖权分散所导致的缺乏统一愿景问题。新加坡作为一个城市型国家,提供了最成功的贯彻领导力和构建统一愿景的实践案例。过去十年,新加坡成功转型为公共交通友好型城市就是强大领导力的实证。波哥大和库里蒂巴等城市,在支持TOD的城市领导者任期内,通过推广快速公交系统(BRT)实现了类似的公共交通友好型转变,这也是值得借鉴的经典案例。不过,大多数城市仍因领导层更迭问题而难以形成统一发展愿景。与此同时,许多印度城市面临着截然不同的情况,它们的管理权集中在联邦政府和邦政府层级,市政府很难独立完成TOD项目。

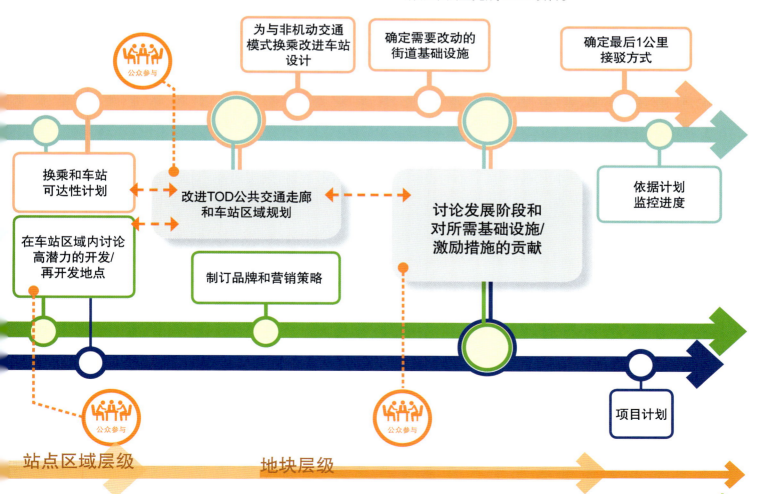

2. **强大的制度保障**：除强大的领导力外，TOD 还需要强大的制度保障。相关制度要能代表所有重要部门的意志。同时，这些重要部门也要具有主导城市转型的权力。即使领导层变更，强大的制度体系也能为 TOD 发展提供环境保障。体制结构与社会政治和法律背景高度相关。成功实施 TOD 的核心机制保障是，规划开发部门要与交通主管部门通力协作，或由政府公共部门与民营社会组织合作，或以 PPP 模式（Public-Private Partnerships，政府与社会资本合作模式）组成 TOD 指导委员会（TOD Steering Committees）。对政治结构、土地所有权结构、融资能力和法律授权问题的掌控程度，以及由此衍生的对大规模土地整合和重建项目的影响程度，决定了政府公共部门、私人和民间社会组织在 TOD 相关制度体系中的参与程度。如何构建能形成强大领导力，且允许跨部门、跨领域、跨公私高水平协作的制度架构，是世界银行客户城市面临的最大挑战。

3. **政府和参与机构间的有效协调**：《公共交通改变城市》一书指出，缺乏协同是阻碍 TOD 有效实施的主要问题。印度、巴西和中国等发展中大国在实施 TOD 过程中，都面临着各级政府间缺乏有效纵向沟通和协调的挑战，而其 TOD 监管和金融权力则主要受制于司法机制顶层设计问题。与此同时，许多大城市还面临着不同规划和建设部门间的横向协同问题。它们的城建和交通规划决策往往是相互孤立的，相关规划和建设部门各自为政，针对缺乏经济适用房、交通严重拥堵等问题，通常采取纵向的、单一的措施来应对，很少跨部门联合征求意见，也很难建立跨部门的、共同的长期愿景。对此，EN-H01 工具提供了以下指导：影响领导者、确定适宜的体制结构、聚合各部门/机构、建立协同机制，使不同规模和不同职能的部门/机构建立统一的长期愿景。此外，EN-R01 工具提供了 TOD 规划过程中不同利益相关者的职权范围。

4. **包容且有效的社区参与**：这是最重要的 TOD 推动因素。社区参与不仅能提供信息，还能影响 TOD 长期愿景的效益，对社区本身也有教育意义。社区应建立起推动实现 TOD 目标的能力。孟买于 2016 年开展的 TOD 计划，就最终因周边居民的强烈反对而失败。在 TOD 规划过程中的缺位、被隔离或被忽视，使居民对 TOD 规划产生了强烈的抵触感。这项反面案例无疑证明了公众的有效参与对促成 TOD 规划的重要影响。对此，EN-C01 和 EN-C02 工具提供了推动社区公众参与 TOD 规划的方法。

知识产品

交流

| EN-C01 | 将TOD纳入公共沟通策略 *(参考文献)* |
| EN-C02 | TOD展开：利益相关者参与互动游戏 *(参考文献)* |

操作指南

| EN-H01 | 如何建立合作机构并实现跨政府部门协调 *(分步指南)* |

资源

| EN-R01 | 利益相关者的角色和义务 *(参考文献)* |

采购

| EN-P01 | 沟通策略职权范围 *(职权范围模板)* |

参考文献

Carlton, Ian, and William Fleissig. April 2014. Steps to Avoid Stalled Equitable TOD Projects. Living Cities.

MOUD (Ministry of Urban Development, India). 2016. Transit Oriented Development Guidance Document. Consultant Report, IBI Group, New Delhi: Global Environment Facility, UNDP and World Bank.

Suzuki, Hiroaki; Cervero, Robert; and Iuchi, Kanako. 2013. Transforming Cities with Transit: Transit and Land Use Integration for Sustainable Urban Development. Washington DC:World Bank.

World Bank; WRI (World Resource Institute). 2015. Transit Oriented Development at a Corridor Scale Course. Washington, DC.

EN-C01

将TOD纳入公共沟通策略

有关向公众与区域内各部门传播信息和TOD意义的创意指南

形式:参考文献

概 述

跨部门整合困难是阻碍 TOD 实施的关键问题。如果缺乏整合，那么交通、住房和土地政策在未来的开发中都将独木难支。而如果能聚合各部门力量实现 TOD 共同愿景，那么各部门间的利益分歧就会化解。由于 TOD 在许多行政辖区内以不同规模开展，规划师必须了解所有利益相关者的动机、可能交换的利益以及统一愿景的方法，这样才能确保项目成功实施。

在发展中国家，除相关政府部门公职人员外，TOD 的规划和实施主要依靠公共机构和私人机构，几乎没有公众参与。实践表明，除以政治领导者的强烈意愿和个人承诺所建立的主人翁意识外，广泛的公众参与也是决定 TOD 规划成功与否的关键。而在公众参与前，识别并确定能有效影响公众舆论的方法和工具是十分必要的。不合时宜或无效的沟通会导致 TOD 项目最终功亏一篑，例如前文所述的孟买 TOD 开发项目。

公众参与规划的机制，为市民提供了参加投票和公开听证会等活动的机会，促使其在社区、城市及更大范围内的治理和决策过程中发挥作用。包容性 TOD 项目的核心价值观，是在提高当前本地居民生活质量的同时，提高未来新迁入居民的生活质量。其前提是允许公众参与，且利益相关者致力于提升 TOD 包容性，确保利益相关者的担忧能得到解释和解决，并使他们确信 TOD 开发项目最终能促成个人效益和城市效益的双赢（WB / WRI 2015）。

免责声明：*TOD知识产品旨在为TOD项目实施提供顶层框架，并指导城市在规划的所有阶段排除障碍。由于中低收入城市的情况不尽相同，TOD知识产品的应用必须适应当地需求和优先事项，并根据个案定制。*

© 2018 International Bank for Reconstruction and Development/ The World Bank

目的

对任何项目或计划而言，为实现公众支持的目标，政府部门都必须与社区成员接触。这包括居民、企业主和代表不同群体的各类组织。要想使社区成员尽可能多地参与公共研讨会，就要制订具有相关性和包容性的外联策略。**本工具指导城市通过营销推广和外联项目，宣传以 TOD 项目作为生活选择的效益。**

寻找项目推动者

项目推动者可以在地方政府中寻找，也可以在当地社区中寻找。合适的项目推动者可使 TOD 项目成为公众眼中符合社区利益的公共项目，而不是自上而下的强制项目。此外，合适的项目推动者还能促进 TOD 项目的长期发展，特别是考虑到 TOD 项目生命周期中政府领导层或项目管理层会不可避免地发生变化。项目推动者可以是当地的工人、土地所有者、社区组织领导者、学术机构、媒体代表或特定社区中的其他知名公众人物，并具备以下特质：

- 以具有凝聚公众和社区的能力而闻名。
- 在社区内拥有牢固的人际关系，理想情况下，能跨越社会经济阶层、职业和政治信仰。
- 能清楚说明启动项目和项目推进过程中可能出现的问题。

项目推动者必须相信 TOD 计划的效益，才能代表 TOD 项目发言。此外，项目推动者应全程参与 TOD 项目规划，以确保具备完全的主人翁意识，并展现对 TOD 结果所肩负的责任。

项目推动者能在 TOD 项目推进过程中发挥重要作用，他们通过参与社区活动、加入社交网络以及创建伙伴关系，将社区成员们聚拢到一起，共同支持 TOD 项目。作为社区中高度参与且深度关联的成员，他们能尽早处理公众抱怨，并推动社区支持项目。例如，项目推动者在观察到社区成员非常关注项目建设阶段引起的交通问题时，能立即将相关信息传达给 TOD 执行团队，同时在问题阻碍项目进程前，与相关成员开展一对一的对话和沟通。项目推动者能帮助项目负责人获得支撑计划的解释、事实和数据，并为他们提供成功与公众沟通所需的支持。此外，强大的项目推动者还能确保（不可避免的）公众关注全程得到有效管理和处置。因此，战略性地善用以项目推动者为代表的、有价值的利益相关者，对成功实施 TOD 项目至关重要。

实施方法

"优秀的 TOD 规划由最佳专业实践与对规划地的充分了解构成。你只能通过精心协调的公共咨询机制获取规划地信息。"

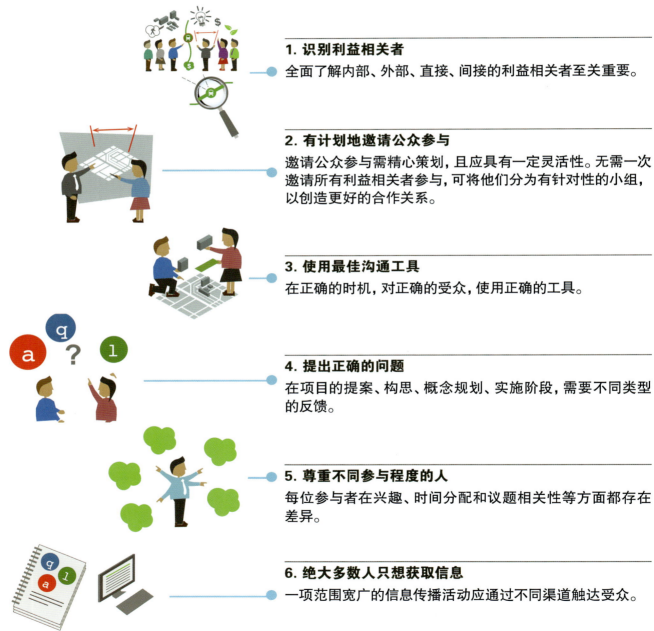

1. 识别利益相关者
全面了解内部、外部、直接、间接的利益相关者至关重要。

2. 有计划地邀请公众参与
邀请公众参与需精心策划，且应具有一定灵活性。无需一次邀请所有利益相关者参与，可将他们分为有针对性的小组，以创造更好的合作关系。

3. 使用最佳沟通工具
在正确的时机，对正确的受众，使用正确的工具。

4. 提出正确的问题
在项目的提案、构思、概念规划、实施阶段，需要不同类型的反馈。

5. 尊重不同参与程度的人
每位参与者在兴趣、时间分配和议题相关性等方面都存在差异。

6. 绝大多数人只想获取信息
一项范围宽广的信息传播活动应通过不同渠道触达受众。

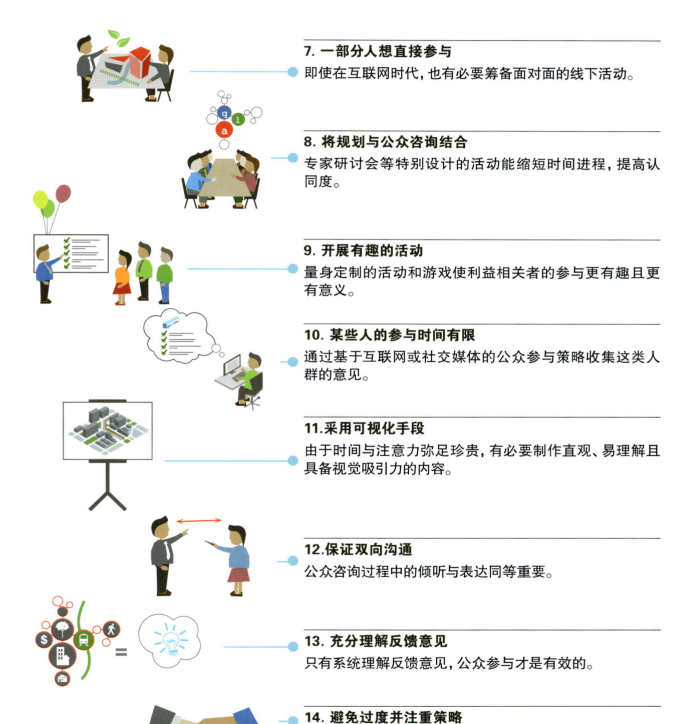

7. 一部分人想直接参与
即使在互联网时代,也有必要筹备面对面的线下活动。

8. 将规划与公众咨询结合
专家研讨会等特别设计的活动能缩短时间进程,提高认同度。

9. 开展有趣的活动
量身定制的活动和游戏使利益相关者的参与更有趣且更有意义。

10. 某些人的参与时间有限
通过基于互联网或社交媒体的公众参与策略收集这类人群的意见。

11. 采用可视化手段
由于时间与注意力弥足珍贵,有必要制作直观、易理解且具备视觉吸引力的内容。

12. 保证双向沟通
公众咨询过程中的倾听与表达同等重要。

13. 充分理解反馈意见
只有系统理解反馈意见,公众参与才是有效的。

14. 避免过度并注重策略
公众咨询要求高效、高性价比且与所有参与者相关。

工具：专家研讨会

专家研讨会是一种创造性的头脑风暴，为项目创造势能，通常是TOD项目的标准程序。它可将项目从静态的、复杂的问题转变为成功的、可实施的计划。专家研讨会往往是目的明确的多日会议，以协作方法来创建切实可行的项目设计方案。

（资料来源：Lindsay, G., J. A. Todd, S. J. Hayter, and P. G. Ellis. "Handbook for Planning and Conducting Charrettes for High-Performance Projects: Second Edition." National Renewable Energy Laboratory, 2009. doi:10.2172/965523.）

规划、设计专家研讨会：由核心规划团队领导的为期数天的协同研讨会，将居民、开发商和政策制定者聚集在一起，根据愿景、想法、理念和解决方案四个反馈循环，创建可行且"85%准备好"的TOD社区概念规划。

第1天
- 介绍团队；"收获和痛点"关键词活动（更与时俱进的、更具参与性的"SWOT"分析）。

第2天
- TOD基本原则（设计和经济）；玩"TOD桌面游戏"，社区居民参与的互动活动，社区居民亲手布置与土地利用相关的图标，包括提升性景观、行车道和公共交通服务等（TOD中的"T"），公园、广场和公共艺术品等具备"开放空间"属性的设施（TOD中的"O"），联排别墅、住宅楼宇、零售商店和学校等（TOD中的"D"），以创建一系列备选方案。

第3天
- 在TOD管理游戏中回放"我们所听到的"，并针对社区居民首推的备选方案开展实时电子投票。

第4天
- TOD社区概念规划方案和36小时马拉松式头脑风暴的讨论结果，通常以100张演示幻灯片集中呈现，由20~30个全尺寸演示板组成，配合社区居民最青睐的延时照片，对TOD规划中选定的街道、区域的变化情况进行可视化展示，呈现从"现在"到"未来"的优化过程。

TOD桌面游戏

"我们所听到的"回放与投票

图片来源：©IBI集团

来源：©IBI集团

工具：交互活动

如何活跃TOD研讨会的氛围，使参与者跳出常规思考框架，并引导他们采取整体性和包容性方法围绕站点开展社区规划？为什么不尝试游戏？

TOD项目通常涉及多位利益相关者的合作问题，他们在优化解决方案方面往往有不同的目标和偏好。筛选出各方都同意的解决方案至关重要，特别是在不同利益相关者为确保项目成功而不得不分摊项目成本的情况下，因为此时没有任何一方能独立承担公共交通或土地开发项目融资工作。

针对当今最紧迫的城市发展问题，交互游戏已经成为围绕问题开展有意义对话的实用平台。通过模拟、角色扮演甚至乐高积木，交互式城市发展和规划游戏提供了一种有趣且吸引人的方式，使不同利益相关者群体融入讨论。这些游戏没有正式会议中经常存在的紧张气氛，促使参与者在共同评估不同发展路径之余轻松沟通。

游戏能通过分组来简化原本复杂且看似无法解决的问题。角色扮演类游戏能引导参与者走出舒适区，促使他们从不同视角解读和分析问题，例如以骑行者的视角和经历为出发点，聚焦于往常会忽视的问题。

互动桌面游戏，站点区域规划，卡尔加里市（Calgary）
图片来源：©IBI集团

以下选取的交互式游戏可助力公共部门和私人部门的利益相关者（包括公众）开展 TOD 规划和实施、角色扮演、优先级设置和利弊权衡，并在无"威胁"环境中提出解决方案，协调利益分配。这些游戏已被诸多项目团队应用于发达国家和发展中国家的 TOD 项目。

大部分交互式游戏是 TOD 专家研讨会的一部分（日程通常为 1~2 天），组织形式为会议或休息时间的活动。

活动1：纸牌游戏–打出你最好的一手牌。

活动2：设想/资金分配。

活动3：快速建立社交网络/在5分钟内倾听其他利益相关者的问题并分享自己的问题，共同设计解决方案。

活动4：问题和想法墙。

活动5：偏好板。

活动6：TOD互动桌面游戏。

其他虚拟游戏

活动1：纸牌游戏-打出你最好的一手牌

目的：
确定优先事项和关键议题

参与者：
- 通常仅限于公共部门和利益相关机构。
- 可扩展到私人部门利益相关者，例如非政府组织（NGO）、开发商和商业改进团队。
- 发展中国家城市的市长和制定政策的利益相关者。

形式：
专家分组研讨会。利益相关者围桌而坐，随机分为多个6~8人小组。

参与者规模：
50~75位利益相关者。如果超过这一规模，则收集反馈意见和编写报告将耗费大量时间。

常规时长：
30分钟（游戏时间为10分钟，讨论报告时间为20分钟）。

简介：
- 准备1套12张通配卡（类似1副牌中的套牌）和1张外卡（类似1副牌中的王），1张卡代表社区面临的一个关键问题。
- 研讨会开始前，在客户协助下确定优先事项和问题清单。
- 要求每位利益相关者"尽最大努力"，在桌面上选取并放置3张卡，代表他们认同的3个优先事项。
- 如果利益相关者在12张卡上均未找到自己认同的优先事项，则可在外卡上写出自己认同的优先事项。
- 项目团队收集每位利益相关者的卡，并统计得分（与研讨会其他活动同时进行）。
- 项目团队成员公布优先事项排名。

其他建议：
- 通配卡可印刷项目主导人或社区、城市领导者照片。
- 其余9张卡可作为研讨会的纪念品，送给与会的利益相关者。可在卡背面印刷项目主要负责人的联系方式。

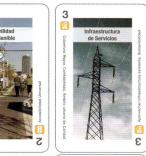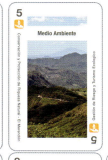

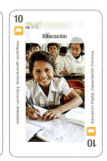

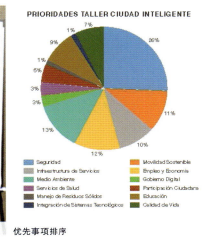

研讨会公布利益相关者选取的优先事项　　　　　　　　　　　　优先事项排序

图片来源：©IBI集团

EN-C01　将TOD纳入公共沟通策略

活动2：设想/资金分配

目的：
根据可供支配的财政资金的规模，确定项目优先次序。
确定项目和设想的优先次序。

参与者：
- 通常仅限于公共部门和利益相关机构。
- 可扩展到私人部门利益相关者，例如NGO、开发商和商业改进团队。
- 发展中国家城市的市长和制定政策的利益相关者。

形式：
工作营/研讨会。利益相关者在专家研讨会的间歇/休会时间参与此活动。

参与者规模：
50~75位利益相关者。如果超过这一规模，则收集反馈意见和编写报告将耗费大量时间。

常规时长：
30分钟（游戏时长为10分钟，讨论报告时长为20分钟）。

简介：
- 作为研讨会的一部分，在桌面上摆放代表基础设施建设投资项目、项目设想的多个箱子或罐子。在箱子或罐子上写1~2句话，简要描述项目设想或基础设施建设投资项目。
- 在罐子上写出项目设想的成本。项目成本可能因项目性质而异。成本数值应保持独立，同时注意其勾稽关系。例如轻轨项目标价为3美元，快速公交系统（BRT）项目标价为2美元，现有公交车升级项目标价为1美元。
- 向每位利益相关者分配模拟货币，例如10枚硬币/10张纸币/10美元，代表可用于项目投资的有限财政资金。
- 要求每位利益相关者将资金，例如10美元，投资于他/她认为合适的项目，并解释原因。
- 项目团队在每个方框中记录金额（与研讨会其他活动同时进行）。
- 项目团队成员公布项目/设想排名。

其他建议：
- 项目/设想清单不应过长，应代表社区的相关解决方案。通常只要解决方案/项目/设想的基本概念能为大众所理解，这项游戏在项目推进过程中就能发挥良好作用。
- 召开研讨会前，在客户协助下制定项目/设想清单。
- 这项游戏也可用于设定项目目标和优先级。

安大略省约克地区交通总体规划项目的硬币博弈活动，旨在确定项目优先事项
图片来源：©IBI集团

活动3：快速建立社交网络/在5分钟内倾听其他利益相关者的问题并分享自己的问题，共同设计解决方案

目的：

破冰活动。与参加专家研讨会的利益相关者开展一对一会谈。倾听他人的关注点并分享自己的关注点，共同设计问题解决方案。

参与者：

- 通常仅限于公共部门和利益相关机构。
- 可扩展到私人部门利益相关者，例如NGO、开发商和商业改进团队。
- 发展中国家城市的市长和制定政策的利益相关者。

形式：

小组讨论。利益相关者以一对一方式参与活动。

参与者规模：

50~75位利益相关者。如果超过这一规模，则收集反馈意见和编写报告将耗费大量时间。

常规时长：

45分钟。

简介：

- 快速建立社交网络是各利益相关者间的破冰活动，并不是让每位利益相关者在活动开始时作自我介绍。
- 确保专家研讨会由少数人主导，防止私下讨论。
- 形式与速配约会非常相似。在7分钟内，任何一位利益相关者都有机会与其他利益相关者会谈，交换"我是谁""我做什么工作""我面临的与项目有关的问题"等信息。活动目的在于促使利益相关者共同设计解决问题的方案。
- 7分钟后，铃声响起，利益相关者更换座位，开始新一轮会谈。共开展6轮会谈，耗时45分钟。

在巴黎国际大学开展的快速建立社交网络游戏
图片来源：© Copyleft. Reproduced under Creative Commons License BY-SA 3.0

活动4：问题和想法墙

目的：
了解特定项目中，公众、利益相关者的价值观、关注点和期望。

参与者：
- 向公众、公共部门、利益相关机构开放。
- 发展中国家城市的市长和制定政策的利益相关者。

形式：
公众开放日。

参与者规模：
100~150人，向公众开放活动，务求引起广泛关注。

常规时长：
45分钟。

简介：
- 公众、利益相关者在室内墙、板上粘贴便利贴。
- 公众、利益相关者通过组合任意数量的便利贴来描述多个问题和解决方案。
- 将收集到的信息录入报告，以"我们所听到的"为标题，作为研讨会成果存档。
- 将重复出现的关键问题、想法带入项目设计中解决。

绿线TOD规划项目的思路和想法，加拿大卡尔加里
图片来源：©IBI集团

活动5：偏好板

目的：
使用先例图像，对公共交通站点区域内不同备选方案开展交互式偏好选择。

参与者：
- 向公众、公共部门、利益相关机构开放。
- 发展中国家城市的市长和制定政策的利益相关者。

形式：
设置公众开放日。公众、利益相关者可在专家研讨会的休息时间、非会议日参与活动。

参与者规模：
100~150人。

常规时长：
30分钟。

简介：
- 公众、利益相关者使用红色（表示不认可）、绿色（表示高度认可）、黄色（表示一般认可）的点状贴纸，根据偏好在贴板上选择各类示例图像。
- 内容可包括开放空间类型、街道设施类型、街道景观类型、建筑物外墙类型和停车解决方案类型等。
- 偏好度最高的示例图像为公共交通站点区域的概念规划设定了基调，并用于解释项目开发的初步设想。
- 将带有贴纸的贴板，作为专家研讨会和小组讨论成果存档，并以"我们所听到的"为标题，作为项目的一部分录入报告。

其他建议：
- 只要解决方案/项目/设想的基本概念能为大众所理解，这项游戏在项目推进过程中就能发挥良好作用。
- 研讨会前，在客户协助下选取示例图像。
- 也可用于设定项目目标和优先级。

视觉偏好调查，Port Credit TOD研究，安大略省
图片来源：©IBI集团

活动6：TOD互动桌面游戏

目的：
贯彻以公共交通引导开发原则，使用乐高、泡沫板来代表开发公共交通站点。

参与者：
- 通常仅限于公共部门和利益相关机构。
- 可扩展到私人部门利益相关者，例如NGO、开发商和商业改进团队。
- 发展中国家城市的市长和制定政策的利益相关者。

形式：
小组讨论、专家研讨会。

参与者规模：
50~75位利益相关者。如果超过这一规模，则收集反馈意见和编写报告将耗费大量时间。

常规时长：
90分钟。

简介：
- 专家研讨会的潜在问题之一是会议过程由少数人主导，稀释了部分弱势或少数群体的声音。因此开展每轮专家研讨会时都要尽可能给所有人发声机会。
- 采用与其他游戏相同的基础地图，以泡沫板代表土地利用方式，既可避免个人主导讨论，也可避免设想全部来自具备绘画技能的人。
- 将利益相关者分为8~10个小组，确保每张桌子上都有全套设计规则简介，并提供泡沫板、基础地图和建筑单元模块。
- 各小组依次展示设想。
- 各小组的设想将成为初步概念方案的基础，经专业化完善后会再次呈现给社区居民。

针对绿线TOD规划项目的TOD互动桌面游戏活动，加拿大卡尔加里

图片来源：©IBI集团

乐高和基于乐高的交互式桌面游戏

乐高是以可相互嵌套的多形式塑料模块为基础的驰名世界的拼接玩具，它是鼓励创造性思维、自由形式表达和以逻辑方式解决问题的有效工具。乐高的塑料模块非常小，组合方式灵活多样，用户可根据需求选择组成特定的形状或结构。基础塑料模块的颜色以鲜艳原色为主，同时配有一系列具有特定功能的象征性模块（例如路灯和草坪等）及扩展性模块。大部分乐高产品能帮助儿童通过搭建和自由组合模块，来形成对不同形状和结构的认知，而像"乐高头脑风暴"（Lego Mindstorms）这样的产品，则能帮助儿童通过组合模块和软件编程来提升创造力。很多城市规划者和建筑师正在尝试开发与乐高类似的知识产品。世界资源研究所EMBARQ墨西哥办公室就开发了一种DOTS套件，结合TOD手册，用于能力建设工作。麻省理工学院（MIT）及其合作伙伴正在探索如何利用乐高模块创建众包规划平台。乐高模块能调动所有利益相关者的积极性，使规划过程更为顺畅和完善。模块只是象征性的，并且可能无法组合成符合比例构建的代表性模型。但建筑物或社区等视觉化空间可能激发利益相关者间的交流协作。在参与式规划活动中，这样的结果是可以预期的。乐高模块体积很小且适应性强，可供很多人同时使用，进而简化参与式规划活动设计者的工作。此外，规划人员利用乐高模块能实时在真实空间中验证自己的设想，并衡量利益相关者的反馈信息。像乐高这样简单的可视化场景工具，可全面模拟/创建TOD社区的设计问题，例如行人和零售业的街道构成、公共交通节点周围的建筑区、公共交通节点及其他服务的可达性和社区使用模式。

基于乐高的工作营-对城市的设想
图片来源：© Lamiot. Reproduced under Creative Commons Attribution 4.0 International license BY 4.0

引导公众参与的新科技手段

除讨论会、社区会议和听证会等传统公众参与手段外，还应考虑在项目公众咨询阶段采用应用程序、虚拟参观会、在线聊天和社区论坛等互联网技术。这些技术手段能拓展TOD的公众参与范围，使那些在传统公众咨询阶段被忽视，或无法参加公共会议，或不习惯在大型活动中提出建议的人参与进来。在线和虚拟公众参与媒介使信息传播范围大为扩展，让更多人获得了信息和参加公共咨询的机会。以下列举了一些基于创新科技的公众参与媒介，包括应用程序和网站，同时引入了一系列案例，供读者参考之余，帮助他们找到与自己所在社区和公共咨询策略匹配的工具。NextDoor（https://nextdoor.com/）等网站可供邻里间沟通和分享想法，监测他们对公共交通项目周边区域的满意度。Neighborly（https://neighborly.com）和Citizen Investor（http://www.citizinvestor.com）等网站，简化了TOD项目的预算和投资过程，为公众提供了参与金融决策的机会。这些参与方案中，一部分在决策过程中会与居民协商，另一部分则用于评估社区在项目预算方面的价值取向，为项目优先级排序提供参考。CrowdMap（https://crowdmap.com/welcome）和Community Remarks（http://www.communityremarks.com）等基于地图的工具允许人们在地图上留言评论。这些平台中的地图对公共交通区域层面规划项目格外有价值，可使市民对项目开发的变化情况有更直观的了解。Textizen（https://www.textizen.com）等应用程序能收发短信、分析居民问题。此外，以Crowdbrite（http//www.crowdbrite.com）、Neighborland（https://neighborlland.com）和MindMixer（http://app.mysidewalk.com）为代表的网页（制作）平台可用于制作促进社区居民参与的网页，包括在线问卷、论坛和反馈等内容，同时将详细项目信息集中在线公开。Poll Everywhere（https://www.polleverywhere.com）能在移动设备中创建民意调查，鼓励民众亲身体验TOD项目，例如选择公共交通出行。

EN-C02

TOD展开:
利益相关者参与互动游戏

一项跨机构协调和展望的互动游戏

形式: 参考文献

简　介

免责声明：TOD知识产品旨在为TOD项目实施提供顶层框架，并指导城市在规划的所有阶段排除障碍。由于中低收入城市的情况不尽相同，TOD知识产品的应用必须适应当地需求和优先事项，并根据个案定制。

©2018　International Bank for Reconstruction and Development/The World Bank

目标：

TOD角色扮演是游戏形式的利益相关者参与工具，可推动各类利益相关者协同决策，使他们理解彼此的动机和潜在折衷方案，以及如何更好地协调个人利益，使项目成功实施。

形式： 研讨会　　　　　　　　　　　　　　　　　　　**常规时长：** 2小时的快速流程或半天的深入讨论

环节：

游戏包含两个环节：
» 开展SWOT分析；
» 开发站点区域规划选项和概念计划。

参与者：

邀请各项目所有参与者，确保利益相关者的完整性。
» 主要是公共部门和利益相关机构；
» 可扩展到私人利益相关者，包括NGO、房地产开发商以及城市领导者/决策者。

理想参与者规模：

40~50名利益相关者。8~10名参与者围坐一桌。可对参与者进行随机分组，但建议采用多元化分组方式，以便扩展视角，更准确地了解不同折衷方案。安排1位主持人引导讨论。

材料需求

在10.4厘米×14.7厘米（4.1英寸×5.8英寸）的卡片上打印预制图案/文字

这些卡片类似纸牌，同花色9张一套。每张卡片代表一位TOD协同实施计划中的利益相关者。

每张卡片都包含对应的优先级列表（各利益相关者的动机不同）、权衡（了解每位利益相关者的动机）和激励措施（如何更好地协调个人利益以成功实施方案）。

材料需求

在14.7厘米×28厘米（8.5英寸× 11英寸）或28厘米×43.2厘米（11 英寸×17英寸）的纸上打印预制工作表

这项游戏包含2个标准格式工作表。第1个工作表从发挥所有利益相关者作用的角度总结了优势、劣势、机会和威胁（即SWOT分析），第2个工作表将用于开发站点区域规划。

材料需求

一幅大尺寸基础地图（最好是33.1英寸×46.8英寸或23.4英寸×33.1英寸，1英寸=2.54厘米），包括以下内容：
- » 公共交通站点的位置，以站点为中心，分别以400米（步行5分钟距离）和800米（步行10分钟距离）为半径画圆。
- » 现有道路网。
- » 自然环境系统，包括绿道、水路和开放空间。
- » 现有建筑覆盖区域，包括建设开发和目的地。

参考基础地图

材料需求

视觉辅助

考虑在游戏中使用描述TOD情境的视觉辅助示例:

» 演示
» 带注释的图片
» 视频
» 印刷品

记录工具:

» 活动挂图,用于让参与者列出自己认为的优先级。
» 不同颜色的便签、高光笔、水笔,用于在地图上标注。
» 相机,用于拍摄结果。

带注释的图片

在研讨会上汇报利益相关者经讨论选出的优先考虑因素

游戏规则

游戏开始时要清楚界定研究区域。将游戏的两项任务用大号字写在挂图上，使参与者能轻松安排时间并确定议程。

开始团队自我介绍，要求每位参与者从卡组中抽取一张预先准备好的卡片，每张卡片都代表不同的角色。参与者需自始至终扮演卡片代表的角色，并遵循角色要求和规则。例如环保主义者和房地产投资者就可能做出截然相反的决策。

将参与者分成8~10人的小组，确保所有行业在每桌都有代表，桌上有便签、工作表和基础地图。

活动1：SWOT分析

» 每组有5分钟时间描述站点区域的核心元素和特征。玩家可使用工作表记录想法，并将写有想法的便签贴在地图上。针对项目的优势、劣势、机会、威胁各开展一次分析。

» 20分钟后，开始小组讨论，目标是建立一个SWOT总结，每项列举最重要的10点。

活动2：站点区域规划选项与概念计划

» 在对站点区域的优势和问题有深入了解后，给每个小组分发一个情境，以决定TOD站点区域如何随时间演变。

» 每个小组都有1.5小时时间开展规划，并在地图上草拟概念计划。

» 每个小组中的一位成员汇报本小组情境下的项目和想法排名。

» 活动结束时，总结所有情境的项目目标和优先级。重复出现的关键问题和想法对项目具有指导作用。

TOD角色扮演卡片

支持性工具卡

形式: 参考文献

01

优先事项
- 尽量减少交通拥堵的影响
- 提升公共交通客运量
- 促进步行和骑行
- 无缝整合不同公共交通模式

权衡
- 交通用地权属于车辆 vs 交通用地权属于行人
- 减少公共停车位 vs 替代交通方式
- 增大公共交通覆盖范围 vs 提供高效、协调的公共交通服务

激励措施
- 为改善公共交通和街道提供资金
- 私人部门在公共领域投资
- 保护环境

02

优先事项
- 执行现有规划和开发法规
- 增加正规渠道供给的混合收入住房
- 促进可达性提升
- 通过城市设计干预手段营造场所
- 鼓励混合使用和公平发展

权衡
- 允许开发未开发地区 vs 在TOD区域重新开发国有地块
- 高价值市场价住房 vs 可负担住房
- 沿公共交通走廊使用统一容积率 vs 差异化容积率
- 集中地区交通加剧拥堵 vs 区域整体就业和居民分布均衡
- 高层建筑 vs 特定环境设计

激励措施
- 通过管理开发增长来降低基础设施耗资
- 私人部门投资改善公共环境
- 简化开发审批流程

03

优先事项
- 确保在TOD区域内最大程度利用城市既有不动产
- 通过土地价值捕获来获取发展带来的经济利益
- 通过在公共交通站点附近重新开发未全面开发的土地来实现土地货币化
- 开发出行目的地并提高TOD区域的市场价值

权衡
- 提高房产价值 vs 混合收入住房
- 自住房 vs 出租房
- 短期回报 vs 创造长期市场

激励措施
- 增加TOD区域吸引开发商的机会
- 获得更强劲的市场和更高质量的建筑存量以用于未来投资
- 签订长期政府合同以实现TOD愿景

01

优先事项
- 获得投资的财政收益
- 公共交通设施附近的土地供应
- 公共领域基础设施到位

权衡
- 对TOD项目的长期投资 vs 面向汽车用途的短期回报
- 高价值市场住房 vs 可负担住房
- 开放空间

激励措施
- 法律允许的容积率增加
- 地块整合和土地银行
- 影响费用和税收减免以及长期税收补贴
- 加快TOD区域的开发审批时间
- 基础设施使用费优惠
- 放宽开发控制

02

优先事项
- 保留邻里特征和认同
- 通过环境、文化和社会投资改善整体生活质量
- 尽量减少交通拥堵的影响
- 维持居民通勤时间
- 确保社区安全

权衡
- 消除城市萎缩衰退 vs 通过重新开发抵消变化
- 投资公共领域基础设施升级 vs 抑制公共服务提升带来的用户成本增加

激励措施
- 社区参与决策
- 社区设施整合
- 将公共空间纳入项目
- 推动当地企业发展

03

优先事项
- 确保社区的社会环境平等
- 保护环境
- 尽量减少交通拥堵的影响
- 促进步行和骑行
- 限制城市扩张和相关的基础设施成本
- 确保混合收入住房

权衡
- 保护环境 vs 经济增长
- 收入平等 vs 增加投资
- 整合边缘化群体 vs 改善投资形象
- 维持公共交通周边可负担性 vs 提高土地价值

激励措施
- 社区参与决策
- 将社会基础设施和服务整合到TOD项目中
- 在市场价住房中强制性提供可负担住房
- 提供开放空间

EN-C02　TOD展开：利益相关者参与互动游戏

01

优先事项
- 增加公共交通客运量
- 最大化土地价值捕获机会
- 保持车站修建标准与多模式整合的灵活性
- 增加车票以外收入来源

权衡
- 最大化公共交通覆盖率 vs 提高乘车人数
- 减少停车位 vs 提高驻车换乘
- 车票收入 vs 可负担公共交通

激励措施
- 与私人部门联合开发
- 允许车站上方开发（土地上空空间所有权）
- 根据公共交通客运量增加开发密度

02

优先事项
- 减少高峰期交通拥堵
- 鼓励市民的交通和非机动车出行
- 减少人均车辆行驶里程
- 改善可达性并减少出行需求
- 升级老化基础设施，尤其是城市填充/再开发区域

权衡
- 交通用地权属于额外车道 vs 交通用地权属于公共交通
- 减少区域车辆行驶里程（长期）vs 减少高密度地区交通拥堵（短期）
- 投资于老化基础设施 vs 在未开发或半城市化TOD地区修建新基础设施

激励措施
- 将影响费或价值捕获机制用于基础设施改善
- 跨部门协调，避免项目重复

03

优先事项
- 创造就业机会
- 降低市民的交通成本
- 提高市政税基和财产价值
- 社会各界的利益分配
- 改善公共领域
- 降低营商成本

权衡
- 高密度开发 vs 基础设施承载力
- 有吸引力的开发 vs 可负担住房
- 环境质量 vs 快速开发
- 非正规聚落被迫迁移 vs 原地重新开发

激励措施
- 土地货币化工具
- 更高的私人部门投资
- 私人部门在改善公共环境方面投资
- 简化开发审批流程

印度，浦那

01

优先事项
- 增加公共交通客运量
- 最大化土地价值捕获机会
- 保持车站修建标准与多模式整合的灵活性
- 增加车票以外收入来源

权衡
- 最大化公共交通覆盖率 vs 提高乘车人数
- 减少停车位 vs 提倡驻车换乘
- 车票收入 vs 可负担公共交通

激励措施
- 与私人部门联合开发
- 允许车站上方开发（土地上空空间所有权）
- 根据公共交通客运量增加开发密度

02

优先事项
- 减少高峰期交通拥堵
- 鼓励公共交通和非机动车出行
- 减少人均车辆行驶里程
- 改善可达性以减少出行需求
- 升级老化基础设施，尤其是城市填充再开发区域

权衡
- 交通用地权属于额外车道 vs 交通用地权属于公共交通
- 减少区域车辆行驶里程（长期）vs 减少高密度地区交通拥堵（短期）
- 投资于老化基础设施 vs 在未开发或半城市化TOD地区修建新基础设施

激励措施
- 将影响费或价值捕获机制用于基础设施改善
- 跨部门协调，避免项目重复

03

优先事项
- 创造就业机会
- 降低市民的交通成本
- 提高市政税基和财产价值
- 社会各界的利益分配
- 改善公共领域
- 降低基营商成本

权衡
- 高密度开发 vs 基础设施承载力
- 有吸引力的开发 vs 可负担住房
- 环境质量 vs 快速开发
- 非正规聚落被迫迁移 vs 原地重新开发

激励措施
- 土地货币化工具
- 更高的私人部门投资
- 私人部门在改善公共环境方面投资
- 简化开发审批流程

工作表1
SWOT分析

每项至少列出：5项有利条件（优势）；5项不利条件（劣势）；5项可能有助于实现目标的改善条件（机会）；5项可能阻碍实现目标的障碍条件（威胁）。

S 优势

W 劣势

O 机会

T 威胁

思考点

- 城市设计与场所营造
- 土地利用条件
- 与公共交通站点的距离
- 步行和骑行人士
- 停车管理
- 住房多样性
- 开发环境：重新开发/绿地

工作表2
车站区域规划选项与概念计划

选择一个场景，基于小组人员分配来决定TOD车站区域的未来走向

场景 1
交通优先

多种交通方式（公共交通、步行、骑行、私家车、出租车等），以及基础设施和便利设施（车道、停车位、公共交通车站和人行道等）使居民采用任何模式都能安全、方便、舒适地出行。

场景 2
公共空间优先

在交通设施与建筑物间扮演过渡角色的公共空间（广场、露台、公园、人行道等），也称"城市之间的空间"，是城市生活的主要场所。既可以公有也可以私有，但应设计为所有人均可使用，确保友好且有趣。

场景 3
房地产开发优先

建成区（主要是私人土地）在这里产生各种活动，以支持住房、就业、购物等用途。在TOD模式中，建筑物应与周围空地结合起来并发挥激活作用，以足够的密度支持公共交通。

印度，浦那

EN-H01
如何建立合作机构并实现跨政府部门协调

分步指导确认项目优先级，使TOD项目在开始阶段符合既有规划和开发框架

形式: 分步指南

简 介

TOD 的成功与否完全取决于其所涉及机构的变革能力。为使这些机构实现 TOD 目标，必须考虑定义一个完整框架，在支持工作的同时，实现更好的协调和更有效的 TOD 干预。从机构及其如何协同工作以获得更好结果的视角出发，本工具有助于确定赋能框架的关键要求。《TOD 走廊课程》（WB / WRI 2015）和《公共交通改变城市》（Suzuki, Cervero and Iuchi 2013）构成了确定关键赋能因素的基础。

- 影响城市领导人：包括市长、官员或有重要影响的人。作为城市领导者，他们的参与在启动和实施阶段是最重要的，同时可从沟通、监测和评估工具中获益。

- 建立高效的 TOD 组织：可在城市层级或公共交通站点层级实现。具有明确定义结构的组织能使各部门和公众更好地协调支持 TOD 目标。

- 跨越层级调整愿景：需确保一个层级下的 TOD 规划不受其他层级政策壁垒的阻碍。规划过程必须允许（执行）任何层级的 TOD 规划。

免责声明：TOD知识产品旨在为TOD项目实施提供顶层框架，并指导城市在规划的所有阶段排除障碍。由于中低收入城市的情况不尽相同，TOD知识产品的应用必须适应当地需求和优先事项，并根据个案定制。

© 2018 International Bank for Reconstruction and Development / The World Bank

参考文献

MOUD (Ministry of Urban Development, India). 2016. Transit Oriented Development Guidance Document. Consultant Report, IBI Group, New Delhi: Global Environment Facility, UNDP and World Bank.

Suzuki, Hiroaki; Cervero, Robert; and Iuchi, Kanako. 2013. Transforming Cities with Transit: Transit and Land Use Integration for Sustainable Urban Development. Washington DC:World Bank.

World Bank; WRI (World Resource Institute). 2015. Transit-Oriented Development at a Corridor Scale Course. Washington, DC.

以TOD的益处影响领导者

成功的TOD在很大程度上依赖于城市的政治资本或管辖区的领导力。无论一座城市的领导结构如何，一位了解TOD优势且意志坚定的领导者都能推动TOD概念，以改善市民的日常生活品质，建立环境弹性。对TOD规划者而言，建立有利环境的第一步是让领导者相信TOD能为市民、环境和公共部门带来好处。

最终，TOD可以进行本地化，以更多关注城市特定需求。例如，对一座可能受洪水影响的城市而言，TOD的益处可能更多体现在通过建设密度和交通投资的战略性分配来创造气候适应力，使尽可能少的人在洪水肆虐期间处于危险之中。以下改编自《TOD指导文件》（MOUD，India 2016）的内容罗列了一些TOD规划模式的益处。

社会效益

增加人们的出行选择：通过公共交通连接紧凑、可步行的社区，TOD为年轻人、老年人、穷人，以及没有汽车或不想使用汽车的人提供了急需的出行方式选择。

改善经济可达性：通过TOD扩大公共交通系统的覆盖范围，使更多人能获得以前无法获得的经济机遇。

增加家庭可支配收入：TOD可通过减少对一辆或多辆汽车的需求并降低通勤成本来有效增加家庭可支配收入。

增加健康指数：TOD提供了支持步行和骑行的基础设施，使步行更便捷，藉此促进健康的生活方式。

提高公共安全和保障：TOD鼓励在混合用地环境中支持"24小时"全天候活动，并提供"街道之眼"（eyes-on-the-street），以增强一个地区的整体安全感。

增加人们的住房选择：鼓励高质量的多样化住房产品（包括混合收入住房、自主和租住房、劳动力住房）是TOD的重要目标。TOD可通过向私人部门提供激励来促进可负担住房的供给，例如在公共交通服务区内提供密度奖励和地点高效率贷款，以换取较低成本的住房产品。

经济和财政福利

提高经济效率：基于TOD原则开发的城市可增强人与企业间的互动，从而带来集聚效益。

增加土地价值和财产税收入：如果公共交通系统具有良好的区域连通性和服务频率，则会使周边房产大幅升值。

增加公共交通乘客量：在更多人居住在靠近公共交通站点并享受混合用途设施的情况下，可提高服务频率，提高乘客人数（包括原本可能选择使用汽车的乘客），从而使公共交通更具竞争力。

增加公共交通交叉补贴：将公共交通附近的地块货币化，例如开展房地产开发、零售租赁或付费停车等可创收的活动，可为公共交通运营商创造额外收入源。

降低道路基础设施成本：TOD可有效减少对天桥和快速路等主要道路项目的需求，这些道路每公里使用人数较少，但建设和维护成本非常高。

降低市政基础设施成本：TOD可通过限制城市蔓延对新配套公建的需求，来帮助地方政府和业主减少新建基础设施（例如供水设施、卫生设施、下水道和道路）的压力。在资源受限地区，支持额外密度可能需改进初始基础设施，但在较高密度地区，利用分散式基础设施服务能实现基础设施的长期自给自足。

环境效益

保护土地资源并减少城市蔓延：在城市再开发地区提供更紧凑的增长模式，以保护农业和自然土地，否则这些土地将在快速发展中消耗。

气候韧性：紧凑的发展模式将使城市避免在气候影响地区发展，并使城市将精力集中于在较小区域内采取减缓气候变化的措施。

减少车辆行驶里程（VKT）：节省行驶时间和单位车辆运营及维护成本。

空间效率：相较载运相同人数的大量小型汽车，公共交通所需的土地更少。

能源效率：在公共交通车辆载客能力正常的情况下，公共交通车辆运输1个人所消耗的能量低于汽车。

更好的空气质量：由于公共交通乘客所需能量较少，基于化石燃料的公共交通车辆排放的尾气较少，相应的，排放引起的气候变化的污染物量也较少，进而降低了空气污染率。

如何构建一个TOD组织

决定开发大型 TOD 项目的城市应通过法律或其他适当官方决议，设立一个特殊组织（特别工作组、委员会或机构），使其自始至终与 TOD 计划保持深入关联。该组织必须对公众负责，并以高透明度的方式基于明确的使命运作。该组织应促进规划研究、设计总体规划和法规的发展，监督系统的实施并持续调整系统，同时与规划指南和来自不同级别政府部门和私人部门的专业人员协调。至关重要的是，该组织应存在于政治领域之外，以确保长期所有权、管理权和独到视角。为进一步确保合法性，该组织的预算应部分源于 TOD 项目收入。这能使相关人员致力于创造和保持系统的有效性。TOD 收入源中的融资机制将确保该组织免受政治变动带来的预算问题的影响，并使政府免受进一步的经济压力。

目的

确定 TOD 组织的角色和责任，以通过有条理的方式促进合作关系并协调实施活动。本工具提供了分步指导，用于识别个人和组织层面的项目牵头人，最好是城市工作人员、非政府组织或当地倡导团体的代表，因为他们能参与整个规划过程。

01 确定不同层级TOD组织的授权

不同层级的授权

城市/区域层级TOD

政策和监管机构

- 与政治领导者和其他决策者合作，制订目标和愿景，以建立支持公共交通的发展政策。
- 与其他机构合作，在排除TOD政策层面障碍上发挥积极作用。

走廊/站点区域层级

技术和项目特定机构

- 制订专用于项目的计划流程和机制，使TOD在现有计划和开发框架内运行。
- 提供技术和财政支援，并监督执行情况，以评估工作进展和质量。

02 确定关键参与者

城市/区域层级TOD

主要公共部门参与者

- 谁拥有和运营城市/区域公共交通服务？包括所有机构

AND

- 谁制定区域发展和经济政策？包括所有机构和部门

AND

- 谁创建并执行开发控制法规？包括所有当地政府机构

AND

- 参与可负担住房、遗产维护和环境保护的政府机构

次要参与者

- 参与可负担住房、遗产维护和环境保护的非营利组织

AND

- 参与房地产开发和交易的私人部门协会及信托基金

走廊/站点区域层级

主要公共部门参与者

- 谁拥有和运营城市/区域的公共交通服务？包括主要走廊公共交通机构

AND

- 谁拥有车站附近的主要土地

  - 私人个体土地所有者 → 代表土地所有者的非营利组织
  - 私人大型土地所有者 → 私人土地所有者
  - 公共大型土地所有者 → 公共土地所有者

  包括：

AND

- 谁创建并执行开发控制法规？包括特定机构

AND

- 谁提供基础设施服务（例如供水设施、供电设施、排水设施）？包括所有机构

次要参与者

- 房地产开发商（通过招标邀请3~4个）

AND

- 公共交通接驳服务运营商（包括共享出行）

AND

- 可负担住房、遗产维护和环境保护方面的专家（按需）

03 确定制度结构类型

结构类型	
城市/区域层级TOD	走廊/站点区域层级
• 区域/都市政策委员会：审查和制定/变更政策。 • 都市/城市法规制定委员会：制定有利于公共交通的法规。 • 公共+非营利联盟：为法律框架内支持TOD的政策进行游说。	• TOD技术工作组：概念化TOD计划，寻求资金并实施提案。 • 公共+非营利联盟：监督TOD计划和目标的实施。 • 公私伙伴关系（PPP）：投资和实施TOD项目。

04 确定协调机构

- 确定与主要参与者、次要参与者和委员会的会议频次
- 确定记录会议内容的方式以及与公众交流的方式
- 确定公众会议和研讨会的时间线和频次，确保与公众持续沟通
- 确定与未参加TOD组织的机构或其他规划部门进行协调的需求

05 通知组织任命

- 按城市现有协议通知组织
- 告知其授权，以及城市或项目相关的TOD特定目标
- 告知其年度预算需求和资金来源，资金来源应尽可能连续、可靠且不依赖政治因素
- 告知其政府各机构间的协调制度和援助要求，以实现其组织的特定目标

巴西，圣保罗

EN-R01

利益相关者的
角色和义务

TOD项目规划与实施的利益相关者标准化分析

形式: 参考文献

简 介

经验表明，协作是创建促进 TOD 推广环境的核心要素。尽早确定各级政府、多家交通与规划机构、私人开发商与公众团体间的伙伴关系，对克服政治和经济障碍，进而创造成功 TOD 至关重要。

由于 TOD 是一项新兴概念，中低收入国家通常没有合适的监管框架，用于支持灵活的区划法规、能换取基础设施改善的激励机制以及土地整合等融资工具。对开发商和使用者而言，确保有利于 TOD 的环境是一项有吸引力的提议，这需要公共部门的贡献和政治意愿。

免责声明：TOD知识产品旨在为TOD项目实施提供顶层框架，并指导城市在规划的所有阶段排除障碍。由于中低收入城市的情况不尽相同，TOD知识产品的应用必须适应当地需求和优先事项，并根据个案定制。

© 2018 International Bank for Reconstruction and Development / The World Bank

目的

在评估阶段，一开始就确定促使地方政府启动、计划、实施 TOD 项目的因素是非常重要的。政府的强大领导力和支持体现在：发布政令，要求公共交通系统最大化土地开发潜力；倡导在 TOD 中开展由社区驱动的邻里规划过程；选择民营企业承建城市 TOD 项目等。本工具用于确定 TOD 协作实施计划涉及的利益相关者的角色和责任。

利益相关者的角色和义务

利益相关者	角色和义务
地方政府	系统（公共交通和基础设施）规划、总体规划（城市和走廊）、地方规划（站点区域和社区）、制定控制法规和建筑条例、审批工地平面图、升级基础设施、整合土地、积极营销TOD机会、开发商激励措施、可靠融资、执法（交警）、公共宣传
公共交通机构	投资基础设施、设计车站、系统规划、公共交通服务、整合土地、积极营销TOD机会、获得融资、与私人部门联合开发车站
区域规划机构或大都市区规划机构	长远交通规划、区域交通规划、区域发展管理、对地方机构的技术援助、监控城市交通资金
私人部门	为TOD的实施、联合开发公私合营基础设施、建筑、房地产、交通系统运营提供资金支持
市民、非政府组织、倡导团体	倡导慢行交通改善、社区参与规划设计、接受教育、参加规划会议，同时倡导高质量设计
政府官员	增进开发商和市民对TOD益处的了解，改善监管环境，倡导推行交通需求管理政策与本地经济发展激励措施
企业、房地产开发商	与公共交通机构联合开发、公私伙伴关系、建设可负担住房、私人部门投资房地产、激励员工选择公共交通出行
省政府	政策变更、资金援助、能力建设、技术援助、土地和市场改革
中央政府	政策变更、制订指南、资金援助、能力建设

利益相关者间的沟通

政府需推动以城市特定背景为基础的 TOD 提议。各级政府中的公共交通机构除作为管理者和计划者外，还要在准备和实施 TOD 方面发挥领导作用。此外，他们还要适应能处理计划、实施、长期管理 TOD 系统的新组织架构。在一个城市层级的 TOD 协调实施计划中，各利益相关者的责任通常包括下图所示的反复沟通环节。类似的沟通要在走廊、站点区域和地块层级落实，以实现利益相关者间的有效协作。

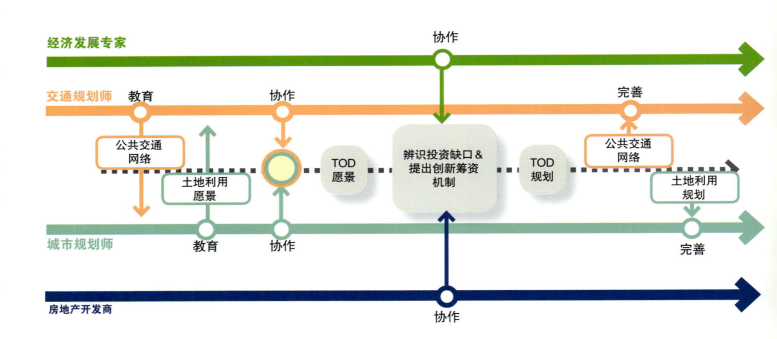

EN-P01

沟通策略
职权范围

用于雇用公关公司分析潜在风险和计划，并实施TOD社区沟通策略模板

形式: 职权范围模板

研究背景

众所周知，投资公共交通的益处远不止于具有极高价值的流动性增强，还包括给我们所居住的社区带来积极影响。有必要使所有利益相关者了解 TOD 项目的关键组成部分，并使他们明确如何从中受益。

社区外联计划是一个让所有利益相关者都能了解项目目标及作用的过程。应制订一种全面的方法，使相关机构、走廊沿线社区、企业、主要利益相关者及公众参与整个过程。外联方案应包括设立政策和技术咨询委员会、召开公开会议、向社区和商业协会路演、在网站和社交媒体曝光、使用各种交流工具以及邀请非常住人口和非常驻组织直接参与。利益相关者研讨会和公众开放日应在 TOD 规划过程中的关键节点举办，主题至少包括：①对问题、目标、评估标准和备选方案进行讨论，并收集数据；②对备选方案进行评估；③选择符合本地偏好的项目方案。项目信息应按需翻译，以开展有效宣传。

研究目的

一项系统、全面的社区外联计划，应重点突出 TOD 开发的关键组成部分和对本地的益处，这有助于向公众传播所需信息。计划目标如下：

- 为 TOD 项目树立正面形象。
- 提高公众对项目及其益处的认知。
- 通过宣讲使用公共交通工具的益处，吸引新公共交通使用者，并对其进行指导。
- 通过宣讲，吸引市民在公共交通站点附近定居。
- 引导（公众）向公共交通方式转变。
- 告知公众，使他们对项目实施过程中可能遇到的矛盾和困难有所准备。寻求与公众合作，接受公众反馈，改进针对特定情况的提案。
- 确定主要利益相关者，并与媒体和社会（个体/组织）建立牢固伙伴关系，确保项目顺利实施。

社区外联计划的覆盖范围应包括市区、郊区以及现有公共交通服务的所有运营区。

研究范围

城市地方机构计划中的咨询和实施工作应外包给一家独立第三方机构，以确保推广效率。工作分为两个阶段：第 1 阶段，顾问应制订符合上述详细目标的沟通和外联计划（以下简称"计划"）；第 2 阶段，客户经与世界银行协商批准计划后，顾问应负责执行计划。代表客户举办的讲座和研讨会，以及印制宣传材料、投放广告等所产生的费用，应由顾问承担。从最终计划得到批准之日起两周内，顾问应派遣一个团队，在相应城市驻扎 4 个月。顾问还应在必要时参加计划相关会议。宣传材料和广告的时长、尺寸、用语等要素，取决于计划中已确定的内容。大致要求如下。

第 1 阶段

1. 准备计划

根据计划好的研究项目（作为咨询工作的一部分），开展外部分析，了解各利益相关者（包括公众、媒体和潜在用户）的看法。确定机会和风险，并提出解决方法。

2. 沟通策略

准备沟通策略，包括针对受众的定制信息传送、媒体工具选择等，以实现既定目标。

3. 制订计划

根据沟通策略编制计划，应包括以下内容：

a. 沟通策略的目标、理想成果、预期成果。

b. 受众定义。针对不同细分群体，例如老人、妇女、儿童、学生、不同体能人群（differently-abled），以及特定议题相关受众的定义（具有指示性，需作为沟通策略和咨询计划的一部分进行定义）。

c. 评估当前的态度、信念和动机。

d. 分析受众对变化的接受程度。

e. 根据活动要求（包括适当的咨询需求以及针对各层级和目标受众的宣传），确定传送信息的媒介。

f. 公众咨询计划：制订并讨论通过焦点小组讨论、讲座和研讨会等形式向公众传播项目信息的咨询计划。该计划应遵循下页表所示架构，并反映每一阶段的沟通需求。

项目阶段和行动	目标	风险与困难	受众和主要利益相关者	信息	沟通方式	时间线和频率	职责	资源	完成指标
	1	2	3	4	5	6	7	8	9
定义目标									
规划与设计									
评估备选方案									
选择方案									
实施									

g. 品牌：打造土地利用和交通整合的主题以及旨在推广 TOD 的特定品牌，包括在关键人群中有辨识度的品牌标识，以及能使人群与品牌和主题关联的传播语。

h. 营销活动：针对公共交通引导开发、促进可持续城市发展等主题开展营销活动。通过不同媒体平台开展活动，例如：

- 印刷品和海报
- 本地报纸
- 广播电台
- 电视台
- 网站
- 短信
- 知识管理活动（例如讲座和研讨会）

- 展示、竞赛等
- 无车日、自行车日、公共交通日等活动
- 街道和车站标牌

i. 媒体与公众关系管理：

- 与负责报道该项目的媒体（纸媒和电子媒体）保持密切联系，提供信息和观点。
- 与相关民间社会组织（CSO）保持密切合作。

j. 大型活动：

- 计划筹备各类公众活动、研讨会、讲座、竞赛和提高项目认知度的活动。
- 参与国家或区域层面活动，包括国内和国际游学。
- 活动应聚焦于 TOD 相关的讨论，并从最佳实践中学习，以教育决策者和公众，从而提高其对 TOD 概念的认知度和认可度。

k. 沟通体系：构建所有利益相关者机构间的沟通体系，确定沟通负责人和沟通单元结构。

l. 反馈机制：该计划应提议建立公共信息中心，且必须制订适当沟通机制，以收集公众反馈和意见。

m. 影响和结果监控：衡量影响和结果监控的机制，包括拟定行动导致的行为变化。根据干预措施的相关性和满意度，评估以不同行动对用户产生影响的方法和方案。

n. 记录：提议一个记录过程，包括记录重要事件、媒体报道等。

o. 时间：确定沟通的时间框架。

4. 完成计划时应遵循的流程

顾问应与客户协商制订沟通外联计划草案。由客户组织研讨会，邀请利益相关者参加讨论。顾问应结合研讨会上收到的意见修改计划。

第 2 阶段

本阶段涉及已批准计划的具体实施工作。顾问应在与客户协商后执行计划。在实施阶段，计划开展的活动包括但不限于以下种类。

1. TOD 的广告和推广活动

为达成既定目标，需制订活动策略和实施计划。顾问应提出广告和推广内容的首选组合，并作为策略的一部分，包括：

- 广告、标语、围板和其他准备工作。
- 鼓励城市通勤者使用可持续交通方式。
- 特殊宣传策略，用于引起关注并了解特殊群体需求，例如卫生和应急服务提供者、妇女和儿童、学生等。

2. 按公众沟通计划与宣传要求设计工具、材料并开展相关活动

顾问团队应针对优先级、沟通重点和既定咨询需求设计"沟通工具"。同时，顾问团队应根据设计指南准备材料，启动策略中涉及的各种活动。顾问还应启动宣传活动，并通过公众咨询建立共识，包括通过网络和新闻通信等媒介传播信息。

3. 准备设计指南、图形和模板

涉及品牌设计、为各类设施制定图形标准（例如徽标）、组织海报和绘画比赛等。顾问应为项目创立品牌标识，包括但不限于以下项目：

- 标语
- 展示最近的快速公共交通站点的海报
- 组织竞赛节目以最终确定项目品牌标识系统

4. 媒体和公民社会管理

制作新闻稿、博客和宣传册，组织新闻发布会和媒体访问，安排媒体文章，每日舆情监测和月度分析。

- 组织会议、启动活动、提升认知度项目，与该市主要舆论领袖合作开展针对性宣传。每次咨询后，团队应提交一份报告，陈述关键建议及其相关性，并将建议转化为沟通策略行动要点的方法及手段。
- 数字媒体，包括 Facebook、Instagram、Twitter、What's app 的设计和内容管理。
- 改进网站和短信发送设备。

5. 广告

- 开发系列平面广告。
- 设计和制作系列广播广告。
- 设计系列 SMS 消息广告。

6. 简短的演示文稿和视频（3~5 分钟）

用于学校、办公室等场所的视频，传送既定信息。

7. 公共活动

与客户的沟通部门协商，策划无车日、公共交通日等公共活动。计划并组织帮助居民熟悉 TOD 概念的焦点小组讨论、头脑风暴会议等。

8. 公共信息中心和反馈机制

顾问应帮助客户建立公共信息中心并协助其开展员工培训，同时根据计划中的建议，构建接收用户和公众反馈的机制。

9. 影响和结果监控

衡量和评估外联计划的有效性。

10. 流程和事件记录

- 准备文档和视频片段，介绍 TOD 规划和设计涉及的流程与活动，包括项目各阶段的公众观点。在咨询的每个阶段完成后，准备一份摘要结果报告，以及对利益相关者评论和建议的回应。
- 制订信息传播、观点共享和风险管理的季度计划。准备在客户网站上发布的每月新闻通信，并准备已开展的各类活动的季度报告。

11. 衡量和评估外联计划的有效性

为找到最有效的方法，开展对 TOD 公众推广及外联工作的阶段性评估，这项任务包括：

- 在每次外联工作结束时开展评估，收集可用于未来外联工作的信息。
- 计划中必须具备甄别方法/手段有效性的内在机制。

顾问应完成以下事项：

- 通过 500 个通勤者 / 项目影响者 / 家庭，掌握利益相关者对 TOD 的了解程度和反馈，以更好地了解各项计划的有效性。一般可分两个阶段开展，即初始活动后和外联项目结束前。
- 掌握参加推广活动的人数及其建议和反馈。
- 使用 Audio Visual 记录会议和计划。
- 跟踪媒体的反应。
- 拟写一份简要的观察和建议报告。

交付成果

顾问应在签署合同后一周内开展工作。

序号	交付成果	完成时间
第 1 阶段		
1	备忘录 1：开题报告（包括优先事项、主题和工作计划）	项目启动 2 周内
2	备忘录 2：准备草拟沟通和外联方案	项目启动 4 周内
3	备忘录 3：最终沟通和外联方案	项目启动 10 周内
第 2 阶段		项目启动第 10 周起
4	备忘录 4：记录过程、活动和音视频	持续
5	备忘录 5：3 份通告	每周
6	备忘录 6：2 份季度报告	每季度

咨询机构资质

顾问团队应至少具备以下项目资质：

A. 完成一个同类型 TOD 项目的沟通与外联计划。

或

B. 完成至少 2 个包括沟通与外联计划的公共交通或混合使用高密度开发项目

顾问团队必须包含下表所示专业角色。

	关键专家	从业年限
1	项目经理和公关专家	15 年
2	品牌与导向系统专家	5~10 年
3	城市规划师和设计师	5~10 年
4	平面设计师	5~10 年
5	公共关系专家和社工	5~10 年
6	房地产开发机会商洽专家	10~15 年

哥伦比亚，波哥大

规划与设计

摘 要

TOD 框架的"规划+设计"步骤包括一系列在不同场景和层级下（城市、走廊、站点区域和地块）构建TOD规划的设计和规划原则

© 2018 International Bank for Reconstruction and Development / The World Bank 1818 H Street NW Washington DC 20433
Telephone: 202-473-1000
Internet: www.worldbank.org

本作品是世界银行工作人员在外部资助下完成的。本作品所包含的研究成果、释义和结论不完全代表世界银行、世界银行执行董事会及世界银行执行董事所代表的政府的观点。
世界银行不保证本作品所述数据的准确性。本作品引用的地图中标注的边界、颜色和面积等信息,不代表世界银行对任何领土的法律主张,以及对相关边界的认可或判断。

权利与版权

本作品中的素材均受版权保护。世界银行鼓励知识传播,因此只要注明作品版权归属,就可在非商业目的下复制本作品的全部或部分内容。
任何有关权利和许可,包括版权在内的咨询,应向世界银行出版社提出。
地址:The World Bank Group, 1818 H Street NW, Washington, DC 20433,USA
传真:202-522-2625
电子邮件:pubrights@worldbank.org
引用说明如下:Global Platform for Sustainable Cities, World Bank. 2018. "TOD Implementation Resources & Tools." 1st ed. Washington, DC: World Bank.

所有图片版权均为版权方所有,未经版权方书面许可,不得以任何目的使用。

概 述

"规划+设计"侧重于为 TOD 的设计价值和规划过程提供指导,并提出相关策略和工具,以促成紧凑型土地开发及侧重步行和骑行优先的开发模式。

TOD 是综合交通和土地利用规划,强调对"中间空间"(即高质量的开放空间、混合用途和街景)的干预措施。创建一套利益相关者通用词汇,侧重以步行、骑行和公共交通为主导的出行方式,是保障 TOD 策略实施效率和效果的关键。TOD 还关注土地利用、交通/基础设施网络、房地产经济之间在不同层面上的相互依赖和影响关系。

许多既有文献都体现了对 TOD 通用设计用语的需求,代表文献包括《TOD 标准》(Institute of Transportation and Development Policy 2017)和《TOD 走廊课程》(WBG/WRI 2015)等普适性出版物。许多中、低收入国家也制定了初步的 TOD 设计指南,例如《TOD 指导文件》(Ministry of Urban Development,India 2016)、《TOD 城市社区指南》(CTS-EMBARQ,Mexico 2014)和《低碳发展设计手册》(The Energy Foundation, China Sustainable Cities Program, Calthorpe Associates 2012)。

为将上述 TOD 原则与设计标准、开发审查流程和监管机制结合起来,"规划+设计知识产品"涵盖了 TOD 分区法规模板(PD-R01)及 TOD 规划原则和设计指南(PD-R02),可作为将 TOD 设计价值应用于城市标准、规范和法规的切入点。

"规划+设计知识产品"还为各层级的 TOD 规划提供了包含明确流程和机制的操作导则。公共部门、私人部门和社区可藉此构建不同城市景观和塑造 TOD 区域。规划导则允许根据不同环境、公共交通模式和地方元素(开发类型包括未开发用地、城市填充或再开发)调整开发任务内容。当出现不同设计标准无法兼容的情况时,最终规划方案往往要牺牲部分群体的利益。因此,本章不将"规划+设计知识产品"视作标准,而是将其视作参考依据和建议,为城市留出操作空间,以平衡各方利益。

本章提供的知识产品必须与 TOD 框架实施步骤中建议的监测和评估框架、关键绩效指标一起运用。理想情况下,应基于给定环境,结合监测和评估工作中得到的反馈,调整设计考量和标准。

知识产品

操作指南

PD-H01	如何制订城市层级TOD规划（分步指南）
PD-H02	如何制订走廊层级TOD规划（分步指南）
PD-H03	如何制订站点区域层级TOD规划（分步指南）
PD-H04	如何制订地块层级TOD规划（分步指南）
PD-H05	如何制定与TOD配套的分区法规（分步指南）
PD-H06	土地整合框架（分步指南）

资源

PD-R01	TOD分区法规模板（参考文献）
PD-R02	TOD规划原则和设计指南（参考文献）
PD-R03	土地利用和交通一体化最佳实践（参考文献）
PD-R04	步行友好型设计最佳实践（参考文献）

采购

| PD-P01 | TOD规划职权范围（职权范围模板） |

参考文献

Center for Applied Transect Studies;. 2008. SmartCode Version 9.2. USA.

City of Johannesburg: Department of Development Planning. 2016. "Spatial Development Framework 2040 City of Johannesburg Metropolitan Municipality." Johannesburg.

CTS-EMBARQ Mexico. (2014). *TOD Guide for Urban Communities*. Mexico City: World Resource Institute.

n.d. Form Based Codes Institute. Accessed 8 18, 2018. https://formbasedcodes.org/definition/.

ITDP (Institute of Transportation and Development Policy). 2017. "*TOD Standard. 3rd ed.*" New York.

Salat, Serge, and Gerald Ollivier. 2017. *Transforming Urban Space through Transit-Oriented Development - The 3V Approach. Washington* DC: World Bank Group.

MOUD (Ministry of Urban Development, India). 2016. Transit Oriented Development Guidance Document. Consultant Report, IBI Group, New Delhi: Global Environment Facility, UNDP and World Bank.

NRDA (Naya Raipur Development Authority). 2013. "Naya Raipur Transit Oriented Development Study." Naya Raipur. Consultant Report: IBI Group

The Energy Foundation, China Sustainable Cities Program, Calthorpe Associates, 2012, "Design Manual for Low Carbon Development", China.

UD&UHD (Urban Development and Urban Housing Department). 2017. "Comprehensive General Development Control Regulation - 2017." Gandhinagar.

UTTIPEC (Unified Traffic and Transportation Infrastructure (Planning & Engineering) Centre), WRI India. 2014. Transit Oriented Development Manual – Delhi TOD Policy and Regulations Interpretation. New Delhi.

Valley Connections. 2001. Model Transit-Oriented District Overlay Zoning Ordinance. http://www.reconnectingamerica.org/assets/Uploads/bestpractice230.pdf, California: Community Design + Architecture, Inc.

WRI (World Resource Institute), World Bank Group. 2015. *Corridor Level Transit-Oriented Development Course - Module 4: Design Components of TOD*. Washington, DC.

PD–H01

如何制订城市层级TOD规划

城市层级规划工具旨在全市域层面分析现有城市的公共交通走廊，制订以公共交通为引导的开发目标，为随后的TOD建设实施奠定基础。通过分析土地利用、当前活动、公共交通需求和影响区域，可初步确定规划目标及其优先级，并制订城市层级TOD规划草案。该规划的法定相关性确定后，即可指导走廊层级、站点区域层级和地块层级的TOD规划

形式: 分步指南

免责声明：TOD知识产品旨在为TOD项目实施提供顶层框架，并指导城市在规划的所有阶段排除障碍。由于中低收入城市的情况不尽相同，TOD知识产品的应用必须适应当地需求和优先事项，并根据个案定制。©2018 International Bank for Reconstruction and Development/ The World Bank.

01 绘制用地和关键开发项目地图

公众参与

了解居住、就业和机构等功能的用地在城市中的分布情况。

数据源

- 卫星图像/ GIS数据
- 已报批的总体规划（Master Plan, MP）/发展规划（Development Plan, DP）/综合规划（Comprehensive Plan, CP）
- 沿主要公共交通走廊开展的实地调查
- 利益相关者研讨会

02 识别活动始发地

公众参与

识别高通勤走廊的公共交通线路，以及OD（Origin-Destination）对间的交通路径（居住、就业和休闲娱乐中心）。

数据源

- 已报批的总体规划（MP）/发展规划（DP）/综合规划（CP）
- 沿主要公共交通走廊开展实地调查
- 核准开发清单
- 利益相关者研讨会

03 确定公共交通优先走廊

根据人口分布、用地规划、活动中心位置以及各公共交通类型的需求进行预测。

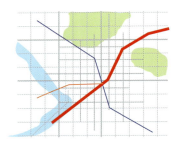

数据源

- 已报批的总体规划（MP）/发展规划（DP）/综合规划（CP）
- 出行规划/交通运输规划
- 公共交通系统详细报告
- MP/DP/CP 中的最新人口普查和预测评估
- 路权宽度：谷歌地图/卫星图像/现场调查/街景

参考： **AS-H02** 如何进行快速公共交通系统备选方案评估

04 划分公共交通影响区域

确定优先需要公共交通系统支持开发的公共交通路线叠加区。

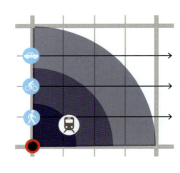

数据源

- 现有车站位置
- 卫星图像/谷歌街景
- 用于地块、道路网和自然特征的GIS数据库
- 总体规划/发展规划/综合规划
- 交通规划/运输规划
- 实地调查

站点服务覆盖范围
800~2000米/接驳公共交通网络

站点影响区域
400~800米/10分钟步行距离

主要站点区域
0~400米/5分钟步行距离

05 确定开发背景

确定房地产市场动态、土地可用性和交通用地权约束。

绿地开发

郊区开发

城市再开发

城市填充式开发

参考: **AS-A02** TOD层级与环境评估

06 确定目标

公众参与

针对TOD影响区内的不同区域,根据城市愿景、发展情况和利益相关者的参与情况来确定目标。

参考: **AS-A01** TOD准备程度评估

07 城市层级TOD规划草案

在城市范围内实施TOD规划,需包含针对不同TOD规划实施主体和实施原则的政策建议及行动。

城市层级TOD规划组成

- 市级政策建议
- 总体规划整合
- 公共交通走廊和车站类型 (AS-A03)
- 分区法规

适用的TOD原则:良好的公共交通系统、公共交通广场、集约开发、多模式一体化、步行环境、混合土地利用、完整街道、公共场所、交通管理、城市公园和开放空间

08 制定法定文件

制定TOD原则法定文件的方式如下。

方式1	方式2	方式3
在总体规划/发展规划/综合规划的修正案中加入TOD章节	制定特定TOD政策以取代现有法规	在已有的开发区域内建立一个TOD规划实施区,作为特殊试点区域

印度，浦那

PD-H02

如何制订走廊层级TOD规划

公共交通走廊规划对于站间区域连通性和沿公共交通走廊建立互补型站点至关重要。各站点都应是一体化、可达性高且以公共交通为引导的场所。这些场所构成一个网络，作为市级TOD总体规划的一部分

形式：分步指南

01 绘制公共交通线路走向和站点位置地图

了解公共交通系统属性和站点特征。

公共交通类型
快速公交（BRT）/地铁（MRT）/通勤铁路

项目建设阶段
走廊优先级

线路走向
系统服务覆盖区

站间距
相邻站点间的平均距离

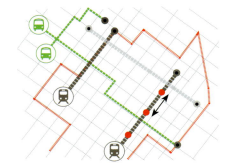

 数据源
- 公共交通系统详细报告
- 总体规划（MP）/发展规划（DP）/综合规划（CP）
- 出行规划/交通规划

参考：**AS-H02** 如何进行快速公共交通系统备选方案评估

02 在交通走廊上划定影响区域

需确定优先发展TOD的公共交通走廊叠加区。

 数据源
- 现有车站位置
- 卫星图像
- 谷歌街景
- 用于地块、道路网和自然属性的GIS数据库

- 总体规划（MP）/发展规划（DP）/综合规划（CP）
- 出行规划/交通规划
- 实地调查

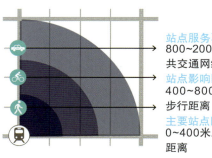

站点服务覆盖范围
800~2000米/接驳公共交通网络

站点影响区域
400~800米/10分钟步行距离

主要站点区域
0~400米/5分钟步行距离

03 分析开发机遇

公众参与

了解公共交通走廊沿线的开发背景和集约开发能力。

开发模式
地块大小 | 用地变化 | 就业和居住分布

土地所有权和空置土地

房地产市场潜力
不动产价值 | 未开发土地 | 容积率和使用率

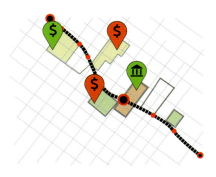

 数据源
- 房地产市场评估报告
- 房地产开发商的土地价值
- GIS数据库
- 实地调查
- 利益相关者参与

- 现有/拟议土地利用
- 洪水和塌方地图（以避开存在风险的区域）
- 参考AS-A03

免责声明：TOD知识产品旨在为TOD项目实施提供顶层框架，并指导城市在规划的所有阶段排除障碍。由于中低收入城市的情况不尽相同，TOD知识产品的应用必须适应当地需求和优先事项，并根据个案定制。©2018 International Bank for Reconstruction and Development/ The World Bank.

04 评估基础设施承载能力

确定公共交通走廊在优化利用资源后可承载的最大人数。

人口分析
人口增长趋势

行人、自行车设施与流量
标志性服务水平

市政设施
水|废物|能源|排水

公共交通
服务覆盖范围|客流量|评估

数据源
- 公共交通系统详细报告
- 总体规划/发展规划/综合规划
- 出行规划/交通规划
- 交通影响研究
- 基础设施详细报告

参考： **AS-H03** 基础设施承载能力评估

05 其他交通备选方式评估

使公共交通走廊与城市其他交通网络无缝衔接。

连接本地接驳公共交通线路 ＋ 连接骑行和步行网络

与其他优质公共交通走廊相连

数据源
- 公共交通系统详细报告
- 线路布局研究
- 出行规划/交通规划
- 实地调查
- 谷歌街道地图

参考： **AS-H02** 如何进行快速公共交通系统备选方案评估

06 制订走廊层级TOD战略规划

制订分阶段实施计划，综合考虑站点区域优先级和干预程度，以最大化TOD项目潜在效益。

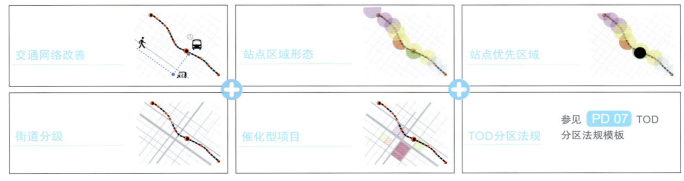

交通网络改善 ＋ 站点区域形态 ＋ 站点优先区域

街道分级　催化型项目　TOD分区法规　参见 **PD 07** TOD分区法规模板

巴西，里约Greenfield快速公交（BRT）走廊

PD–H03

如何制订站点区域层级TOD规划

站点区域层级TOD规划更细节化，以设计类项目为主。
本工具旨在辅助实施特定设计，并为制订城市设计指南、
设计街道以及投资小规模房地产项目提供支持

形式: 分步指南

免责声明：TOD知识产品旨在为TOD项目实施提供顶层框架，并指导城市在规划的所有阶段排除障碍。由于中低收入城市的情况不尽相同，TOD知识产品的应用必须适应当地需求和优先事项，并根据个案定制。©2018 International Bank for Reconstruction and Development/ The World Bank.

01 划定和细化站点区域边界

站点区域边界通常由人们步行能抵达的范围来定义（例如步行10分钟可达）。提供多种接驳交通工具往往能有效提高站点区域的影响范围。

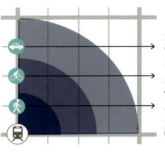

- 站点服务覆盖范围
  800~2000米/接驳公共交通网络
- 站点影响区域
  400~800米/10分钟步行距离
- 主要站点区域
  0~400米/5分钟步行距离

 数据源
- 卫星图像
- 谷歌街景
- 用于地块、道路网和自然特征的GIS数据库
- 总体规划/发展规划/综合规划
- 出行规划/交通规划
- 实地调查

与站点的步行距离
从指定站点出发，以5公里/时速度步行10分钟可达区域的边界。可简化为以站点为圆心，半径为800米的圆周

自然环境特征
根据自然环境系统的特征优化边界。需纳入的考量要素包括绿道、水道、开放空间、障碍物（例如主要道路和铁路）等

步行等时区分析
步行等时区（Pedestrian Shed）表示行人实际步行的距离和路径，具有不规则形状，而非规则圆周

现有建成环境
在上述10分钟步行范围内，现有的大型开发项目、出行目的地及社区
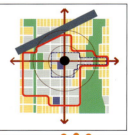

02 创建和分析现有条件清单

 公众参与

 可达性
公共交通网络内的位置|步行与骑行网络|街道网络|交叉口
道路网络连续性|交通量
多模式一体化：站点出入口|停车管理|公交站

 基础设施
物理：排水道|下水道|供水|废弃物|电信设施
社会：公园|公共设施|流动商贩|道路安全设施|社区中心
环境特征：自然排水|地形
文化遗产：物质（建筑）|非物质（文化/艺术）

 土地开发
土地属性：现有的和规划中的（用途、所有权、尺度）
土地开发：人口密度|容积率利用率
就业岗位密度

 数据源
- 利益相关者研判或分组讨论得到的房地产市场开发趋势
- 总体规划/发展规划/综合规划
- 出行规划/交通规划
- 基础设施规划
- 实地调查

03 开展SWOT分析

优势指开发TOD项目的有利条件。**劣势**指需考虑的开发TOD项目的不利条件。**机会**指有助于实现项目目标的潜在改善机会和有利条件。**威胁**指实现项目目标的潜在障碍。

根据以下分类逐一开展SWOT分析：
- 城市设计与场所营造
- 土地利用性质
- 公共交通可达性
- 步行和骑行
- 停车管理
- 背景：开发/再开发/绿地

04 站点区域开发备选方案

备选方案指TOD站点区域随时间演变的情境，包括：
- 可达性情境
- 住房开发情境
- 就业开发情境

05 站点区域概念规划方案

站点区域概念规划方案的组成部分包括：
- 空间布局规划，连通性、混合土地利用和建筑密度
- 内部道路和交通一体化规划
- 全区停车规划
- 物理性基础设施规划
- 景观和开放空间规划
- 建筑和城市设计指南
- 房地产市场潜力战略
- 再开发类催化试点项目
- 融资改进计划
- 分阶段开发实施战略
- 品牌和传播战略

巴西，库里蒂巴

PD-H04

如何制订地块层级TOD规划

通过一系列基于任务的分步骤行动指南,帮助城市在地块层级规划和实施TOD项目

形式: 分步指南

免责声明：TOD知识产品旨在为TOD项目实施提供顶层框架，并指导城市在规划的所有阶段排除障碍。由于中低收入城市的情况不尽相同，TOD知识产品的应用必须适应当地需求和优先事项，并根据个案定制。©2018 International Bank for Reconstruction and Development/ The World Bank.

01 了解地块背景

通过了解地块背景来辨析发展机遇和约束。

主要包含以下方面：
- 地理位置
- 连通性
- 周边开发情况

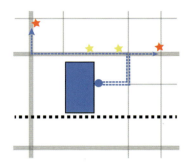

02 查阅规划文件

通过查阅规划文件将开发规范应用于公共交通系统影响范围内。

 数据源
- 基于总体规划/发展规划/综合规划的土地利用（如可行）
- 建筑法规
- 相关政策和标准

03 对现状进行基准情境评估

通过对现状进行基准情境评估来了解开发TOD项目的现有或期望水平，评估内容包括以下六方面。

车站区域特征
站点历史|人口|城市背景

开发状况
现有和规划用地|周边建筑物|土地所有权

可达性
步行和骑行网络|公共交通可达性|支线公共交通和接驳公共交通

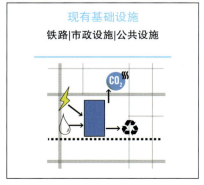
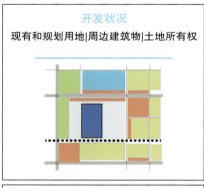
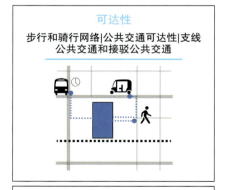

现有基础设施
铁路|市政设施|公共设施

城市设计
街道网络|建筑退距|建筑高度|建筑物形态|开放空间

停车
路侧停车|路外停车|合法和非法停车位|驻车换乘停车位

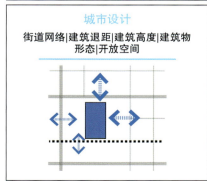

04 开展机遇和约束条件分析

通过开展机遇和约束条件分析来衡量使TOD地块开发项目更具包容性的开发措施。

需评估部分包括：
- 房地产潜力
- 出行机动性和流动性
- 混合土地利用
- 城市设计

05 准备地块开发备选方案

通过准备地块开发备选方案来确定地块最佳用途，并确定首选方案。

示例	示例	示例
优化连通性	优化用地组合	打造城市目的地

06 制订地块TOD概念性整体规划和城市设计方案

通过制订地块TOD概念性总体规划和城市设计方案，将地块开发项目转换为可实现的街道设计和建筑布局规划。

地块层级TOD规划的组成部分包括：
- 物理场地规划
- 建筑布局
- 内部道路规划
- 停车规划
- 景观规划
- 场地基础设施规划
- 分阶段实施计划

07 财务和实施战略

内容包括：
- 项目成本和收入
- 分阶段实施计划
- 机构框架

阿曼，马斯喀特

PD–H05

如何制定与TOD配套的分区法规

为政府制订或修订支持TOD模式发展的分区规划导则，包括针对步行活动、城市设计和停车限制等内容的修订

形式: 分步指南

免责声明：TOD知识产品旨在为TOD项目实施提供顶层框架，并指导城市在规划的所有阶段排除障碍。由于中低收入城市的情况不尽相同，TOD知识产品的应用必须适应当地需求和优先事项，并根据个案定制。©2018 International Bank for Reconstruction and Development/ The World Bank.

01 审查和评估现有法规

- 明确已失效、已过时、不利于TOD项目开发的，或在项目审批环节被取代的法规
- 评估现有容积率是否得到充分利用，这表明了市场需求和潜力
- 评估法规是否包括城市设计和步行可达

 数据源
- 基于总体规划/发展规划/综合规划的土地利用（如果可行）
- 建筑法规
- 相关政策和守则

02 让开发商参与改进规划开发的标准规范

组织多个开发商参加研讨会，以确定：
- 现有规划的缺点
- 哪些标准规范适用，哪些标准规范须改进
- 还需哪些新标准规范

03 评估并记录现状

基于干预措施的不同规模，了解现有或期望开发项目的特征，应包括以下六方面内容。

车站区域特征
站点历史|人口|城市背景

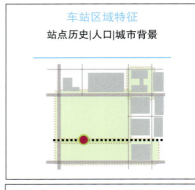

开发状况
现有和规划用地|周边建筑物|土地所有权

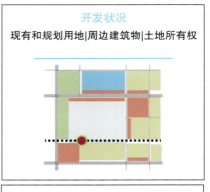

可达性
步行和骑行网络|公共交通可达性|支线公共交通和接驳公共交通

现有基础设施
铁路|市政设施|公共设施

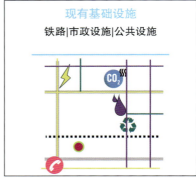

城市设计
建筑网格|建筑退距|建筑高度|建筑物形态|开发空间

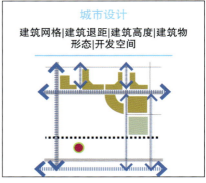

停车
路侧停车|路外停车|合法和非法停车|驻车换乘停车

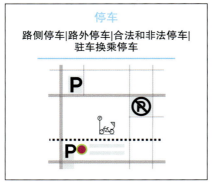

04 确立一系列多样化TOD分区类型

TOD区域	建筑形式	交通	特殊区域	其他
• 核心区域 • 主要区域 • 影响区域	• 建筑用途 • 地块大小 • 建筑高度 • 容积率	• 道路宽度 • 车道 • 道路类型	• TOD类型 • 文化遗产区 • 其他	• 地形 • 自然特征 • 自然/物理阻隔

05 更新/修订城市开发控制法规（DCRS）

尽可能替换现有规范或建立全新的支持公共交通的规范，至少包括：

→ 建筑退距
→ 地块宽度
→ 完整街道标准
→ 步行和骑行标准
→ 建议混合用地
→ 密度矩阵
→ 建筑临街面
→ 停车

参见 **PD-R01** TOD分区法规模板

可采取下列三种方式之一，将上述规范纳入法规体系。

方式1
在修订总体规划/发展规划/综合规划时加入TOD章节

方式2
制定TOD政策，作为取代现有法规的特殊法规

方式3
建立TOD影响叠加区，作为现有开发规划中的一个特殊区域

06 启动开发审查程序

- 将修订后的规划草案纳入：
  - 现有总体规划
  - 总体规划修订（如果正在进行）
- 遵循城市现有开发审核流程，包括：
  - 公众咨询
  - 向利益相关者介绍
  - 反对意见和建议阶段，寻求社区意见

07 TOD土地分区规划修订案公告

遵循城市现有法规修订流程。

哥伦比亚，波哥大

PD-H06

土地整合框架

通过规划引导土地整合,实行大规模TOD干预

形式: 分步指南

概 述

目的

城市扩张、填充开发或重建通常需要整合土地。这一过程中，原土地所有者或居住者自愿向政府或其他项目发起人贡献一定比例土地，并获得金钱、土地等形式的补偿。

背景

土地整合可在三类项目中开展，即绿地项目、填充项目和再开发项目。

绿地项目

在农田、郊区未使用土地等空地上整合土地。

填充项目

未充分利用土地或闲置土地有开发填充型TOD项目的巨大潜力。这些土地应整合为高密度服务区。

再开发项目

通过整合破败、闲置建筑的土地或位于衰败城市中心的土地来进行城市再开发。

免责声明：TOD知识产品旨在为TOD项目实施提供顶层框架，并指导城市在规划的所有阶段排除障碍。由于中低收入城市的情况不尽相同，TOD知识产品的应用必须适应当地需求和优先事项，并根据个案定制。©2018 International Bank for Reconstruction and Development/ The World Bank.

01 土地准备

公众参与

1 确定TOD区域

将距离车站5~10分钟步行范围定义为TOD区域。

2 识别土地权属

识别可用于整合计划的土地（不动产）。

 绿地开发
- 排除自然地物
- 根据桥梁、天桥等物理障碍合理化TOD区域边界

 城市填充开发
- 排除自然地物
- 包括未充分利用、空置和政府所有土地

 城市再开发
- 排除自然地物
- 包括破败、闲置建筑
- 包括衰败的城市中心区域

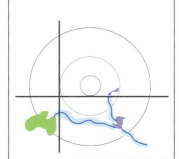
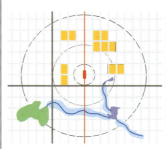
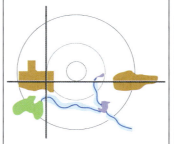

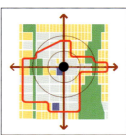

3 重新划定整合后的土地权属边界

基于以下参数，优化最终项目区域边界：
- 土地所有权的明确性
- 土地是否处于省/地区/国家规定的"禁止开发区"
- 所有者的共识
- 区域的相关法规

可通过以下方式将土地整合为更适合开发的形态：
- 土地交换
- 土地共享
- 土地收购
- 土地调整
- 转让开发权利

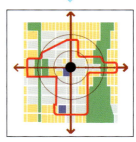

PD-H06　土地整合框架

TOD K P

02 准备土地整合规划方案

公众参与

分层考虑TOD要求，在土地整合区域范围内制订土地整合规划方案。以下是须考虑的TOD要求。

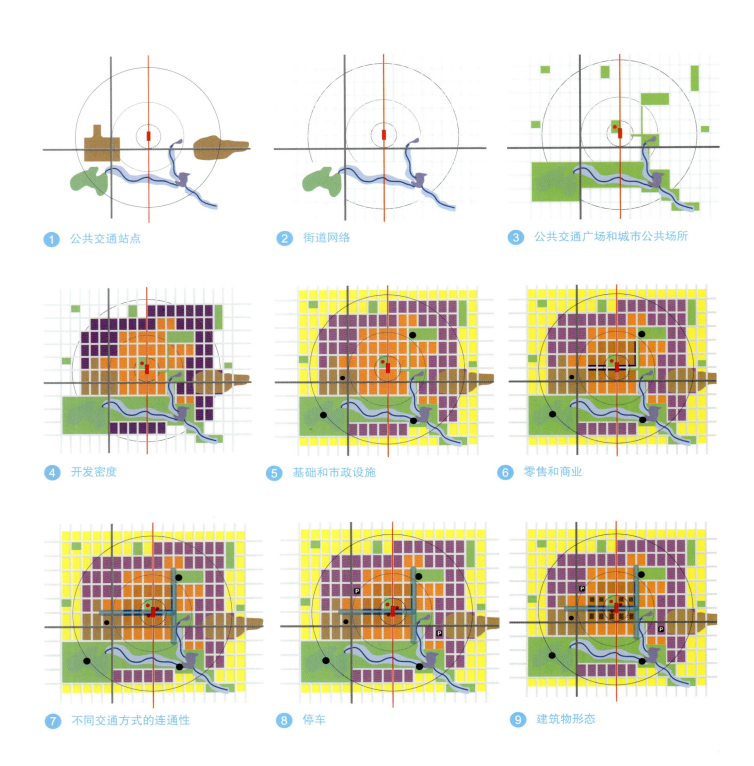

① 公共交通站点　　② 街道网络　　③ 公共交通广场和城市公共场所

④ 开发密度　　⑤ 基础和市政设施　　⑥ 零售和商业

⑦ 不同交通方式的连通性　　⑧ 停车　　⑨ 建筑物形态

03 确定项目交付模式

确定适合项目实施的交付模式。可分别在项目的不同部分采用公共和私人交付模式。

公共模式

要通过公共模式交付项目,应考虑以下步骤:

- 项目分阶段成本核算
- 确定项目融资来源,包括公共工程改善资金、公共住房、为开发项目融资的资本市场等

私人模式

要通过私人模式交付项目,应考虑以下内容:

- 构建公私合营或其他合作伙伴关系
- 如果项目由私人团体或社区组织承担,则必须制定法规以确保符合TOD开发规划
- 开发所需的公共工程成本估算

04 准备项目交付计划

根据需要准备项目交付计划,包括分阶段实施计划和建立支持、监管机构。

① 分阶段实施

项目交付应包括不同阶段,例如预规划阶段、规划和设计阶段、实施阶段、监测和评估阶段。可根据不同项目要求对各阶段进行调整。

参考: **IM-H02** 如何制订TOD时序策略

② 公告规范

将公告规范应用于开发,以下TOD原则必须纳入法规中。

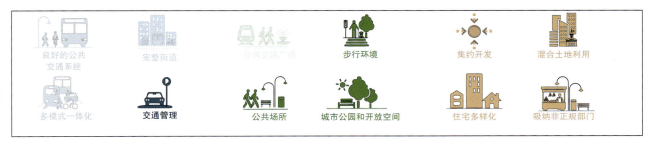

③ 建立管理机构或实施机构

根据所选交付方式,组建一个有完善问责机制的实施机构,确保开发项目的公平性,并最大限度地避免原居民被迫搬迁。

印度，浦那

PD-R01

TOD分区法规模板

供政府使用的法规层级条例指南模板，包括人行步道、各种土地利用类型、可渗透的城市设计、停车限制和共享停车等规定

形式: 参考文献

概 述

目的

为 TOD 项目建立适当的分区框架，对实现良好的城市设计和坚持面向公共交通开发的最佳实践至关重要。分区法规框架只有简明易行才能发挥作用。分区法规的编写流程必须与本地城市规划框架相符。多数中低收入国家城市的分区法规都遵循传统的欧几里得分区法规方法，或称单一功能分区法规，即基于用地规划定义的开发项目建筑建设标准。

传统意义上的欧几里得分区法规基于以汽车为导向的城市规划实践，并通过在空间中对不同用地类型进行隔离来管理其影响。由此导致了缺乏连通性的城市扩张，使较贫穷社区的人员尤其难以获得工作和其他机会。TOD 法规正是为扭转这一局面而生，它强调在公共交通系统周边进行紧凑的混合用途开发。因此，确保 TOD 项目成功的关键就是重新审视分区法规的内容。

本知识产品提供了基于行业最佳实践的资源。实践者应从所在城市的具体情况出发，参考应用下列资源。

资源

I 分区法规范例

以一些已将 TOD 分区法规纳入法定规划的中低收入国家城市为例，为全球范围内的 TOD 工作提供参考。

II 分区法规模板要素

阐释了 TOD 分区法规中常用的 TOD 要素。这些要素构成了 TOD 分区法规的基础。要了解如何将这些要素整合到您所在城市的分区代码中，请参阅详细模板。

免责声明：TOD知识产品旨在为TOD项目实施提供顶层框架，并指导城市在规划的所有阶段排除障碍。由于中低收入城市的情况不尽相同，TOD知识产品的应用必须适应当地需求和优先事项，并根据个案定制。

©2018 International Bank for Reconstruction and Development/The World Bank.

Ⅲ 分区法规模板

提供了两种类型的分区法规模板,可作为城市政府制定分区法规和条例的基础。

ⅢA 传统TOD叠加分区条例模板

该模板改编自"重新连接美国"(Valley Connections 2001)提供的公共交通引导型开发模型叠加区法规条例。它为城市提供了在现有基础法规框架上创建"TOD叠加区"的机会。位于TOD叠加区内的所有开发地块,必须遵循叠加区的相关规定,或有权选择按叠加区的规定进行开发。该模板应用于城市时,必须明确定义TOD叠加区,以免属性选择模糊。

ⅢB 基于形态的TOD分区法规模板

该模板改编自 the Smart Code Version 9.2(Center for Applied Transect Studies 2008)。该模板源于创新的基于形态的分区法规范例,依据站点区域类型指定建筑标准,而非规定用地类型。这类分区法规可用于更新或替代现有基地分区法规框架。位于特定类型站点区域的所有开发地块,均须遵守有针对性的基于形态的规则。该模板应用于城市时,必须清晰界定TOD站点区域类型及其边界,以免无法明确选择房地产项目。

基于形态的TOD分区法规是一种土地开发法规,它以建筑的物理形态(而不是隔离的用地功能)作为法规的组织原则,借此构建可预测的控制性规划结果和高质量公众参与。基于形态的法规不仅是规划原则,还可直接应用于城市、城镇或县级规划法规。基于形态的法规是传统分区规划的有效替代方案 (Form-Based Codes Institute n.d.)。

TOD站点区域分类工具是确定投资时间和地点的优先顺序、确定适用于不同层级公共交通社区的投资类型,并指导投资切入时间和规模的有效工具。TOD分类学通过一些共有特征,对整个城市中的众多公共交通社区进行分类(Salat and Ollivier 2016)。

参考文献

Center for Applied Transect Studies;. 2008. SmartCode Version 9.2. USA.

City of Johannesburg: Department of Development Planning. 2016. "Spatial Development Framework 2040 City of Johannesburg Metropolitan Municipality." Johannesburg.

n.d. Form Based Codes Institute. Accessed 8 18, 2018. https://formbasedcodes.org/definition/.

ITDP (Institute for Transportation and Development Policy) . 2008. "TOD Standard v9.3."

NRDA (Naya Raipur Development Authority). 2013. "Naya Raipur Transit Oriented Development Study." Naya Raipur. Consultant Report: IBI Group

Salat, Serge, and Gerald Ollivier. 2017. *Transforming Urban Space through Transit Oriented Development - The 3V Approach*. Washington DC: World Bank Group.

UD&UHD (Urban Development and Urban Housing Department). 2017. "Comprehensive General Development Control Regulation - 2017." Gandhinagar.

UTTIPEC (Unified Traffic and Transportation Infrastructure (Planning & Engineering) Centre), WRI India. 2014. Transit Oriented Development Manual – Delhi TOD Policy and Regulations Interpretation. New Delhi.

Valley Connections. 2001. Model Transit-Oriented District Overlay Zoning Ordinance. http://www.reconnectingamerica.org/assets/Uploads/bestpractice230.pdf, California: Community Design + Architecture, Inc.

分区规划范例

印度德里TOD政策和总体规划（2021）

关键因素

1 TOD 区

德里的TOD政策是在大容量公共交通走廊的影响区内构建的。2017年修订的《德里总体规划2021》将该影响区界定为公共交通引导开发区（TOD区），包括地铁公共交通走廊两侧500米的区域。总体规划将TOD作为重建战略，鼓励私人土地所有者重组和重建具有高TOD潜力的土地（WRI 2007）。

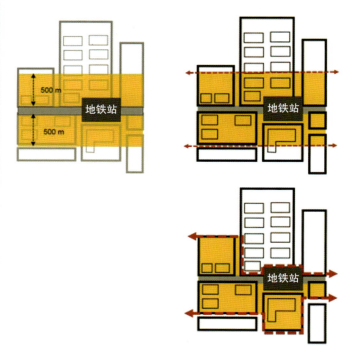

TOD影响区划分，德里TOD政策手册。来源：UTTIPEC，世界资源研究所印度办公室（2014）

德里

2 容积率与密度

规模等于或大于1公顷（独立或整合）的地块上的所有开发项目可达到更高的开发密度。在经济状况较差的地区，规定住宅用地的最小容积率（Floor Area Ratio，FAR）。作为TOD影响区内的再开发战略，该规划旨在鼓励土地集约开发。较大的地块需由德里发展局（Delhi Development Authority，DDA）独立规划，确保部分用地用于建设公共空间、公共交通广场等符合公众利益的公共设施。

3 混合土地利用

根据总体规划要求，无论主要用地属于何种类型，所有开发地块都至少要有30%用于住宅、10%用于商业、10%用于公共设施，并在符合最低居住面积的前提下尽量减小住房单元面积，以鼓励公共交通影响区内的经济多元化发展。较小面积的住房单元可增强购买者的选择灵活性，避免预算紧张。同时，预算宽裕者也可购买多个住房单元，并在家庭规模足够大时自行将它们组合起来。然而，这一要求在实践中最难满足，因为它大幅提高了开发强度，并增加了对基础设施和停车空间的要求。

4 路网

TOD片区须预留至少20%的土地用于道路建设，遵循中心线到中心线250米间距的行车路网密度、中心线到中心线100米间距的行人路网密度原则。这些道路将作为公共道路移交给当地政府管理，并由开发商负责运营且保证不会被其他用途侵占。

5 开放空间

至少20%的土地需用于建设公共绿色开放空间，遵循包容性原则。另有10%的绿地供私人使用。在小于1公顷的开发地块中，私人开放空间允许以普通露台、屋顶或平台形式出现。

6 公共设施

作为开发项目的配建部分，TOD项目必须提供学校和卫生设施等公共设施。

7 绿色建筑

根据印度绿色建筑标准，新建建筑需达到至少3星级或金级（3 stars or gold rating）。

8 交通影响评估

通过交通管理措施评估并缓解对交通的影响。

除上述规范外，总体规划还规定了TOD计划下的街道设计规则，旨在：

- 促进公共交通优先。
- 通过设计确保所有道路的使用安全性。
- 所有街道都要确保步行的安全性、舒适性和便利性。
- 确保所有道路使用者在各种气候条件下的出行舒适性。
- 保障所有街道使用者的可达性和使用便利设施的方便性。
- 减少城市热岛效应和自然雨水管理。

分区规划范例

印度艾哈迈达巴德综合发展规划（2017）

关键因素

1 智慧城市和 TOZ

TOZ（Transit Oriented Zone）为快速公交（BRT）走廊和地铁（MRT）走廊区域，该区域具有混合土地利用和高密度开发特征。除城市核心区外，TOZ 还可位于工业一般区、工业特殊区、SPD-2 科技园区和 GIDC 农业区。在艾哈迈达巴德城市发展局和邦城市发展厅联合推出的智慧城市项目示范区内，所有公共交通走廊两侧 200 米范围内都允许高密度开发。

序号	开发区用途/根据认证机构制订的开发计划	概念开发区用途	法规
（1）	（2）	（3）	（4）
38		智慧城市和 TOZ	SPD5

来源：内容修改自 UD&UHD（2017）

2 可开发区域和允许用途

综合开发控制规范允许在智慧城市和公共交通引导区内进行混合用途开发，鼓励开发住宅、商业和生态产业园。

序号	概念开发区用途	准则	可允许用途
（1）	（2）	（3）	（4）
33	特殊开发区—规划 1	SPD1	例如 GIFT 总体规划
34	特殊开发区—规划 2	SPD2	例如 SRFDCL 总体规划
35	特殊开发区—规划 3	SPD3	R1 类可允许用途
36	特殊开发区—规划 4	SPD4	R1 类可允许用途
37	智慧城市和 TOZ	SPD5	R1、C1、REZ 类可允许用途

来源：内容修改自 UD&UHD（2017）

3 容积率范围

在智慧城市和 TOZ 内,建筑单元的允许基准容积率(FAR)为 1.8,收费容积率可达 2.2,因此最大容积率为 4.0。

序号	开发区域		基准FAR	可收费FAR	最大允许FAR
(1)	(2)	(3)	(5)	(6)	(7)
1	城市区域—A	GM	2.25	—	2.25
2	城市区域—B	GM	2.00	0.5	2.5
3	城镇	GM	2.25	—	2.25
4	城镇周边	GME	1.5	—	1.5
5	TOZ	SPD5	1.8	2.2	4.0

来源:内容修改自 UD&UHD(2017)

教育和工业区(KZ)及可负担住宅区(RAH)各自允许的建筑单元容积率指标见下表。

规划用途	基准FAR	额外可收费 FAR 基于40%的当地规定地价	
		在 TOZ 内	在 TOZ 外
教育和工业区(KZ)和可负担住宅区(RAH)	1.8	2	0.9

来源:内容修改自UD&UHD(2017)

TOZ 区域内可额外增加 2 个单位的、价格为当地规定地价 40% 的容积率。

4 允许的地面开发

在满足建筑退距、公共区域等规划要求的情况下,做好预留后,剩余的所有土地均可用于建设建筑物。

5 停车

公共交通引导区内有商业用途的建筑单元(商业用途—1),其最低停车配建要求应为总容积率的 35%,且所需停车位的 20% 应对访客开放。

土地用途种类	最小停车需求	访客停车和备注
商业用途—1	总使用 FAR 的 35%	20% 的停车为访客停车
备注:为避免最大可允许 FAR 未完全使用,额外停车应满足未来拓建/额外开发需求		

来源:内容修改自UD&UHD(2017)

注意:TOD 实践愈发重视将停车指标由下限(最低)控制转变为上限(最高)控制

公共交通引导区的相关规定只有在综合发展管理条例最终确认 MRT 走廊后才会生效(2017,UD & UHD,Govt. of Gujarat)。

分区规划范例

印度赖布尔 TOD研究

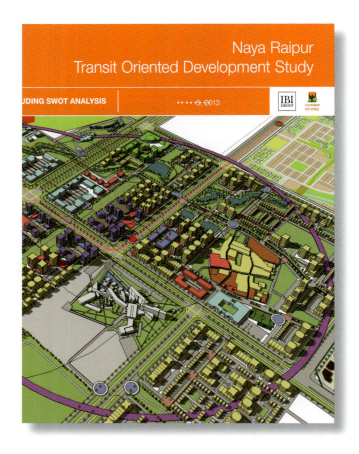

关键因素

1 多模式换乘公共交通站

在快速公共交通站点 50 米范围内应有接驳公共交通站。公交车站可位于公共交通站点内或街道旁。150 米内应有辅助公共交通系统（Intermediate Public Transport，IPT）站点。400 米内应提供非机动车停车位。附近应有适应不同需求的停车场。150 米内应有出租车上下客处。

全市范围内均须考虑布设 IPT 站点，市区内 IPT 站点 300 米覆盖率应达 100%；IPT 站台的位置设置应保证排队乘客队列不妨碍行人或非机动车通行，站台上应有清晰明确的排队指示标识。

2 互联街道模式

互联街道模式是一种传统的城市规划策略，可减少拥堵，鼓励多样化出行和混合用途开发。街区长度不应超过 200 米。

	道路总宽度（最小~最大）	相邻步行过街道间距的最大值
城市主干道		
主要	30~48 米（不包括绿化隔离带）	200 米
次要	24~36 米（不包括绿化隔离带）	200 米
区间道路		
地方街道	15~24 米	100 米
社区街道	12~18 米	100 米
共享街道	12~20 米	
服务车道	5~6 米	无

来源：内容修改自 NRDA（2013）

3 混合用地开发

多用途土地开发和紧凑用地模式允许居民步行上班或购物，不必依赖私家车满足所有日常需求。混合使用区（Mixed Use，MU）内的所有项目和站点均可有多种用途。应提供各种多用途、全天候开放的公共空间，例如公园等，以供不同年龄、收入水平和性别的人使用，还可帮助他们减少出行次数和里程。MU 内的选择性地块需要至少两种用地在垂直方向上混合。所有 TOD 项目中，不少于 50% 的临街面在垂直方向上应提供至少 2 种用途且时段不同的活动，以保证全天候的街区活跃度。所有住宅开发项目中至少须分配 20% 的容积率给面积不超过 40 米^2 的租赁或销售住房。

4 步行可达性

提倡步行优先，增强街区步行可达性，为行人创造舒适、安全、便捷的步行环境，使步行成为人们出行的有效选择。包括街道设计配套，例如公共交通站点附近的安全过街、步行区域彩色铺装、连续平整的人行道等。

步行街道设计

	步行交通标准
步行道净尺度要求	最小宽度：1.8 米
	最小高度：2.4 米
步行道	步行街上的步行道最小宽度：2 米
	商业/混合用途街上的步行道最小宽度：2.5 米
道边石	最大高度：150 毫米
步行过街道	最小宽度：3 米
	推荐的相邻步行过街道间距：100 米
可达性	坡道最大坡度：1:12
	坡道最小宽度：1.2 米
行人安全岛	最小宽度：2.5 米
行人安全岛短柱	最小间距：1.2 米

来源：内容修改自 NRDA（2013）

道路设计标准应适合步行需求。

行车道宽度：较窄的车道鼓励车辆慢速行驶；城市街道的行车道宽度不应超过 3 米。

转弯半径：减小转弯半径使车辆在转弯时减速；城市街道转弯半径不超过 4.5 米，主干道转弯半径不超过 7.5 米。尽量避免左转车道渠化。

路缘扩展：交叉路口常用的交通稳静措施，用以降低车辆行驶速度。

5 高密度开发

TOD 项目的开发范围应接近人的步行范围。混合开发街区的覆盖半径大约是站点周边 400~800 米的舒适步行距离。

步行设计变量控制

用地类型	最小地块覆盖率	最大地块覆盖率	最小容积率	最大容积率	最大高度	其他
住宅						
住宅类型 1						
住宅类型 2						
工业						
工业类型						
特殊工业						
类型 1						
类型 2						
商业—零售						
类型 1						
类型 2						
商业—批发						
类型 1						
公共/半公共						
类型 1						
类型 2						

最小临街面覆盖率

街道总宽度/米	最小临街面覆盖率（%）
>24	70
18~24	60
<18	0

来源：内容修改自 NRDA（2013）

分区规划范例

南非约翰内斯堡城市局空间开发规划框架（2040）

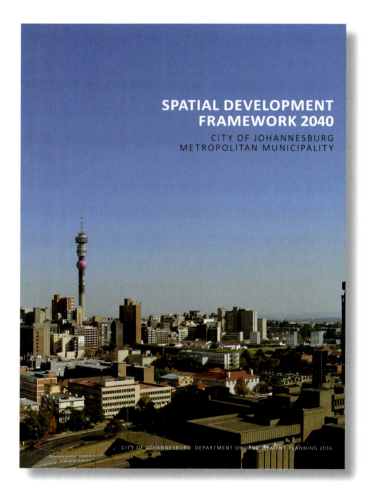

1 以基于形态的法规对现有规划标准进行补充

在约翰内斯堡引入基于形态的法规（Form-based Codes），作为地方或区域范围的空间政策，旨在：

- 补充而非替代传统分区工具，以获得更理想的建筑形式。
- 确定建筑环境应采取的形式和应采用的土地利用类型。
- 提供适用于特定领域的设计要求。
- 须考量特定环境需求，例如与街道的互动（商场和商业活动及底层渗透性）、高度、建筑物立面的互动作用、停车位置（路侧、地下停车，或其他不在街道与建筑物之间制造停车"缓冲区"的模式）、步行可达性以及对建筑环境共享愿景的贡献。

2 土地价值捕获

新开发所需基础设施可依据预计回报进行贷款融资。这种情况下，须考虑以下要素：

- 对地价上涨进行充分研究，并与财务专家和贷方协商，确保预测切合实际。
- 利用开发项目的地价增长额偿还基础设施贷款。
- 基础设施的还贷风险由私人开发商和城市共同承担，确保对实现项目目标的共同承诺。
- 将包容性社会回报（例如包容性住房和一定比例的公共空间）列为这类基础设施资金的要求。

3 TOD 枢纽

- 确认 TOD 规划的优先性，鼓励在整个城市范围内发展公共交通中心，以提供可负担住房、密集经济活动、公共交通、高品质空间、公共设施和社会服务。

约翰内斯堡

- TOD 枢纽是约翰内斯堡紧凑多中心发展模式的要素之一。公共交通站点不仅是连通各类公共交通系统的枢纽，还是地区经济增长的催化剂。公共交通站点应作为城市生活的出发地和目的地，以促进高密度、集约化的混合开发。
- TOD 枢纽是专门连接多模式公共交通设施的枢纽。理想情况下，TOD 枢纽还应提供与公共交通功能和规模相符的混合用途开发项目。混合功能区在公共交通可达的范围内提供了丰富的经济发展机会，从而使 TOD 区域有潜力提供高品质生活。
- 各类 TOD 枢纽的规模和功能不尽相同。规模最大的 TOD 枢纽由多模式公共交通系统构建。很多 TOD 枢纽以南非铁路公司（PRASA）的火车站为中心，其周边区域普遍尚未实现开发潜力。从地方角度看，BRT 车站能极大推动 TOD 区域实现开发目标。TOD 区域原则上不接受低密度、单一功能、一次性开发。

4 高密度法则

高密度法则的目标是遏制城市扩张，使大部分城市居民居住在靠近城市设施，尤其是公共交通基础设施、具有就业/经济机会的设施和社会基础设施的地区。

提供可负担、包容性住房的开发商可获准建设更高密度的住宅，这要求开发项目中的包容性住房必须提供给月收入低于 7000 兰特（相当于 95 美元）的家庭。这些家庭的月住房总开支（租赁或购买）不得高于家庭月收入的 30%。此外，还有按比例计算的容积率奖励，例如，若开发项目中有 30% 的住宅是包容性住房，则开发商可获 30% 的容积率奖励（以每公顷可建住房套数为单位），容积率奖励以 50% 为上限。一般情况下，开发项目中至少 20% 的住宅是包容性住房，才能获得 TOD 区域的开发资格。距离 Rea Vaya / BRT 站点 500 米步行距离内的 TOD 开发项目最小密度为每公顷 60 套住房。

5 土地调整

通过土地调整，毗邻地块的业主可将他们的土地整合后进行共同规划，也可出售其中部分土地以抵消开发成本。土地开发产生的成本和效益在公共机构、土地所有者和开发商之间分配。通常有部分土地用于基础设施或公共空间建设。公共部门可通过制订促进集体行动的激励措施来鼓励土地调整。

土地重新调整涉及改变业主间的法律关系，就像改变他们的物理关系一样，因此须考虑以下三个因素：

① 提供一个框架，以清晰和可预测的方式改变业主间的关系，从而产生共同（公共和私人）利益。

② 确保框架公正，并能公平对待包括私人土地所有者和广大市民在内的个人和群体，特别是低收入群体、妇女和其他弱势群体。

③ 须建立法律机制以解决选址、土地供给水平、土地估价机制、项目宣布后的土地销售和转让、处理争议、打击投机、土地分类、土地权利界定和分配、财务安排等一系列问题，为政府政策的实施提供载体。

6 住房

《空间开发规划框架 2040》提供了住房保障发展愿景、方法以及住房区位选择原则，包括为低收入人群提供的住房、政府建设的住房、非正规居住区、后院加建住房和包容性住房。城市中心区的开发目标是通过建筑物改建等方式，提供大量新的低收入住房和可负担住房，包括公租房。发展包容性住房，对确保城市居民在工作机会、公共交通等社会资源丰富的地方获得充足的住房至关重要。

分区法规模板的要素

容积率和密度

战略性地在城市范围内安排建筑容积率和密度，以确保紧凑型开发区域临近公共交通站点。容积率代表建筑形态的强度，是建筑物总建筑面积占开发地块土地面积的比例。容积率上限指标用于控制建筑密度。TOD 区域需要宽松的容积率指标，以安置更高密度的建筑物。

除容积率外，每公顷人数（Persons Per Hectare，PPH）或每公顷居住单元（Dwelling Unit Per Hectare，Du/Ha）等指标也可用于控制住宅密度。建筑密度还受建筑高度、层高、退距、地块覆盖率等指标影响。

混合利用

混合土地利用通过增加居民在步行距离内可达的零售、商业、公共服务、就业和娱乐服务，来提高土地利用效率。混合土地利用的规定体现在分区法规中的"允许的用地/建筑功能"和"不允许的用地/建筑功能"。允许的用地/建筑功能，例如街道和停车场，通过法规强制要求混合使用，以保证资源优化和共享。不允许的用地/建筑功能可防止以汽车为导向的开发，包括大型工业、汽车4S 店和墓地等。其他混合使用设计可参见 PD-R02 TOD 规划原则和设计指南。

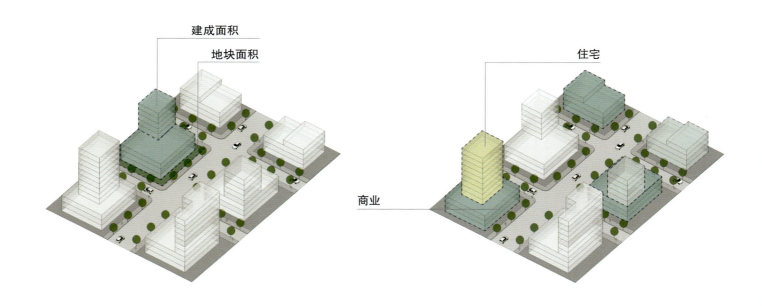

住宅类型多样性

在 TOD 区域或公共交通站点区域提供不同面积和类型的住宅，以维持公共交通站点步行距离内住房市场的可负担性。公共交通走廊或站点区域内住宅单元和类型的多样性，可通过包容性住房标准或可负担住房奖励等政策实现，例如根据开发项目的规模，要求配建一定比例的包容性住房单元，或通过提供容积率奖励/开发权转让来鼓励开发商建设包容性住房。其他激励措施可参见 FI-R01 开发激励。

街道网络

街道网络通过街区宽度和街道设计标准控制。地形、地貌、自然特征（例如水体、森林）和物理边界（例如铁路、道路和现有开发工地等）都可能影响街道网络标准。街区宽度控制旨在增加站点区域内每平方单位的道路交叉点密度，即区域中交叉点数量，它与街区大小相对——交叉点密度越大街区越小。小街区有利于步行。

街道标准还适用于私人开发项目或连接私人场所的公共街道。标准本身取决于道路类型和所需的服务水平，以及人行道、自行车道和交通稳静化要求的最小宽度。

其他街道设计原则可参见 PD-R02 TOD 规划原则和设计指南。

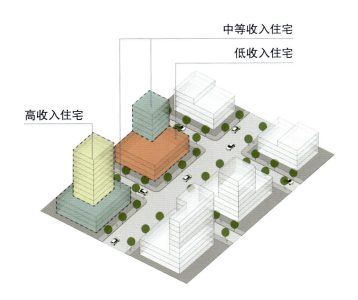

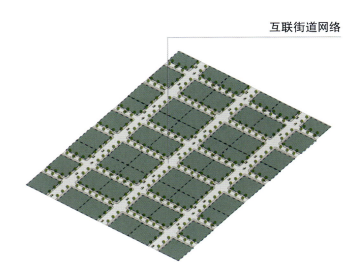

分区法规模板的要素

临街面

建筑物与街道之间的过渡区域特征由建筑物退距和临街面决定。在 TOD 区域或站点区域，建筑物退距应减小至零或浅退后，以形成清晰的街道边缘。建筑物应朝向行人，主要功能应沿人行道设置，而不是临停车场或在空白墙后方。最佳退距通常应满足消防、采光和通风需求。

临街面涉及建筑物相对街道的方向。通常要求建筑物立面占用沿街面的比例最小化。建筑物正面的某些部分可采用透明玻璃或店面等与街道互动。可在主要街道上提出强制性店面要求，以确保主要功能面向街道。

停车

应确保 TOD 区域或站点区域的停车需求合理化。根据具体发展情况和交通环境，允许灵活的停车场地供给。目前的趋势是从最低停车标准转向最高停车标准，并在确保遵守停车上限要求的基础上，引入调整因子来评估停车需求。共享停车标准和非捆绑停车指标可使停车设施利用率最大化。每个建筑区域的停车数量会影响最大开发密度，因此，只有减少停车需求或采用停车上限标准，才能支持更高的开发密度。

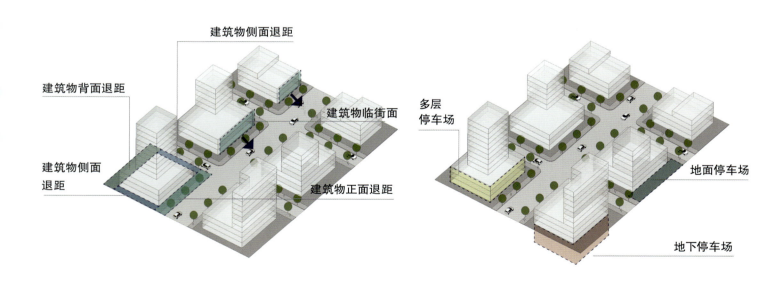

TOD模型分区法规模板

本模板改编自"重新连接美国"（Valley Connections 2001）提供的公共交通引导开发模型叠加区条例。它为城市提供了在现有基础法规框架上创建"TOD叠加区"的机会。位于TOD叠加区内的所有开发地块，必须遵循叠加区的相关规定，或有权选择按叠加区的规定进行开发。该模板应用于城市时，必须明确定义TOD叠加区，以免属性选择模糊。

原分区条例网址：http://www.reconnectingamerica.org/assets/Uploads/bestpractice230.pdf

1. 建设公共交通引导开发区（TOD叠加区）的目的

建设公共交通引导开发区的目的是鼓励在公共交通站点周围进行混合用途和高密度开发，提高沿公共交通走廊的公共交通客运量，促进汽车出行替代方式的发展，以减少对汽车的依赖，并缓解拥堵和污染带来的影响。本条例旨在通过创造行人、自行车和公共交通优先的环境来实现上述目标。这类环境通常在站点区域周边步行和骑行可达的范围内，具备紧凑的混合用地形态。

TOD通常以在现有开发区内进行填充或转化用途开发的形式开展。由于需匹配或支撑公共交通客运量，本条例中的规定在某些情况下与城市填充开发条例有所不同。

目标

建设TOD叠加区旨在：

- 鼓励人们步行、骑行或使用公共交通。
- 允许混合利用，创造吸引步行者的环境。
- 实现更利于步行和骑行的紧凑型开发模式。
- 为行人、骑行者和其他用户提供高水平设施，以营造舒适环境。
- 维持足够数量的停车位和汽车存量。
- 在建筑和城市形态中营造深度细节，为行人和骑行者提供更多有趣且多样化的活动。
- 鼓励站点周围全天候24小时开展公共活动。
- 确保足够的员工、居民和游客密度，以支持公共交通系统。
- 相对较高的公共交通出行分担率。

引入TOD叠加区

按TOD原则建立，通过鼓励紧凑型混合用途开发，为交通走廊的混合用途和更高密度开发提供机会。除保护区和特殊地区外，TOD叠加区的规则优先于基础分区原则。鼓励在交通走廊和站点区域开发更多地面空间，以促进实现公共交通引导的、可持续的高密度化。TOD叠加区内的发展应基于"以公共交通引导"的概念，在公共交通走廊的步行和骑行距离内，为最大数量的人提供居住、工作或娱乐机会。TOD叠加区内的开发项目应具有单独的密度和开发规则。TOD叠加区将在城市中接驳公共交通连通性最佳的地区营造高密度环境。公共交通友好型城市的设计经验可应用于TOD叠加区。

定 义

下列定义仅适用于 TOD 叠加区。

附属单元（Accessory Dwelling）

与主要住宅单元位于同一地段的"次要"或从属单元。

出入通道（Access Way）

连接行人和目的地的正式道路、人行道或其他物理连接。

透明窗户（Clear Window）

有 100% 可见度的玻璃窗户。

商业停车设施（Commercial Parking Facility）

营利性停车楼或地面停车场，且停车不是该建筑的主要用途。不包括公共交通站点周边用于驻车换乘的停车场。

紧凑型开发（Compact Development）

一种规划理念，即利用场所设计和城市设计技术，减少提供一定数量的建筑用途所需的土地规模。对 TOD 而言，紧凑型开发有助于改善公共交通。

密度（Density）

衡量单位区域（英亩、平方英尺、平方英里等）内可容纳人口、建筑面积、住宅单元数量的指标。本条例中的密度指毛密度，即区域面积包括相应地块中用于建筑、庭院、停车场的面积，以及地块相应街道的路面面积的一半。

免下车服务设施（Drive-Through Facility）

使驾车者不下车即可完成商品或服务交易的设施。

建成楼面（Finished Floor）

完成包括铺装在内的所有施工步骤的楼面。

容积率（Floor Area Ratio，FAR）

总建筑面积与相应地块面积之比。例如，容积率 0.5 相当于每 2 英尺^2 地块有 1 英尺^2 的建筑面积。

临街面（Frontage）

建筑物与公共道路相邻的边界。

梯度（Gradient）

密度、高度、土地使用类型等指标的阶段性或连续变化。

绿色通道（Greenway）

由单一或一系列植物构成的、天然的或人造的线性走廊，可提供主动或被动型娱乐场所，也可作为敏感区域的保护区，禁止人类活动。绿色通道通常与河岸系统相连，包括交通走廊。

人本尺度（Human Scale）

与人体的尺度一致的大小和比例，例如 16 英尺灯柱与 30 英尺灯柱的对比，或由纵向带框窗户构成的立面与由连续且无框窗户构成的立面的对比。

地块内部（Interior of Lot）
地块中不与公共道路或私人出入通道相邻的部分。

工作居住两用单元（Live-Work）
可用于商业活动的住宅单元，且住宅所在的建筑中至少有50%的楼面面积用于商业用途。

主要人行流线（Major Pedestrian Route）
供符合本节定义的"行人"使用的主要路线或空间。

混合用途（Mixed-Use）
在单一地块或多个相邻地块中提供多种互补的土地利用类型的开发。单一地块可在水平或垂直方向布局不同用途。多种用途的互补可支持全天候活动。

开放空间（Open Space）
私有或公共的未开发土地区域。开放空间可能在未来保持开放，也可能被开发。

停车楼（Parking Structure）
位于地面或地下的单层或多层车库，区别于地面停车场。

驻车换乘停车场（Park-and-Ride Lot）
主要为搭乘公共交通工具者或拼车者提供的停车场。这类停车场通常为公共交通机构拥有或运营，或由公共交通机构与其他实体合营。

路外停车（Parking，Off-Street）
位于地块内，非公共或私人道路上的正规或非正规停车区域。

路侧停车（Parking，On-Street）
位于公共或私人道路路面，非地块内的正规或非正规停车区域。

行人（Pedestrian）
行人指在公共场所行走、就坐、站立或使用轮椅的人，包括儿童、青少年、成人、老年人、残疾人、工人、居民、购物者、人物观察者等。

步行活动（Pedestrian Activity）
多个以步行为主要行动方式的人聚集在一定区域内。

行人导向设计（Pedestrian-oriented Design，PeD）
强调行人通行便利、舒适、视觉趣味性强的社区、邻里、街景、地块和建筑设计。公共交通引导的设计是一种特殊类型的行人导向设计，通过设计和土地开发强度支持使用公共交通。

人行道路（Pedestrian Way）
以步行为主要用途，也可容纳骑行的线性空间。

凉棚架道（Pergola）
带可供攀爬类植物生长的屋顶或花架的通道。

柱廊（Portico）
带顶棚、通常由圆柱支撑、通往建筑物入口的门廊或走道。

门廊（Porch）
附于建筑物外部的开放或封闭空间，通常作为建筑物入口外的半公共空间。

主立面（Primary Front Facade）

建筑物最重要的立面，通常朝向公共或私人街道，或行人通道。

退距（Setback）

建筑物立面与其所在地块的物业线之间的距离。

共享停车位（Shared Parking）

满足两种或以上高峰需求时间互补的停车用途的停车位。

站点区域（Station Area）

位于公共交通站台附近（例如 300~500 英尺）的 TOD 核心区域。

临街面（Street-Facing）

建筑物面向公共或私人街道的立面。

公共交通引导开发（Transit-Oriented Development，TOD）

以在公共交通站点周边布局多种用地类型为特征的开发模式。此类公共交通平台往往具有连通性高、街区小、街景和建筑设计从行人角度出发等特点。

公共交通站台（Transit Platform）

公共交通机构指定的、专用于公共交通工具候车和上下车的区域。

公共交通站（Transit Station）

为公共交通机构所有的、服务于公共交通运营的区域，包括公共交通站台。

公共交通街道（Transit Street）

包含公共交通线路的街道。

透明（Transparent）

能轻易看到另一侧物体的表面。

视觉通透性（Visual Permeability）

使观看者可透过物体看清另一面，例如窗户和开放式围栏。

步行半径（Walking Radius）

行人从一点出发愿意步行到达的距离，受路障情况、步行环境和目的地可用性等影响。

2. 基本准则和使用范围

　　_____市的公共交通引导开发（TOD）叠加区适用于本市于_____（年/月）生效的官方土地分区规划地图所特别界定的区域，通常是在公共交通站台800米步行半径（或距离）内的区域。该区域内的所有土地利用类型和开发项目，包括但不限于建筑、道路、停车区域、景观设计、小巷、绿带以及步行道和骑行道，均需按以下规定进行布局和开发。上述TOD准则不适用于在本条例施行前已获批的项目和建筑。

3. 与基本分区规则不一致的情况

　　当基本分区规划或其他条例和规定与TOD叠加区的标准不一致时，TOD规则适用于特定TOD区域。

4. 允许的土地利用类型

在 TOD 叠加区内可采用的开发类型见下表。

	零售	办公楼	工业	混合用途	住宅 （>7 单元/英亩）	住宅 （<7 单元/英亩）
零售/商业						
便利零售						
零售和服务业						
酒店						
混合用途						
居住工作混用						
混合用途						
办公楼						
专业服务						
其他办公楼						
公共设施						
日托所						
邮局						
学校和社区中心						
政府办公楼						
医院/诊所						
运动设施						
住宅						
独栋住宅						
联排住宅						
公寓楼						
附属单元						

5. 禁止的土地利用类型

TOD叠加区内禁止以下土地利用类型：

- 船舶经销、转销、维修和租赁。
- 建材、食品、饮料、餐厅物资等的批量零售和批发。
- 洗车。
- 公墓。
- 冷库。
- 商业设备和建筑设备的销售、服务和租赁。
- 免下车商业设施。
- 户外货物展示或存储。
- 殡仪馆和停尸房。
- 加油站配套业务，例如小型超市、速食和杂货销售。
- 高尔夫球场，包括迷你高尔夫球场。
- 建筑面积超过50000英尺^{2}的杂货店。
- 大型商业服务。
- 燃料销售。
- 垃圾场和机动车报废场。
- 犬舍（兽医诊所自带的除外）。
- 工厂预制房屋销售。
- 机动车经销、转销、维修、租赁，机动车服务站，包括油液服务、轮胎和消声器拆装服务，钣金厂或其他汽车服务，但不包括不提供现场拆装服务的汽车零配件销售。
- 苗圃或温室。
- 房车公园、活动房屋公园或其他露营地。
- 固体废物转运站。
- 电信或互联网基站。
- 拖车服务。
- 货车停靠及相关用途（获许可的商业用途相关的装卸服务除外）。
- 建筑占地面积超过_____英尺^{2}的用途（具体面积限制可依地块与公共交通站台的距离而定），公共设施和运动设施除外。
- 仓储或小型仓储（室内和室外）。

6. 允许的土地利用类型的开发标准

退距和沿线修建

非住宅和混合用途的退距和沿线修建要求（适用于新建）

TOD叠加区内所有非住宅和混合用途项目，均需满足下表所示退距和沿线修建要求。

非住宅和混合用途的退距和沿线修建要求

与站点距离	建筑物退距上限
0~150 米	
150~400 米	
400~800 米	

顶棚、柱廊、门廊、（开放式）自行车停车位和建筑物临街面的小型附属结构可设在退后区内。

住宅的退距和沿线修建要求（适用于新建）

TOD叠加区内所有住宅项目，均需满足下表所示退距和沿线修建要求。

住宅的退距和沿线修建要求

与站点距离	建筑物退距上限
0~150 米	
150~400 米	
400~800 米	

密度、尺度、限高等的规则

密度

非住宅和混合用途密度要求

TOD叠加区内的新建非住宅和混合用途建筑需满足下表所示的容积率下限要求，但不可高于基本分区规划规定容积率的125%。

非住宅和混合用途的密度要求

与站点距离	容积率下限
0~150 米	
150~400 米	
400~800 米	

住宅密度要求

TOD叠加区内的新建住宅需满足下表所示的容积率下限要求，但不可高于基本分区规划规定容积率的150%。

住宅的密度要求

与站点距离	容积率下限
0~150 米	
150~400 米	
400~800 米	

建筑限高

TOD 叠加区内所有新建和改建项目，均需满足下表所示高度限制。

建筑限高

与站点距离	建筑限高
0~150 米	
150~400 米	
400~800 米	

地块覆盖率

TOD 叠加区内的新建项目须不超过下表所示地块覆盖率上限与基本分区规划中地块覆盖率上限中的较高者。

地块覆盖率

与站点距离	地块覆盖率上限
0~150 米	
150~400 米	
400~800 米	

建筑临街面和其他立面

TOD 叠加区内的建筑须遵循下表所示规则，最大化临街面和面向开放空间的立面，以创造步行友好环境。

建筑临街面

与站点距离	建筑临街面宽度占地块临街面宽度的比例的下限
0~150 米	
150~400 米	
400~800 米	

建筑临街立面不少于 50% 的宽度应为透明窗户。空白墙面不得超过非住宅类建筑主临街立面宽度的 30%、住宅类建筑的 50%。连续空白墙面宽度不得超过 6 米。

建筑入口

毗邻公共交通站台、站点、公共交通街道或主要步行道路的建筑，至少有一个入口要面向这些站台或街道。应在建筑入口与站台、街道之间铺设人行道。

住宅门廊净深不应少于 2 米，面积不应低于 4.6 米^2。

7. 街道和人行道管理

最小宽度

TOD叠加区内的人行道应提供宽度不低于75厘米的净流通空间，对密度低于12单元/英亩的住宅，人行道宽度标准为1.8米。

人行道的私人使用问题

禁止使用人行道存放物品。餐饮店铺的户外座位，以及鲜花销售、小贩、食品饮料摊位等以行人为导向的活动可在人行道上进行。户外酒精饮料销售应与公共空间隔开。存在私人使用问题的人行道仍应保留至少8英尺宽的通行道。

标牌管理

TOD叠加区内的新标牌应遵循本节所述标准。标牌不得使人行道的净宽减小至2.5米以下。不透明标牌不得使临街窗户的视觉通透性低于前述标准。

8. 停车和卸货区管理

基于楼面面积或住宅单元面积和用地类型的机动车停车设计标准

TOD叠加区内的新开发项目需按下表所示标准配备停车位。表中罗列的是停车位上限，包括路侧停车位和路外停车位。

各种用地类型的机动车停车位"上限"要求

零售/商业	
银行	每_____米² 毛建筑面积1个车位
酒吧/夜店	每_____米² 毛建筑面积1个车位
供早餐的旅店	每个房间/套间1个车位
书店	每_____米² 毛建筑面积1个车位
便利店	每_____米² 毛建筑面积1个车位
干洗店	每_____米² 毛建筑面积1个车位
餐饮店	每_____米² 毛建筑面积1个车位
酒店	每个房间/套间1个车位
混合用途	
工作居住混用	每个住宅单元1.25个车位，每个不住店的员工1个车位
混合用途	每_____米² 毛建筑面积1个车位
零售和服务业	每_____米² 毛建筑面积1个车位
办公楼	
专业服务办公室	每_____米² 毛建筑面积1个车位
其他办公室	每_____米² 毛建筑面积1个车位
公众设施	
日托所	每个员工_____个车位
政府办公楼	每_____米² 毛建筑面积1个车位
医院/诊所	每_____米² 毛建筑面积1个车位

博物馆	每_____米² 毛建筑面积 1 个车位
邮局	每_____米² 毛建筑面积 1 个车位
中小学	每个教室_____个车位 +10 个车位
高中或大学	每个学生或教职工 1 个车位
运动设施	每_____米² 毛建筑面积 1 个车位
剧院	每座_____个车位
宗教祭祀场所	每座_____个车位
住宅	
小型单元	每间单元_____个车位
一居室	每间单元_____个车位
两居室	每间单元_____个车位
三居室	每间单元_____个车位
附属单元	每间单元_____个车位
公寓	每个房间_____个车位
老年护理院	每床_____个车位
老人住宅	每床_____个车位
工业	
制造业 / 轻工业	每_____米² 毛建筑面积 1 个车位

公共交通社区	城市核心区（CBD）	填充式社区	新住宅区
里约热内卢（巴西）	孟买教堂大门（印度）	博帕尔（印度）	危地马拉城（危地马拉）
主要是住宅区，方便进入区域中心和次区域中心	重要经济、社区和文化活动中心，以及区域规划的零售业目的地	主要位于核心区和老城区外的住宅区	主要位于核心区和老城区外的住宅区，可轻松进入核心区
有潜力发展社区和区域服务零售，但应考虑与需求的平衡，避免与周边"目的地型"零售产生冲突	高密度，超过75%的商业用途适当混合其他用途，例如机构和5分钟步行半径（400米）内的住宅	中等密度到高密度，以住宅、中等规模商业、公共/半公共和社区设施为主	中等密度到高密度混合，以住宅为主，配有商业和社区设施
引入可负担住房，增加公共交通乘客量，为商业活动和非正规市场提供更多机会，以满足住户需求	将高密度住房融入现有商住组合，支持当地服务、零售业，并改善与公共交通的连通性和可达性	整合新住房，支持当地服务、零售业，改善与公共交通的连通性和可达性	扩大当地服务、零售业和高密度住房的机会
可供开发的土地较稀缺	以填充式开发和改造用途土地为主	可供开发的土地非常稀缺	可供开发的土地存量合适

注意：本表所列要求均须根据当地情况进行调整。		换乘枢纽	就业中心	目的地节点	公共交通社区
a.	住宅基础密度				
	每公顷住宅套数				
b.	街区尺度				
	街区周长				
c.	道路系统				
	主干路				
	次干路				
	支路				
	社区街道				
	自行车设施				
	行人导向街道				
	共享街道				
d.	公众空间				
	公园				
	绿地				
	广场				
	小广场				
	运动场				
e.	地块特征				
	地块宽度				
	地块覆盖率				
f.	开发标准				
	楼高下限				
	楼高上限				
	层高上限				
	层高下限				
g.	（主建筑）退距				
	正面退距				

城市核心区（CBD）	填充式社区	新住宅区	基线标准		
			高	中	低
			高密度适用于车站服务范围500米内	中等密度适用于车站服务范围1000米内	低密度适用于车站服务范围1000米外
			150米	130米	110米

阿拉伯联合酋长国,迪拜

PD-R02

TOD规划原则和设计指南

一系列详细的用于制订不同层级TOD规划的规划原则和设计要素

形式：参考文献

TOD设计原则框架

公共交通（交通系统） 多样化的交通方式（公共交通、步行、骑行、私家车和出租车等）、基础设施和便利设施（车道、停车位、公共交通站、车站和人行道等），使城市居民通过任何交通方式都能安全、便捷、舒适地出行。 **有导向的（开放空间）**

免责声明：TOD知识产品旨在为TOD项目实施提供顶层框架，并指导城市在规划的所有阶段排除障碍。由于中低收入城市的情况不尽相同，TOD知识产品的应用必须适应当地需求和优先事项，并根据个案定制。

© 2018 International Bank for Reconstruction and Development / The World Bank

开放空间（广场、露台、公园和人行道等）是交通基础设施与建筑之间的过渡。开放空间既可以是公共财产，也可以是私人财产，但设计时应对所有人友好，并具有一定吸引力。

开发（建成环境）

已建成区域，主要是私人所有的地块开发，可提供不同形式的居住、就业、交通等用途。在TOD模型中，建筑应与周围的开放空间关联，从而激发开放空间的活力，并通过高密度来确保公共交通客流量。

公共交通（交通系统）要素

良好的公共交通系统 — T1: 鼓励高质量的车站建筑和公共空间，对周围建筑环境保持敏感，必须提供包括零售在内的便利设施，以确保舒适无缝的通勤体验。

多模式一体化 — T2: 确保各类交通方式、系统和路线间的无缝衔接，考虑与进出站相连的所有出行方式、所有乘客与载客能力间的匹配。

完整街道 — T3: 提供公平路权分配，确保所有使用者，包括行人、骑行者、汽车驾驶者和轨道交通乘客，都能安全使用街道。

交通管理 — T4: 在公共交通站点周边引入道路安全限速策略，管理交通需求和停车需求，使乘客尽可能选择可持续交通方式出行。

有导向的（开放空间）要素

公共交通广场

O1 在公共交通站点周边采用包容性强、尊重周边环境的建筑和景观设计，以促进多样化公共活动。

步行环境

O2 专注于提供连续且吸引人的步行环境，提供一系列步行友好设施，并构建步行网络，改善行人步行体验。

公共场所

O3 通过巧妙的景观和建筑设计，在步行层级上提供高观赏价值公共场所，鼓励人们使用公共场所、激发街道活力。

城市公园和开放空间

O4 在居民步行5分钟的范围内营造绿地、运动场、公园和广场等开放空间。

T1

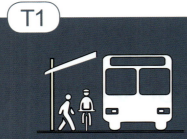

良好的公共交通系统

鼓励高质量车站建筑和对周围环境敏感的公共场所，必须提供包括零售在内的便利设施，以保障舒适无缝的通勤体验。

风险与缓解措施

- 公共交通运营机构对公共交通基础设施的建设地点，以及相应的TOD开发潜能有很强的发言权。远离就业和居住地区的公共交通站点通常成本较低，但也在前期降低了TOD的效果。
- 公共交通站点的规划设计通常由公共交通机构自行决定，不会考虑与其他机构的协同，也不会顾及结合车站建设推动周边交通用地一体化。
- 公共交通站点的设置必须与促进私人开发协同。

休闲购物BRT站，巴西里约热内卢

1. 从开发环境出发设计公共交通系统

- 公共交通走廊应与当前或规划的城市足迹相邻。市政官员需评估哪里有足以维持公共交通运行的出行需求，或基于用地和交通综合规划的发展潜力，将首级和次级公共交通系统布局到这些地区，以创造并满足需求。

  -模块4: TOD设计要素, WRI, 2015

- TOD走廊应以整合尽可能多的公共交通系统为设计目标，以创建更强大的公共交通网络，但并非走廊上的所有站点都要有相同的交通模式和运力。公共交通方式的选择取决于各种因素，包括是否靠近城市中心、居住中心和经济中心。

  -模块4: TOD设计要素, WRI, 2015

- 规划TOD走廊时，有必要根据当前和预测的经济状况了解每个站点的需求。这有助于优先开发需求最大的站点。

  -模块4: TOD设计要素, WRI, 2015

- 对备选出行方式进行分析，以确定采用最有效和最节约成本的模式。
  - 单向断面客流量超过2000人/时，应考虑采用快速公交（BRT）。

    -TOD指导文件, MOUD, 2016

  - 单向断面客流量超过15000人/时，应考虑采用地铁。

    -TOD指导文件, MOUD, 2016

+ 可参考的其他原则

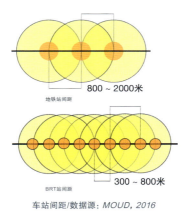

车站间距/数据源：MOUD, 2016

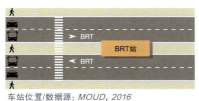

车站位置/数据源：MOUD, 2016

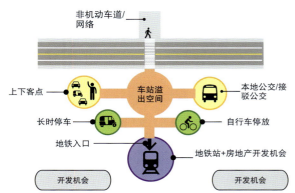

公共交通站点的多模式一体化/数据源：MOUD, 2016

2. 创造无障碍活动空间

- 距离最近的BRT站的最大可接受步行距离为1000米。对接驳快速公共交通系统5公里范围内的高频次支线公共交通系统站点，最大可接受步行距离为500米。

  -TOD准则，ITDP, 2017

- 换乘站的设计应与快速公共交通服务连接，保持迅速、便捷和普遍可达。

  -TOD准则，ITDP, 2017

- 除多样化外，还应努力使各类公共交通服务实现一体化，这可通过跨系统的一体化票价系统等措施来实现。应方便各种公共交通方式之间的换乘，并通过适当的运输组织，保障更高质量、互补性和完整性的公共交通系统网络。

  -模块4: TOD设计要素，WRI, 2015

3. 为客户提供适宜环境，提高舒适性、安全性和信息透明度

- 便捷：在换乘站开发零售业，提供食品、饮品和生活服务，例如银行或干洗店。
- 舒适性和安全性：换乘站应提供舒适、安全的空间和候车设施，例如卫生间和安全的自行车存放处。
- 信息：在车站提供高水平信息服务，例如客服中心、即时资讯显示器、WiFi和电子设备充电设施。

  -改编自交通节点导则，Metrolinx, 2011

+ 可参考的其他知识产品

 A01, A02, H02, P02

 C01, C02, H01, R01, P01

 H01, H02, H03, R03, P01

 A01, A02, H01, H02, R01, R02, R03

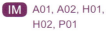 A01, A02, H01, H02, P01

T2 多模式一体化

确保各类交通方式、系统与路线间的无缝衔接,考虑与进出站相连的所有出行方式、乘客和载客能力间的配合。

风险和缓解措施

- 不同公共交通方式由不同运营机构负责,往往缺乏协作,对发展一体化无缝交通形成阻碍。
- 设立一个多机构合作的平台机制,解决从路线规划到具体运营等相互关联的各层面公共交通一体化问题。

MG路地铁站的非正规交通,印度德里

1. **设计高效一体化出行方式,创造乘客无缝换乘体验**

- 协调本地支线公共交通时刻表和路线,以减少候车时间,实现本地公共交通、区域公共交通和快速公共交通之间的无缝衔接。
- 采取公共交通优先措施,确保大运量公共交通能高效进出站区。传统公共交通、辅助公共交通和自行车等交通方式的站点间距应在200米内。

到车站出口的步行距离	设施/服务及其首选地点
100米内	公交车站、自动售货机区域、便利店、单车租赁站、高使用率接驳站、公共卫生间、行人专用广场
100米外	汽车落客区、供地铁乘客使用的(汽车或自行车)停车场
500米内	三轮车、自行车停放站;辅助公共交通、拼车服务、机动三轮车站的站牌;良好的照明设施、适当的标志标线、明确的换乘路牌;任何两种大运量快速公共交通方式(火车、地铁、快速轨道交通等)的交汇地

+ 可参考的其他原则

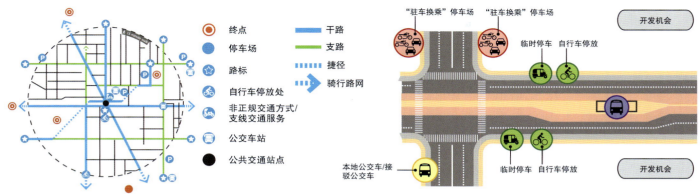

公共交通站点周边的各种抵达和行动方式/数据源: MOUD, 2016

公共交通站的多模式运营/数据源: MOUD, 2016

2. 关注首末公里（FIRST AND LAST MILE）连接需求

- 所有机动车道总宽度超过10米的道路两侧都应设置宽度不小于2米、带有物理隔离的自行车专用道，同时还应根据行人交通流量提供适当宽度的步行道。

    -TOD指导文件,
    MOUD, 2016

- 在公共交通站点出站口步行距离150米内提供指定辅助公共交通停车点。

    -TOD指导文件,
    MOUD, 2016

- 在道路交叉口附近设置1.5米宽的人力载客自行车及三轮车停车位。

    -TOD指导文件,
    MOUD, 2016

- 行人过街平均等待时间不超过45秒。

+ 可参考的其他知识产品

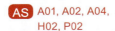 A01, A02, A04, H02, P02

 C01, C02, H01, R01, P01

 H01, H02, H03, R03, P01

 A01, A02, H01, H02, R01, R02, R03

IM A01, A02, H01, H02, P01

T3 完整街道

提供公平路权分配,确保所有使用者,包括行人、骑行者、汽车驾驶者及轨道交通乘客,都能安全使用街道。

风险和缓解措施

- 解决现有建筑环境中不同用户群体对空间的竞争需求。竞争往往导致可用空间缺乏,使完整街道失效。
- 不同机构对街道改造升级工作的不同步阻碍了完整街道的实现。
- 优先考虑其他有助于实现完整街道目标的支持措施,例如交通管理、提倡步行和骑行,可多措并举。
- 不同机构间的协同可降低项目各阶段风险。

W Pender街与Hornby街,加拿大温哥华

1. 对完整路权进行设计

- 应在所有城市主干道和支路上设置宽度不小于1.8米的多用途区(Multi-Utility Zone, MUZ),以容纳公交车站、街道设施、绿植、雨篷、辅助公共交通、网约车上下客、非机动车停放和付费临时停车等。

    -改编自TOD指导文件, MOUD, 2016

2. 平衡各种交通方式与不同乘客需求

- TOD站点500米范围内的机动车道宽度不得超过30米,总规中另有明确说明的除外。

    -改编自TOD指导文件, MOUD, 2016

- 低速机动车道(低于30公里/时)的行车道最佳宽度为单向3米,双向4.5米。

    -改编自TOD指导文件, MOUD, 2016

- 除本地低速路外,在所有道路上设置受保护的自行车专用道,单向宽度至少3米。

    -能源基金会, 2012

+ 可参考的其他原则

T1　T2　**T3**　T4　　O1　O2　O3　O4　　D1　D2　D3　D4

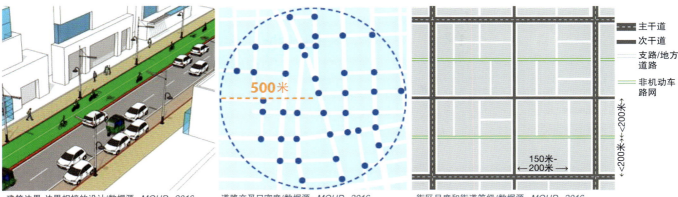

建筑边界-边界相接的设计/数据源：MOUD, 2016　　道路交叉口密度/数据源：MOUD, 2016　　街区尺度和街道等级/数据源：MOUD, 2016

3. 根据周边土地用途设计街道
- 路幅宽度超过12米的道路两侧应各设置一条连续、无障碍人行道。毗邻商业、混合用途的人行道宽度应为2米，购物中心前的人行道宽度应为2.5米，公交车站前的人行道宽度应为3米，高密度商业用地周边的人行道宽度应为4米。

  -改编自TOD指导文件, MOUD, 2016

- 建筑立面设计应纳入街道设计中。
- 建筑临街立面应尽可能对公众开放。

4. 开发互连细密道路网，与公共交通站直连
- 街区尺度应尽可能最小化，避免不适宜的超大街区。大街区往往会阻碍步行，使行人直观感觉两点间距离较远。推荐的街区尺度为150~200米。

  -改编自TOD指导文件, MOUD, 2016

  -模块4: TOD设计, WRI

- 由自行车道、行人道等慢行交通街道所包围的街区面积不应超过2公顷。在已建成地区，通过更新规划分割面积超过2公顷的街区来提供行人通道。

  -改编自TOD指导文件, MOUD, 2016

- 行人友好型城市的建议交叉路口密度：每平方公里50个。

  -改编自TOD指导文件, MOUD, 2016

- 道路等级划分：
  o 主干道：50~80米宽，50公里/时
  o 次干道：30~50米宽，50公里/时
  o 支路：12~30米宽，30公里/时
  o 普通街道：6~15米宽，15公里/时

+ 可参考的其他知识产品

| AS | H03, P03 | EN | C01, C02, H01, R01, P01 | PD | H01, H02, H03, R03, P01 | FI | A01, A02, H01, H02, R01, R02, R03 | IM | A01, A02, H01, H02, P01 |

T4 交通管理

在公共交通站点周边引入道路安全限速策略，管理交通需求和停车需求，使乘客尽可能选择可持续交通方式出行。

风险和缓解措施

- 依赖汽车的、无序蔓延的增长和开发模式。
- 缺乏合适的停车政策，区域停车供需不平衡。
- 让政府交通运输管理部门了解选择公共交通和非机动车出行的乘客的需求。
- 完善和修订交通管理法规和执法规则，进一步关注非机动车出行乘客的需求。

杰德尔布尔（Chattarpur）地铁站上的汽车和自行车停放设施，印度德里

1. 减少站点区域的机动车出行

- 车辆需求管理：采取策略和政策，减少或重新分配对私家车的需求，例如收取拥堵费、车牌费以及提供更多路权给高质量公共交通服务。

  -模块4：TOD设计要素，WRI, 2015

- 对于宽度不超过18米、双向行人流量超过每小时8000人的道路，应将其设为步行专用道。

  -改编自TOD指导文件，MOUD, 2016

- 宽度不超过12米且主要服务于非机动车出行的道路，限速应为20公里/时。

  -改编自TOD指导文件，MOUD, 2016

- 将狭窄的街道设为对机动车、自行车和行人都单向通行，能显著缓解交通拥堵压力。更积极的做法是将路幅宽度大于45米的双向主干道修改为两条单向支路。

  -能源基金会，2012

+ 可参考的其他原则

T1　T2　T3　**T4**　　O1　O2　O3　O4　　D1　D2　D3　D4

交通稳静措施/数据源: WRI, 2015

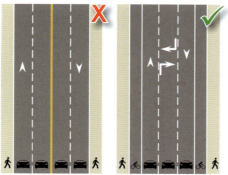
合理分配道路面积/数据源: MOUD, 2016

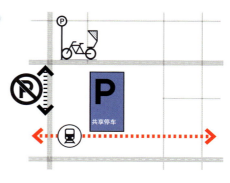
车站停车场/数据源: MOUD, 2016

2. 优化交通干道车行速度，以保护公共交通站点中多种出行模式的用户

- 主干道和次干道的限速应为50公里/时，支路和普通道路的限速应为30公里/时。

  -改编自TOD指导文件, MOUD, 2016

- 将大部分交通量分散在多个平行的行人尺度道路上，而不是将交通量集中在较少的主干道上。

  -改编自TOD指导文件, MOUD, 2016

- 对所有路幅宽度不超过12米的街道，都应通过将车道修窄、植树、设行人安全岛等方式达到交通稳静目的。

  -改编自TOD指导文件, MOUD, 2016

- 每隔250米至少有一个小型过街人行道。每公里道路应有不少于5个安全过街设施。

3. 站点区域周边的停车需求管理

- 短时停车：车站附近70%的停车位应为限时停车位。

  -改编自TOD指导文件, MOUD, 2016

- "驻车换乘"专区：可在公共交通首末站和大型多模式公共交通换乘站为私家车提供换乘停车场。

  -改编自TOD指导文件, MOUD, 2016

- 每25个停车位中，应有1个停车位是残障人士专用的路侧停车位。残障人士停车位需设置1.2米宽的上下车区。

- 占地面积超过2000米²的新建或重建项目若提供停车设施，则其中至少应有50%（最好是100%）的车位开放给公众。

- 与城市中的所有房地产市场保持一致，停车费下限固定，上限则由市场决定。

- 越靠近快速公交（BRT）或地铁车站，停车费应越高。

+ 可参考的其他知识产品

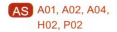 A01, A02, A04, H02, P02

 C01, C02, H01, R01, P01

 H01, H02, H03, R03, P01

 A01, A02, H01, H02, R01, R02, R03

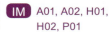 A01, A02, H01, H02, P01

O1 公共交通广场

在公共交通站周边采取包容性强、尊重周边环境的建筑和景观设计方式,促进多样化公共活动。

风险和缓解措施

- 公共交通线路规划往往受所经区域的环境和空间限制,无法提供公共交通广场。标准化的车站设计缺乏特点和辨识度,同时导致忽略公共交通广场设计。
- 公共交通机构缺乏可修建公共交通广场的土地。
- 站点区域规划应与交通规划同步开展,以便设计合适的公共交通广场。公共交通广场可通过城市设计指南或对私人财产的规定来营建。

中心广场地铁站的站前广场,新加坡来福士广场

1. **在公共交通站周围建立高效且有特色的车辆、行人流动区域,以配合多种交通方式一体化**

- 采取公共交通优先策略,保障地面公共交通车辆在站点区域快速出入。

   -Mobility Hub Guidelines, Metrolinx, 2011

- 为站点区域的行人和骑行者提供清晰的标志和特殊通道,尽量减少流线冲突。这在乘客上/下车处、公交车设施和停车点尤为重要。

   -Mobility Hub Guidelines, Metrolinx, 2011

- 在车站入口处提供充足且安全的自行车停车场,并在大客流量的站点提供额外的自行车设施。

   -Mobility Hub Guidelines, Metrolinx, 2011

+ 可参考的其他原则

受保护的公共交通站步行区/数据源：MOUD, 2016

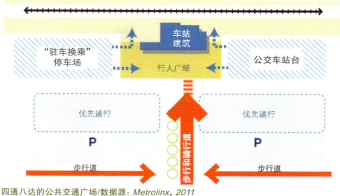

四通八达的公共交通广场/数据源：Metrolinx, 2011

2. 在公共交通广场周边应以行人为优先考虑对象

- 提供具有吸引力的、高优先级的、安全且令人愉悦的步行环境。

   -Mobility Hub Guidelines, Metrolinx, 2011

- 在满足交通功能的前提下，确保公共交通广场与周围建筑环境融合。

   -Mobility Hub Guidelines, Metrolinx, 2011

- 应在公共交通广场上设置多样化的社区设施，例如聚会场所、公共资讯平台、公共艺术展馆和小型便利店等。

   -Mobility Hub Guidelines, Metrolinx, 2011

- 在候车区的多个位置设置舒适的座椅。

   -Mobility Hub Guidelines, Metrolinx, 2011

- 借助喷泉、景观设计和矮墙类的建筑元素来降低公共交通车辆产生的噪声。

   -Mobility Hub Guidelines, Metrolinx, 2011

- 引入由耐旱植物、透水表面、可回收/可再生材料等构建的自然景观和其他绿色设计元素。

   -Mobility Hub Guidelines, Metrolinx, 2011

- 公共交通广场为行人提供的人均面积应大于$1.9米^2$。

   -改编自TOD指导文件, MOUD, 2016

+ 可参考的其他知识产品

| AS | EN C01, C02 | PD H03, H04, H05, H06, P01 | FI A02, H02, R01, R03 | IM A01, A02, H01, H02, P01 |

步行环境

专注于提供连续且吸引人的步行环境，提供一系列步行友好设施，构建步行网络，改善行人步行体验。

风险和缓解措施

- 缺乏技术能力和对行人需求的敏感性。
- 由于不协调的土地利用法规，缺乏适合步行的混合土地利用。
- 在地方政府授权下，考虑采用非机动车出行单元，以满足步行需求。

步行设施，中国天津

1. **提供连续的、有足够步道宽度的步行网络**

- 在交通走廊层面创建贯通的骑行和步行网络，并具体到每个车站区域。
- 采用三区法设计人行道：
  o 服务区，包括市政施设、绿植、雨篷和基础设施的空间配置。
  o 行人通行区，使行人出行不受任何阻碍，并满足不同出行能力和年龄段行人的需求。
  o 建筑沿街立面区，作为从公共到私人用地的过渡地带，可用于设置公共座椅、标识、门廊和绿植等。
  o 如果空间允许，还可为自行车增加第四区域，作为人行道的一部分。

+ 可参考的其他原则

步行环境/数据源：MOUD, 2016

有活力的街边空间/数据源：MOUD, 2016

2. 使步行成为舒适的出行选择

- 街道绿植：
  o 路宽小于12米的街道，每公里道路应有不少于125棵绿植。
  o 路度大于12米的街道，每公里人行道应有不少于125棵绿植。
- 路灯：路灯的间距由最小照明度确定。
- 街边设施：长椅、垃圾箱、插座、护栏、自动贩卖机和指示牌等。
- 公共设施：每隔500~800米设置公共卫生间。卫生间最好位于公共交通站附近，以方便行人和公共交通车辆乘客使用。

-改编自TOD指导文件，MOUD, 2016

3. 维持活跃的街道环境，提供安全步行条件

- 活跃的建筑沿街立面包括以下元素：拱廊、店面、入口/出口和面向主要入口街道的透明窗户。

  -改编自TOD指导文件，MOUD, 2016

- 提供最短行人通道，从主要街道的建筑到地面公共交通站。

  -改编自TOD指导文件，MOUD, 2016

- 车辆可通过多条街道进入次干道。

  -改编自TOD指导文件，MOUD, 2016

- 如果存在复合墙面，则其1米以上部分应透明，具有一定限高的政府建筑可不受此约束。

  -改编自TOD指导文件，MOUD, 2016

+ 可参考的其他知识产品

AS	EN	PD	FI	IM
A01, A02, A04, P02	C01, C02, H01	H03, H04, H05, H06, P01	A02, H02, R01, R03	A01, A02, H01, H02, P01

O3 公共场所

通过巧妙的景观和建筑设计，在步行层级上提供高观赏价值公共空间，从而鼓励人们使用公共空间，增加街道活力。

风险和缓解措施

- 缺乏微观层面的规划机制或公共机构预算不足，均会影响对改善公共场所的投资。
- 对TOD而言，投资基础设施对特定地区的大规模发展十分重要。公共部门需投资基础设施，以降低未来私人开发商需负担的成本。

公共场所，巴西圣保罗

1. **将公共空间纳入所有层级的TOD项目规划中**

- 800米步行或骑行可达的社区公园，1200米步行或骑行可达的公共体育场地。

    -*模块4: TOD设计要素, WRI, 2015*

- 公共空间的设计必须与现有城市空间融合，并满足当地居民的需求。为实现更好的整合效果，公共空间应相互连接，并与社区的主要休闲空间相连。公共空间网络可通过人行道、步行街或自行车道系统形成连接。

    -*模块4: TOD设计要素, WRI, 2015*

- 作为公共空间的街道，往往能为社区改善提供机会。社区街道可举办各类活动，例如定期集市、节日庆祝活动、游戏和游行等。

    -*模块4: TOD设计要素, WRI, 2015*

- 土地分区控规作为规划工具，能创建混合土地利用区，鼓励创造服务所有人的街道景观、绿地和人行道，实现道路与相邻商业体和住宅间的过渡。

    -*模块4: TOD设计要素, WRI, 2015*

+ 可参考的其他原则

区域性设施/数据源：WRI, 2015

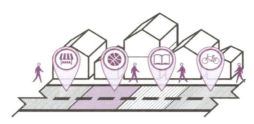
社区共享街道/数据源：WRI, 2015

地方特征/数据源：WRI, 2015

2. 提供公共空间以改善生活质量

- 提供公共空间和绿地看似与TOD的高密度开发宗旨相违，但实际上是TOD不可或缺的关键设计要素。平衡公共空间、绿地与高密度开发是有必要且完全可以实现的。
  - *-模块4：TOD设计要素, WRI, 2015*

- 重要的地标建筑，包括遗迹、教堂和纪念碑，都必须保存，以维持社区的历史活力。TOD设计能促进人们探寻历史场所，例如，可以在重要的纪念碑和建筑物周围建立步行区，改善与重要历史遗迹间的联系。
  - *-模块4：TOD设计要素, WRI, 2015*
  - *-改编自TOD指导文件, MOUD, 2016*

3. 设计公共空间时必须敏锐把握当地的文化遗产和环境

- 保护当地特色是创造独特公共空间、为居民提供归属感的关键，也是TOD项目的核心。在规划TOD项目时，应努力识别当地的文化财富。TOD设计能补充、强化并体现当地的文化、历史遗产和环境特征。
  - *-模块4：TOD设计要素, WRI, 2015*

- TOD项目的建筑特征应考虑当地环境，在设计中以既有建筑为原型，参考其建筑材料、立面颜色等属性。
  - *-模块4：TOD设计要素, WRI, 2015*

- TOD项目在进行社区开发设计时，也应考虑社区文化传统。如果一个社区有传统节日、游行或每周一次的集市，则TOD设计必须尊重这些习俗。
  - *-模块4：TOD设计要素, WRI, 2015*

+ 可参考的其他知识产品

| AS | EN C01, C02 | PD H03, H04, H05, H06, P01 | FI A02, H02, R01, R03 | IM A01, A02, H01, H02, P01 |

O4 城市公园和开放空间

在居民步行5分钟的范围内营造绿地、运动场、公园和广场等开放空间。

风险和缓解措施

- 规划中对休憩用地缺乏重视，用于改善公园和休憩用地设施的公共资金不足。
- 如果休憩用地有可能被侵占，则必须在设计和执法方面采取适当措施。

公共开放空间，巴西库里蒂巴

1. 提供户外娱乐、休闲和游戏区域，以在TOD区域内推行健康社区

- 向公众开放的公园和游乐场，对几乎没有机会使用私人休闲设施，或到城外休闲的贫困市民而言尤为重要。

　　　　　　　　　　　　　　　　-TOD准则, ITDP, 2017

- TOD项目中的绿地应向公众开放。使用非机动车出行的乘客应享受进入绿地的优先权。

　　　　　　　　　　　　-模块4: TOD设计要素, WRI, 2015

+ 可参考的其他原则

T1 **T2** T3 T4 | O1 O2 O3 **O4** | D1 D2 D3 D4

TOD区域内的开放空间/数据源: MOUD, 2016

战略性绿地/数据源: WRI, 2015

公共空间网络/数据源: WRI, 2015

2. 改善TOD区域的生态环境

- 公共公园和操场的优点: 改善空气质量、减少热岛效应、保障居民的身心健康和舒适度。

    -TOD准则, ITDP, 2017

- TOD设计可与河流、悬崖、农业用地、森林、本地动物和花卉栖息环境相结合。应确保自然地区不受侵扰，使其发挥吸收二氧化碳、补充含水层和维持生物多样性的功能。

    -模块4: TOD设计要素, WRI, 2015

- 公共和绿色空间为市政官员提供了将风险和自然资源管理纳入城市规划的机会。

    -模块4: TOD设计要素, WRI, 2015

- 保护敏感或关键生态系统，并沿水域设立缓冲区，防止动物栖息地丧失和物种灭绝，同时改善绿色空间或自然景观的观赏性和可达性。

    -模块4: TOD设计要素, WRI, 2015

3. 强化公园与公共交通的连通性

- 理想情况下，便利店和操场距离社区内任何地点都不应超过600米，而学校和市场应在1公里范围内。

    -模块4: TOD设计要素, WRI, 2015

- 提供"走捷径"的可能性，例如穿过停车场或公园可缩短出行路程。

    -模块4: TOD设计要素, WRI, 2015

+ 可参考的其他知识产品

| AS | EN C01, C02 | PD H03, H04, H05, H06, P01 | FI A02, H02, R01, R03 | IM A01, A02, H01, H02, P01 |

D1 集约开发

根据公共交通的承载能力,优化公共交通走廊沿线或站点区域的就业和居住密度,以推进步行和使用公共交通工具的出行方式。

风险和缓解措施

- 过度关注增加容积率和密度,忽视了市场力量和市场消化能力,难以实现集约开发。
- 由于缺乏适当的开放空间,高度紧凑的建筑环境可能导致生活质量下降。
- 尽早与私人部门沟通,务求达成共识,并通过能力建设促进TOD开发。

城市开发,哥伦比亚波哥大

1. 将差异化土地开发密度作为必要规划元素

- 根据不同地区的发展潜力规定不同开发密度。

   -改编自TOD指导文件, MOUD, 2016

- 在分配新建项目的建筑面积指数时,需根据不同区域已有建筑的面积指数、现有土地分区规划和公共交通可达性等因素分配,以保证土地利用效率,尤其是公共交通站点周边的土地。

   -改编自TOD指导文件, MOUD, 2016

- 为达成公共交通设施沿线的开发密度目标,可调整建筑规范,提高最大容积率,允许开发小地块。

   -模块4: TOD设计要素, WRI, 2015

- 促成土地整合,为大型开发项目提供条件。

   -模块4: TOD设计要素, WRI, 2015

+ 可参考的其他原则

T1 T2 T3 T4 | O1 O2 O3 O4 | D1 D2 D3 D4

突兀的高度变化

高度变化过渡

建筑形式过渡/数据源：Metrolinx, 2011

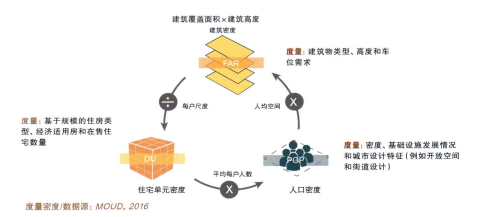

度量密度/数据源：MOUD, 2016

2. 通过附加容积率或密度奖励创造高密度节点

- 典型的密度奖励项目通常会设定一个开发项目"有权"实现的基本密度，以及一个可通过达到更高开发标准、或提供符合条件的设施、或付费来实现的最大密度。

- 高品质的设计、完善的基础设施和高质量的便利设施能实现和承载更高密度，不会造成拥挤。

  -模块4: TOD设计要素, WRI, 2015

- 规划应考虑站点的连通性，使人口密度、经济密度、公共交通运载量与可达性高的交通网络充分结合。

  -模块4: TOD设计要素, WRI, 2015

3. 确保最佳人口和住房密度

- 通过对建筑物和住宅单元的巧妙设计来提高住宅密度。在小规模房产项目中，可引入微单元公寓或办公室，以提高密度；集约化设计可增加公寓或办公楼内的单元数量。

  -模块4: TOD设计要素, WRI, 2015

- 对于需支持公共交通运营的项目，必须设置最低密度标准。

  -改编自TOD指导文件, MOUD, 2016

- 对于TOD外围区地块，只有当其毗邻已开发地块，且该已开发地块达到TOD的最低密度和混合土地利用标准时，才可对其进行开发。

  -改编自TOD指导文件, MOUD, 2016

- 住宅和商业建筑的密度标准应与本地区高峰时段的公共交通、步行和自行车承载能力匹配。

  -能源基金会, 2012

+ 可参考的其他知识产品

AS A01, A02, A03, H01, R01, P01

EN C01, C02

PD H01, H02, H03, H04, H05, H06, R02, R03, R04, P01

FI A01, A02, H01, H02, R01, R02, R03

IM A01, A02, H01, H02, P01

D2

混合土地利用

鼓励更高效的土地利用模式,使居民无需驾车就能便捷抵达零售、商业和公共服务、就业和娱乐设施。

风险和缓解措施

- 在开发项目的可行性研究中,与公共部门的合作情况、临街建筑相关的TOD设计要求、混合功能和绿色建筑技术等,都会提高项目风险,影响TOD项目的成功率。
- 市场对混合用途物业的接受度不足。

伯纳比的混合土地利用,加拿大温哥华

1. 街区内或相邻街区居住和非居住用途互补

- 内部互补:居住和非居住用地是一种互补组合。如果一个开发项目建筑面积的15%～85%为居住用地,则该项目可定义为内部互补。

    -TOD标准, ITDP, 2017

- 区域互补:一个项目的主要建筑面积与同一车站服务覆盖区内的主导用地类型形成互补。满足以下条件的开发项目可定义为区域互补:①超过50%的建筑面积专用于平衡车站服务覆盖区主导用地类型;②满足内部互补条件,且其所处车站服务覆盖区现有建筑面积的40%～60%为居住用地。

    -TOD标准, ITDP, 2017年

+ 可参考的其他原则

土地所有权/数据源：MOUD, 2016

利用建筑退距创造广场

通透性强的建筑入口

建筑临街面用于商业或混合用途

多种类型的有活力的建筑临街立面/数据源：MOUD, 2016

2. 本地服务可达性

- 500米步行距离内有新鲜食物供给，1000米步行距离内有小学、医疗保健服务或药房。

  -TOD标准, ITDP, 2017年

- 确保住宅到基础设施和商业活动间有效可达：
  o 600米内有便利店；
  o 600米内有运动场或活动区；
  o 1000米内有学前班和小学；
  o 1000米内有用于流动商业的空间。

  -模块4：TOD设计要素, WRI, 2015

3. 活跃的首层空间

- 边界墙：在所有TOD项目中，禁止面对公共开放空间、通道和公园设置边界墙。如果需要封闭场地，则应使用半透明围栏。

  -改编自TOD指导文件, MOUD, 2016

- 活跃的建筑物临街面：活跃的建筑物临街面包括拱廊、店面、入口门廊、建筑出入口以及面向主要街道活动区域的透明窗户等。如果20%或更多的毗邻建筑物临街面在视觉上是活跃的，则认为首层空间具有视觉活性。

  -TOD标准, ITDP, 2017
  -TOD指导文件, MOUD, 2016

- 建筑退距：对于综合性TOD方案，私人建筑无需退后或退距不超过5米，公共建筑及其他建筑的退距应小于10米。

  -模块4：TOD设计要素, WRI, 2015
  -TOD指导文件, MOUD, 2016

+ 可参考的其他知识产品

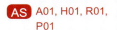 A01, H01, R01, P01

 C01, C02

 H01, H02, H03, H04, H05, H06, R02, R03, R04, P01

 A01, A02, H01, H02, R01, R02, R03

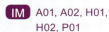 A01, A02, H01, H02, P01

D3 住宅多样化

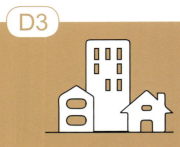

提供多样化的住房选择,包括类型、风格、价格和租期的多样化。住宅应位于步行10分钟可达车站的范围内,以促进TOD开发。

风险和缓解措施

- 高开发标准通常会推高开发成本、加重项目负担。保证住房的可负担性,提供相应设施和服务等做法也会降低投资回报率。
- 针对公共交通设施的土地投机行为会加重保证住房可负担性的压力。
- 允许开发标准特例、调整项目层级、确定新资金来源都有助于提高开发多样化住房的成功率。

科帕卡巴纳海滩的邻里,巴西里约热内卢

1. 在TOD区域内提供正规的可负担住房

- 所有开发地块超过2000米²的公寓和集体住宅项目,无论私人主导还是政府主导,都应将建筑面积的一定比例用于可负担住房。地方法案和政策要体现这一要求。
- 确保所有TOD项目,无论新建何种尺度的住宅单元,都能满足不同群体的住房需求,包括经济弱势群体、低收入和中等收入群体。

+ 可参考的其他原则

混合土地利用　　高层住宅　　中层住宅

文化设施　　高层商业/酒店混合　　中层非住宅

低层非住宅　　低层生态设施

住宅形态/数据源：MOUD, 2016

在公共交通走廊平衡各种住房需求/数据源：MOUD, 2016

2. 确保中低收入人群可负担住房的最低供给

- 所有TOD项目都必须将建筑面积的一定比例用于出租房，或面向低收入家庭的出售房。
- 应为不同收入和年龄群体提供住房选择。
- 混合开发商业、住房、生活服务，形成24小时社区。

　　　　　　　　-能源基金会, 2012

3. 通过激励政策鼓励住宅开发多样化

- 容积率奖励，奖励额相当于经济弱势群体住宅新建面积的100%，或低收入群体住房新建面积的50%。
- 在TOD区域内提供可负担住房（包括面向经济弱势群体和低收入群体的住房）项目，可享受下列激励政策：
  - 快速审批通道；
  - 免除建筑图纸审批费用。

+ 可参考的其他知识产品

| AS | A01, A03, H01, R01, P01 | EN | C01, C02 | PD | H01, H02, H03, H04, H05, H06, R02, R03, R04, P01 | FI | A01, A02, H01, H02, R01, R02, R03 | IM | A01, A02, H01, H02, P01 |

D4

吸纳非正规部门

在政策、规划、设计等阶段考虑流动商贩、非正规交通和非正规住宅区需求,尽可能提高TOD区域开发的包容性。

风险和缓解措施

- 缺乏详细且及时更新的物业库存信息,难以为非正规部门的活动提供稳定空间。
- 现有规划往往缺乏吸纳非正规部门的综合政策。
- 建立非正规部门的统计数据,并根据其使用空间和公共设施的情况随时更新数据。
- 将非正规部门纳入规划和基础设施项目中,使各部门能协同运作。

阿斯发哈地铁站周边贫民窟住房密度,印度孟买

1. 考虑流动商贩及其对公共空间的需求

- 按一定间距为流动商贩提供售货场所,例如从家或工作地点出发,步行约10分钟的地点。

  -TOD标准, ITDP, 2017

- 流动商贩指定售货区应紧邻步行道且有清晰标记,在保证安全的前提下增强街道活力。这对人流量高的区域尤其重要。

  -改编自TOD指导文件, MOUD, 2016

- 将公共空间划分为无限制流动商贩区、有限制流动商贩区和无流动商贩区。

  -改编自TOD指导文件, MOUD, 2016

+ 可参考的其他原则

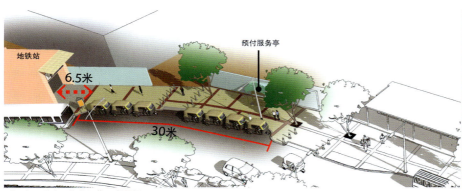

非正规公共交通指定运营区/数据源：MOUD, 2016

流动商贩指定经营区/数据源：MOUD, 2016

2. 在公共交通站点区域设计完整的非正规交通部分

- 在距公共交通站点800米内设置自动呼叫服务厅、预付服务亭、乘客接送区和非正规公共交通车辆/出租车停车场，以组织非正规公共交通和共享交通服务。

  -改编自TOD指导文件，
  MOUD, 2016

- 提供宽度不小于1.8米的多功能区域（MUZ），以容纳公交车站、街道设施、行道树和非正规公共交通车辆站牌。

  -改编自TOD指导文件，
  MOUD, 2016

3. 将非正规聚落（贫民窟）纳入再开发计划的考虑范围

- 根据相关指导文件制订贫民窟再开发计划。既可允许私营企业参与贫民区再开发，也可依据市/镇规划计划整合绿地上的土地，或重新划分地块。

  -改编自TOD指导文件，
  MOUD, 2016

+ 可参考的其他知识产品

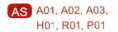    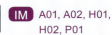

印度，布巴内斯瓦尔

PD-R03

土地利用和交通一体化最佳实践

土地利用和交通一体化对城市发展形成重要影响的案例

形式: 参考文献

TOD K P

免责声明:TOD知识产品旨在为TOD项目实施提供顶层框架,并指导城市在规划的所有阶段排除障碍。由于中低收入城市的情况不尽相同,TOD知识产品的应用必须适应当地需求和优先事项,并根据个案定制。

© 2018 International Bank for Reconstruction and Development / The World Bank

巴西库里蒂巴

+ 项目信息

地点:巴西巴拉那州库里蒂巴

资金来源:库里蒂巴城市发展局(URBS,政府机构)

项目环境:住宅、商业混合利用主街

项目概览:

库里蒂巴是一座有近200万人口的城市。1950—2005年间,库里蒂巴大都市区的人口增长了6倍,从30万增至190万。它是巴西最富有的城市之一,私家车拥有率在巴西所有城市中位居前列。同时,库里蒂巴的人均公共交通出行量超过美国纽约、巴西里约热内卢和圣保罗等城市。

项目历史

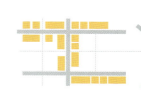

1963—1965

库里蒂巴城市发展局(URBS)创建于1963年,其职责是管理库里蒂巴城市化基金、建设基础设施项目。

库里蒂巴城市规划研究所(Curitiba Institute of Research and Urban Planning, IPPUC)成立于1965年12月1日,负责制订和实施城市规划方案。

库里蒂巴的1965年总体规划(1965 Master Plan)为构建以公共交通引导的线性城市形态奠定了基础。其中的关键措施包括:①限制从城市核心向外围的环境蔓延,从而缓解市中心交通拥堵;②利用高密度混合用地勾勒出轴线走廊,远离轴线逐渐向低密度过渡;③按三重道路系统布局结构走廊。

TOD

+ 设计细节

适宜步行：行人集中活动的街道和公交车走廊400米内的街道均改为步行街，以实现机动车需求的最小化。

灵活规划：沿"结构轴线"的建筑，只有最低两层可延伸至地块产权边界。这两层须有50%面积指定作为零售用途。街道层的零售业态面积不受容积率限制。

集约开发："结构轴线"经过高密度开发，创造了一个具有高公共交通需求的走廊。项目初期，轴线沿线的容积率可达6.0。到20世纪90年代后期，写字楼的容积率上限降至5.0，住宅的容积率上限降至4.0。此外，还有鼓励开发商在公共交通走廊附近提高住宅密度的激励措施。

+ 适用范围

背景：在汽车保有量较高的城市区域构建的公共交通系统。

层级：走廊层级/站点区域层级/地块层级

相关TOD原则：

完整街道、停车管理、自行车友好、建筑多样化

1972—1992

项目一期的20公里走廊规划于1972年，次年建成。最初的两条快速公交（BRT）走廊于1974年开通。1979年，支线公共交通和跨区域公共交通系统与BRT完成整合，形成一体化公共交通网络（Rede Integrada de Transporte，RIT）。两条BRT走廊的成功，推动了BRT系统的拓展。到1982年，共有5条BRT走廊完成规划并全面运作。

1992年，库里蒂巴还引入了标志性的圆形站台，同时使用了双铰接超长BRT公交车，以提高系统载客能力。

1992—2009

新的绿线BRT（Green line BRT）走廊开通。

TOD K P

哥伦比亚麦德林

+ 项目信息

地点： 哥伦比亚安蒂奥基亚省（Antioquia）麦德林（Medellin）

资金来源： 市政委员会（政府机构）

时间段： 13年

项目环境： 城市化区域

项目概览：
麦德林是哥伦比亚的第二大城市，也是安蒂奥基亚省的首府。考虑到当地地形限制，以及大量从斜坡地区到城区的通勤者需求，麦德林的TOD项目提出了土地利用与交通融合的规划方案。

项目历史

1930年代

缆车系统最初用于从马尼萨莱斯市向麦德林南部运输咖啡。

1990年代中期—2004

塞尔吉奥·法哈尔多（Sergio Fajardo）在2004年成为麦德林市长后，颁布了以"社会城市主义"为核心的"麦德林公民承诺"规划。其中一项基本原则是，必须将一体化都市交通系统作为城市出行和开发建设的组织轴，所有项目必须与主干交通系统直接相连。

Image: Nigel Burgher (Flickr)
Reproduced under CC-BY2.0 License

+ **设计细节**

完整街道：重新设计现有街道，扩大人行道、减少机动车道，引入或增加自行车基础设施。在城市丘陵地带设置自动扶梯系统，增强步行可达性。

多模式无缝一体化：麦德林的公共交通系统由地铁、快速公交、公交车和缆车组成，它们有效地实现了一体化整合，确保能服务城市的每个角落。

精心设计的公共交通站：在地铁站修建下沉广场，建设四通八达的步行通道，改善连通性。

自行车友好：麦德林的自行车基础设施主要是设置在人行道内的自行车专用道。在重要的交叉路口设有专门的非机动车相位信号控制装置。

+ **适用范围**

背景：适合在地形受限的城市发展公共交通

层级：走廊层级/站点区域层级/地块层级

相关TOD原则：

城市公园、开放空间、公共场所

1990年代中期—2004

麦德林市东北部一体化项目（Proyecto Urbano Integral, PUI）由麦德林市于2004年发起。通过与当地社区合作，共同设计、开发和建设新开放空间网络。PUI 设计师能敏锐地将交通设施与具有社会复杂性的大项

目开发战略结合，通过整个开发过程提升社区归属感。

2010—2015

第一条公共缆车线路K线于2004年开通，J线于2008年开通。2010年，与Arvi 公园相连的L线开通。2013—2015年间，H线和M线相继开通。

TOD Ⓚ Ⓟ

Image: AndyLeungHK
Reproduced under CC-0.0 License

Image: N509FZ
Reproduced under CC-SA4.0 License

中国深圳

➕ 项目信息

地点：中国广东省深圳市

资金来源：市政委员会（政府机构）

时间段：进行中

项目环境：城市和郊区

项目概览：
深圳作为中国第一个经济特区，是引领中国经济增长的前沿城市之一。自21世纪初起，深圳开始制订"深圳2030城市发展战略"。

项目历史

1983

1983年底，时任深圳市委书记兼市长梁湘带领团队到新加坡考察公共交通系统。考察结束后，深圳市相关部门决定将深南大道两侧30米作为绿化带保护，并留出一条16米宽的中央分隔带，用于建设轻轨或轻轨地铁线路。

1984—1992

1984年版《深圳经济特区总体规划（1985—2000）》指出，仅依靠轻轨系统不能满足深圳的人口和交通流量增长需求。由此提出替代方案，即沿深南大道修建一条重轨铁路

Image: Wahsaw
Reproduced under CC-SA4.0 License

+ 设计细节

集约开发：1995年版《深圳市城市总体规划（1996—2010）》制订了分层级的城市网络发展战略后，深圳开始大规模开发建设。该规划允许公共交通站点附近的商住用地密度在一定范围内波动，深圳国土和规划部门有权根据实际情况调整建设密度。例如，地铁碧头站的可负担住房容积率标准为2.0，学校和居住用地容积率标准为3.0，商用/办公用地容积率标准为6.0。

灵活规划：深圳在中国所有城市中率先推出建筑物分层级功能规划，也称立体控规。由此可对建筑物的不同楼层单独发放建筑许可，从而鼓励多功能混合开发。商业、住宅和地下公共交通设施均可独立获批。

+ 适用范围

背景：适合城市、郊区或未开发区域

层级：城市层级、走廊层级、社区车站层级

相关TOD原则：
建筑多样化、住宅多样化、适宜步行

1984—1992

线。1992年，上级规划部门批准了深南大道线建设项目。

1994—1996

自1994年起，《深圳市城市轨道交通网络总体规划》纳入《深圳市城市总体规划（1996—2010）》，并提出建设9条轨道交通线路的愿景。

1998至今

一期（1998—2004年）：地铁1号线、4号线开通运营。

二期（2007—2011年）：地铁运营里程从64公里扩展至177公里。

三期（2012—2020年）：地铁6号线、7号线、8号线、9号线、11号线开通运营。

墨西哥,波兰科

PD-R04

步行友好型设计最佳实践

可显著改善步行设施的中低收入国家小尺度迭代式行人友好设计案例

形式：参考文献

免责声明：TOD知识产品旨在为TOD项目实施提供顶层框架，并指导城市在规划的所有阶段排除障碍。由于中低收入城市的情况不尽相同，TOD知识产品的应用必须适应当地需求和优先事项，并根据个案定制。

© 2018 International Bank for Reconstruction and Development / The World Bank

印度孟买马通加桥下空间

+ 项目信息

地点：印度马哈拉施特拉邦（Maharashtra）孟买

项目尺度：600米 × 12米

项目总投资：5000万印度卢比

资金来源：市政公司（政府机构）

时间段：5年

项目环境：住宅、商业混合利用主街

项目概览：
孟买是马哈拉施特拉邦的首府，印度人口最多的城市，人口数量位居世界第五。孟买的人均城市公共空间仅为1.1米^2，包括花园、公园、游憩场地和娱乐场。本地块位于孟买的众多规划区域之一。

项目历史

2011—2013

耗资7亿印度卢比，修建长1500米、宽17米、连通马赫什瓦里公园（Maheshwari Udyan）与图尔普尔乔克（Tulpule Chowk）的天桥。天桥下的空间被非法停车者侵占，并成为赌博、吸毒等非法活动的聚集场所。

市民要求市政公司为天桥下的空间设置隔挡。约有40人通过众筹方式募集资金，维持

2011—2013

了2年24小时私人安保服务。

市政公司指派了10~12名清洁员清理桥下空间，以免垃圾堆积。

+ **设计细节**

步行道：包括一条长600米、路面为蓝色、形似纳尔默达河的人行道。步行道两侧设有座椅。

安全：桥下空间装有可动监控摄像头，同时有充足的照明设施和安保人员。

公共便民服务：步行道两侧设有装置艺术品、小型花植和垃圾箱。

活动：每周日早上社区在此举办健身、表演、传统游戏、室内/室外游戏等公共活动，将桥下空间划分为多个富于活力的场所。

+ **适用范围**

背景：适合被高架桥分割、缺乏公共空间的城市

层级：走廊层级/站点区域层级/地块层级

相关TOD原则：无

2013—2014

当地居民成立了名为"同一个马通加"（One Matunga）的组织，并设计了一个儿童公园。公园中规划有一条长600米、宽12米、形似纳尔默达河（Narmada）的步行道。

"同一个马通加"向多个政府部门表达了在天桥下开发儿童公园的设想。申请最终于2015

2014—2016

年6月获批。市政公司随后开始重新开发天桥下空间。尽管期间遇到一些政策困难，但儿童公园还是于2016年6月顺利完工并对公众开放。

哥伦比亚麦德林

+ 项目信息

地点：哥伦比亚麦德林

项目尺度：无信息

项目总投资：约350万美元

资金来源：政府（财政资金）

时间段：7年

项目环境：住宅社区（与公共交通相连的街道和广场）

项目概览：
13号社区（Comuna 13），又称圣哈维尔（San Javier），是麦德林的16个社区之一。它坐落在城市外围的陡峭山坡上，社区建筑以小型独栋住宅楼和联排住宅为主。建筑间由街道、小路和阶梯连接。由于存在可达性低的顽疾，政府很难向这类社区提供安全保障和教育资源。

项目历史

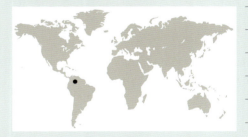

1980年代—2000年代
13号社区是世界上最危险、暴力的地区之一。地方势力团体在城市中划分出无形的领地，导致社会矛盾激化、阶层差距扩大、失业等问题。

2002
哥伦比亚军队、警察和其他武装力量联合开展"猎户座"行动（Operation Orion），针对地方势力团体发起了史无前例的武装干预。

2002
当地居民抗议武装冲突，通过举白旗等形式寻求和平与团结。

Image: Bertahan Luxing (Flickr)
Reproduced under CC-BY2.0 License

+ 设计细节

街道艺术：街道两侧的涂鸦和壁画描绘了13号社区的历史，反映了居民过去的生活。

电动扶梯：室外电动扶梯分为6节，总长384米，配有橘红色顶棚。电动扶梯提高了山坡上社区的步行可达性。

林荫街道：公共庭院和人行道两侧有能结果实的绿植，夏季形成绿荫后为公众提供了纳凉场所。

公共空间：6节电动扶梯廊道连接着周边的图书馆、学校、幼儿园、运动场等公共空间。

+ 适用范围

背景：克服山区地形障碍，提高公共交通可达性的创意方案

层级：走廊层级/站点区域层级

2002—2008

当地居民和艺术家开始在墙上绘制壁画，纪念在武装冲突中丧生的无辜平民。

2008

新当选的市长斥巨资在圣哈维尔车站修建了一条新轻轨线，将13号社区与周边社区连通起来。

2011

市政部门在车站里安装了电动扶梯，将原来需要25分钟的步行上坡路程缩短到6分钟。电动扶梯配有金属雨棚和空调，并与公共广场、露台和体育场所相连。

TOD K P

哥伦比亚波哥大

+ 项目信息

地点：哥伦比亚波哥大希门尼斯大道（Jimenez Avenue）

项目尺度：无信息

项目总投资：无信息

资金来源：政府资金

时间段：11年（1996—2007年）

项目环境：住宅、商业混合利用主街

项目概览：
希门尼斯大道最初建在三藩河（San Francisco River）上，后将河流改造为砖石铺面的步行道。步行道两侧有当地的行道树、如缎带般沿坡而下的水道以及"新世纪快速公交系统"（Transmilenio），营造出行人与公共交通间的友好关系，重新激活了公共空间。

项目历史

当时的三藩河（即今天的希门尼斯大道）是波哥大市的北边界。

殖民地时期

当城市开始突破这一自然边界向北扩展时，规划师们对波哥大市传统的棋盘式街道格局进行了优化，以适应三藩河的河道走向。

1990's

到20世纪早期，三藩河已经成为城市污水和垃圾的倾倒场所。

+ 设计细节

公共场所：将曾经极度拥挤的街道部分改造为人行道，并配备服务于快速公交系统的街道设施。

景观设计：以三藩河为原型，设计了一条贯通全线的沿街小溪，其中分布有连续下降的小瀑布、小水塘等景观。

街道商贩：为流动商贩提供经营场所。

街道安全：希门尼斯大道配有12名安保警卫，他们都统一着装，以便识别。

城市更新：翻修街道轴线上的历史建筑，改作高端住宅、酒店和其他商业用途。

+ 适用范围

背景：城市更新，创造专用步行街道

层级：走廊层级/站点区域层级

1999—2002
为提升旧城中心活力，波哥大市对新公共交通系统的基础设施投资进行了规划，名为"新世纪快速公交系统"。

2002
波哥大聘请城市更新建筑师来设计通过希门尼斯大道进入市中心的通道。

当下
希门尼斯大道禁止私家车通行，使用鹅卵石，而非沥青来铺设行人广场，同时恢复了在早期开发中遭破坏的水体环境。

哥伦比亚,波哥大

PD-P01

TOD规划职权范围

聘请顾问以所需规模准备TOD规划模板

形式: 参考文献

免责声明：TOD知识产品旨在为TOD项目实施提供顶层框架，并指导城市在规划的所有阶段排除障碍。由于中低收入城市的情况不尽相同，TOD知识产品的应用必须适应当地需求和优先事项，并根据个案定制。

©2018 International Bank for Reconstruction and Development/ The World Bank.

研究背景

TOD 规划的职权范围应以下列背景资料为基础：

- **研究区域**：职权范围必须定义规划的大致区域。研究区域必须尽可能与可获得的人口和就业数据所遵照的行政边界保持一致。本研究的背景部分还应总结详细交通服务信息，包括主要服务和接驳服务。
- **现有开发**：本研究的背景部分应概述现有的和正在进行的开发活动，包括所有与房地产开发相关的机会和挑战。
- **基准和准则**：本研究的背景部分应提供顾问在准备规划时须参考的内容，特别是 TOD 规划指南或设计标准。
- 相关规划、政策和研究的参考书目。
- 项目利益相关者名单。

研究目的

项目任务的目标取决于研究区域的层级和背景环境。

a. 城市层级 TOD 规划：
   - 为空间增长策略和密度优化奠定基础。
   - 确定公共交通和房地产开发的优先投资领域。

b. 走廊层级 TOD 规划：
   - 在公共交通走廊沿线制订土地利用和密度战略，优化公共交通覆盖区的可达性和可负担性。
   - 通过优化公共交通和接驳服务来确定多模式整合战略。
   - 确定具有较高的挑战和 / 或机会的车站。

c. 站点区域层级规划：
   - 制订街区规划，优先考虑 TOD 原则。
   - 制订公共场所规划，确保车站外高质量的步行和骑行体验。
   - 确定房地产开发的催化剂项目。

d. 绿地、郊区 TOD 规划：
   - 制订总体规划，充分利用可步行街区中的公共交通连接。

e. 城市填充 TOD 规划：
   - 制订计划，确定填充开发机会，优化公共交通站点周边的密度。

f. 城市再开发：
   - 制订土地重整计划，以利用公共交通连接。

研究范围
城市层级 TOD 规划

任务 1—数据汇总与清单

- **现有文件和研究综述**：按以下类别的 TOD 原则（参见《TOD 指导文件》），汇总研究区域内过去及现在的规划工作，以明确各类政策、战略、开发项目的差异性和一致性：
  - 规划和监管环境。
  - 区域背景环境。
  - 出行与可达性。
  - 土地利用、公共场所、城市设计。

- **开展实地考察并汇总研究区域内的规划和物理特征**：现状总结，包括准备详细的基础地图，以及一系列清单图和照片。

- **现状总结**：使用 AutoCAD 和 GIS 制作地图。至少包括以下内容：
  - 现有土地利用情况。
  - 拟议土地利用情况。
  - 土地区划。
  - 主要节点和活动中心。
  - 主要道路和基础设施（停车场）。
  - 现有自然特征。
  - 主要拟开发项目。

- **TOD 开发案例研究和最佳实践**：选择国内外背景相似的 TOD 项目最佳实践案例。案例研究应重点介绍成功原因、失败原因和经验教训。

- 与利益相关者开展焦点小组会议和访谈，以达成共识，确定项目面临的主要问题，以及项目的社会、经济和政治目标。

- 审查城市一级的现有房地产需求，以汇总整个城市空间中不同类型需求的房地产分析结果（见 AS-P01）。

任务 2—项目区域分析

- **分析、基准情况评估和 SWOT 分析**：开展基准情况分析并准备弱点和威胁图；利用现状汇总评估研究区域的物理特征。
- **确定优先公共交通走廊**：优先考虑"正确"的走廊，根据以下参数确定 TOD 项目的潜力。
  - 绘制现有土地用途、拟议土地用途、关键开发地图，了解城市中住宅、就业、公共用途的分布。
  - **确定活动发生地**：绘制住房、就业和康乐中心，确定所需线路和高通勤交通路线。
- **划定公共交通影响区域**，基于以下要素确定公共交通路线或站点周边的优先开发区域：
  - 人口密度
  - 就业密度
  - 可达性
  - 环境背景
- **确定周边开发环境**：开始 TOD 规划前，必须考虑城市和项目的不同领域和背景，尊重并扶持现有环境和住宅区，有助于实现可持续发展目标。开发周边环境可分为以下三类：
  - 绿地开发
  - 城市填充
  - 再开发
- 对所有站点周边的发展机会进行分析，基于站点位置和其在现有及未来公共交通网络中的市场潜力，对站点进行初步分类（参见《通过公共交通引导的发展改造城市空间：3V 方法》）。
- **确定初步目标**：制度支持、规划、政策、房地产开发市场。

任务 3—利益相关者参与创造愿景，TOD 研讨会

有组织地设计研讨会，重点是创建 TOD 规划愿景。邀请关键利益相关者参与，包括政府官员和各机构工作人员。集中研讨会应达成以下目标：

- 定量、定性地阐述 TOD 如何支持城市实现社会、经济和环境目标。
- 讨论土地利用、交通、基础设施的整合，并向研讨会参与者征询实施策略。
- 共享并重新确认既定的公共交通优先目标和指标。
- 将目标划分为短期、中期、长期目标。
- 确定市场，激发项目兴趣，并征求反馈。

任务 4—韧性策略 – 风险分析和适应性规划

与灾害预防不同，城市的韧性应着眼于"城市层级 TOD 规划"以及可能发生的破坏。传统的 TOD、土地利用规划基于对未来状态的假设，考虑了人口增长、交通方式划分、对市场的理解、对特定开发和土地利用类型的需求。但气候变化引发的灾害，例如洪水或极端天气事件等，可能严重影响 TOD 规划。创新的城市层级 TOD 规划需要更好地解决这类不确定性问题，并为适应城市物质、经济或社会状况变化规划相关举措。

- **评估特定于本市的**（包括气候相关的）可能影响土地利用、交通、基础设施充分发挥潜力的风险。
- 通过参与性过程制订与韧性相关的目标。
- 就以下两点提供风险指引规划建议，确保在自适应规划和知情决策的基础上提出 TOD 项目建议：
  - **紧急情况下的土地规划**：制订灾中和灾后恢复战略，确保对紧急情况的响应性。
  - **自适应土地规划**：制订区划和土地使用策略，适应本市的自然、经济和社会条件。

任务 5—起草 TOD 建议

- **制订概念性 TOD 规划草案**：对开发规划和 / 或土地开发法规、政策变更以及开发控制法规修订提出建议，以达成本市 TOD 的预期目标。TOD 建议规划草案应包括以下内容：
  - 停车管理工具。
  - 基础设施升级。
  - 第一公里和最后一公里的连接。
  - 差异化密度。
  - 理想的土地利用组合。
  - 财务策略。
  - 公共交通目标。
  - 可负担住房。
  - 城市级便利设施（例如公园和主要健康、教育中心）。

任务 6—确定财务策略

- 了解本市影响 TOD 相关土地开发和基础设施项目实施的融资体系。
- 引入创新融资工具，将 TOD 整合到城市管理和融资机制中。
- 为 TOD 站点区域和项目制订资本性投资策略。

任务 7—确定包括催化剂项目在内的阶段性实施策略

- 起草阶段性 TOD 规划，包括初步建议，以及使市政府、开发和规划机构能系统实施 TOD 计划的建议。
- 技术能力建设建议：评估规划团队现有能力，找出差距并就提高技术能力提出建议。

走廊层级 TOD 规划

任务 1——数据汇总和清单

- **现有文件和研究综述**：按以下类别的 TOD 原则（参见《TOD 指导文件》），汇总研究区域内过去及现在的规划工作，以明确各种政策、战略、开发项目的差距和一致性：
  - 规划和监管环境。
  - 区域背景环境。
  - 出行和可达性。
  - 土地利用、公共场所、城市设计。
  - 公共交通和站点区域。
- **开展实地考察并汇总研究区域的规划和物理特征**：现状总结包括准备详细的基础地图，以及一系列清单图和照片。
- **现状总结**：使用 AutoCAD 和 GIS 制作地图。至少包括以下内容：
  - 现有土地利用情况。
  - 拟议土地利用情况。
  - 土地所有权。
  - 停车场。
  - 土地区划。
  - 主要节点和活动中心。
  - 主要道路和基础设施。
  - 现有自然特征。
  - 公园和开放空间。
  - 主要拟开发项目。
  - 交通流通和可达性，特别强调多模式融合和非机动车基础设施。
- **TOD 开发案例研究和最佳实践**：选择国内外背景相似的 TOD 项目最佳实践案例。案例研究应重点介绍成功原因、失败原因和经验教训。
- **与利益相关者开展焦点小组会议和访谈**，以达成共识，确定项目面临的主要问题，以及项目的社会、经济和政治目标。
- **审查城市一级的现有房地产需求**，以总结整个城市空间中不同类型需求的房地产分析结果（见 AS-P01）。

任务 2——项目区域分析

- **分析、基准情况评估和 SWOT 分析**：开展基准情况分析并准备弱点和威胁图；利用现状汇总评估研究区域的物理特征。
- **确定公共交通站影响区**：按公共交通类型确定站点周围的公共交通载客范围，在这些区域内可采取 TOD 干预措施。

- o 载客范围边界可由 5~10 分钟步行距离定义。
- o 广义载客范围包括接驳公共交通可达区域。
- **确定有关以下方面的初步目标**：制度支持、规划、政策、房地产开发市场。

任务 3—利益相关者参与创造愿景，TOD 研讨会

有组织地设计研讨会，重点是创建 TOD 规划愿景。邀请关键利益相关者参与，包括政府官员和各机构工作人员。集中研讨会应达成以下目标：

- 定量、定性地阐述 TOD 如何支持城市实现社会、经济和环境目标。
- 讨论土地利用、交通、基础设施的整合，并向研讨会参与者征询实施策略。
- 共享并重新确认既定的公共交通优先目标和指标。
- 将目标划分为短期、中期、长期目标。
- 确定市场，激发项目兴趣，并征求反馈。

任务 4—定义站点区域类型和 TOD 区域优先级

- **基于城市环境和站点区域的特征确定站点区域类型**：沿公共交通走廊的站点区域位于不同的城市环境中，在交通网络中扮演不同的角色，也有各自独特的挑战和机遇。
- **对所有站点周边的发展机会进行分析**，以根据站点位置和其在现有及未来公共交通网络中的市场潜力（参见《通过公共交通引导的发展改造城市空间：3V 方法》）初步确定站点类型。站点区域类型至少包括以下特征：
  - o 城市环境。
  - o 站点区域特征。
  - o 主导用地类型和土地集约化开发潜力。
  - o 土地利用组合和密度。
  - o 关键站点特征。
  - o 规划与发展挑战。
  - o 理想土地利用组合。
  - o 站点交通参数及其在交通网络中的位置。
  - o 多模式一体化。
- **针对每种已确定的站点类型，根据其最终特征和发展形态制定发展愿景**：制定土地利用构成、城市设计、停车政策和开发标准，作为实现愿景的监管框架。
- **建立选择标准矩阵以识别优先的 TOD 区域**：基于但不限于以下定量和定性指标。
  - o 根据以下指标确定开发和再开发潜力：
    - » 土地供应和所有权—未充分利用的土地、空置土地、大尺度地块和衰败不动产的存量。
    - » 允许的土地利用类型。
    - » 未来或拟议发展模式。

- » 房地产市场潜力。
- o （预期或建议的）更高的公共交通客运量。
- o 存在换乘服务。
- o 站点类型，以及适用同类站点区域划分的站点数量。
- o 更多样化的用地类型。
- o 站点区域特征。
- o 市场潜力——通过访谈有经验的房地产开发团队并查阅相关研究和规划文件，分析住宅、办公、零售和混合用途开发的市场潜力。

任务 5—韧性策略 – 风险分析和适应性规划

韧性应着眼于强化走廊层级 TOD 规划，以应对物理、经济、社会条件的变化。传统走廊层级的 TOD 和土地利用规划基于对未来状态的假设，考虑了人口增长、交通方式划分、对市场的理解、对特定开发和土地利用类型的需求。但气候变化引发的灾害，例如洪水或极端天气事件等，可能严重影响 TOD 规划。创新的走廊层级 TOD 规划需要更好地解决这类不确定性问题，并为适应城市物质、经济或社会状况变化规划相关举措。

- **评估特定于本走廊的**（包括气候相关的）可能影响土地利用、交通、基础设施充分发挥潜力的风险。
- 通过参与性过程制订与韧性相关的目标。
- 就以下两点提供风险指引规划建议，确保在自适应规划和知情决策的基础上提出 TOD 项目建议。
  - o **紧急情况下的土地规划**：制订灾中和灾后恢复策略，确保对紧急情况的响应性。
  - o **自适应土地规划**：制订区划和土地使用策略，以适应本市的自然、经济、社会条件。

任务 6—起草 TOD 建议

- **制订概念性走廊规划**
  - o 建立街道网络——开发由小街区组成的、能容纳行人、机动车和自行车的综合性街道网络。
  - o 概括走廊和每个站点的潜在总体发展情况（包括当前发展、重建或新发展）。
  - o 在公共交通站附近为辅助性公共交通服务提供换乘，建立一个连通性好且高效的公共交通系统，为所有出行模式提供稳定连接。
  - o 以减少停车量为目标制订适宜的停车策略——鼓励使用路侧停车位。将停车场建在开发项目内部，或从街道上看不到的低价值土地上。
  - o 升级基础设施的承载能力，以支持不断增长的需求。
- **将 TOD 规划整合到土地区域规划和地区规划中。**
- **确定作为 TOD 示范项目的优先站点区域。**

任务 7—确定财务策略

- 了解本市影响 TOD 相关土地开发和基础设施项目实施的融资体系。

- 引入创新融资工具，将 TOD 整合到城市管理和融资机制中。
- 为 TOD 站点区域和项目制订资本性投资策略。

任务 8—确定包括催化剂项目在内的阶段性实施策略

- 起草阶段性 TOD 规划，包括初步建议，以及使市政府、开发和规划机构能系统实施 TOD 计划的建议。
- 技术能力建设建议：评估规划团队现有能力，找出差距并就提高技术能力提出建议。

站点层级 TOD 规划

任务 1—数据汇总和清单

- **现有文件和研究综述**：按以下类别的 TOD 原则（参见《TOD 指导文件》），汇总研究区域内过去及现在的规划工作，以明确各种政策、战略、开发项目的差距和一致性：
   - 规划和监管环境
   - 区域背景环境
   - 出行和可达性
   - 土地利用、公共场所、城市设计
   - 公共交通和站点区域
- **开展实地考察并汇总研究区域的规划和物理特征**：现状总结包括准备详细的基础地图，以及一系列清单图和照片。
- **现状总结**：使用 AutoCAD 和 GIS 制作地图。至少包括以下内容：
   - 现有土地利用情况。
   - 拟议土地利用情况。
   - 土地所有权。
   - 停车。
   - 土地区划。
   - 交通流通和可达性，特别强调多模式融合和非机动车基础设施。
   - 公共设施。
   - 主要节点和活动中心。
   - 公共场所和城市设计要素。
     - » 公园、开放空间和广场。
     - » 步行道状况。
     - » 自然资源。
     - » 照明和标牌状况。

- » 公共设施。
  - o 主要拟开发项目。
- **TOD 开发案例研究和最佳实践**：选择国内外背景相似的 TOD 项目最佳实践案例。案例研究应重点介绍成功原因、失败原因和经验教训。
- **与利益相关者开展焦点小组会议和访谈**，以达成共识，确定项目面临的主要问题，以及项目的社会、经济和政治目标。

任务 2—项目区域分析

- **确定 TOD 区域和影响区域的边界**：依次考虑下列因素，以优化 TOD 项目边界。
  - o 从公共交通站出发步行的可接受距离
  - o 现有道路网
  - o 步行区域分析
  - o 10 分钟步行距离外的关键目的地
  - o 自然环境边界
  - o 现有建成环境
  - o 现有土地所有权
- **分析、基准条件评估和 SWOT 分析**：
  - o 根据以下信息确定站点区域的发展特征：
    - » 车站类型
    - » 市场现状
    - » 社区需求
  - o 根据 TOD 规划原则对下列基准条件进行分析，并准备 SWOT 图：
    - » 可达性
    - » 城市形态与发展
    - » 公共交通和车站设施
- **确定有关以下方面的初步目标**：制度支持、规划、政策、房地产开发市场。

任务 3—利益相关者参与创造愿景，TOD 研讨会

有组织地设计研讨会，重点是创建 TOD 规划愿景。邀请关键利益相关者参与，包括政府官员和各机构工作人员。集中研讨会应达成以下目标：

- 讨论土地利用、交通、基础设施的整合，并向研讨会参与者征询实施策略。
- 共享并重新确认既定的公共交通优先目标和指标。
- 将目标划分为短期、中期、长期目标。

- 确定市场，激发项目兴趣，并征求反馈。

任务 4—韧性策略 – 风险分析和适应性规划

韧性应着眼于强化站点区域层级 TOD 规划，以应对物理、经济、社会条件变化。传统站点层级的 TOD 和土地利用规划基于对未来状态的假设，考虑了人口增长、交通方式划分、对市场的理解、对特定开发和土地利用类型的需求。但气候变化引发的灾害，例如洪水或极端天气事件等，可能严重影响 TOD 规划。创新的站点区域层级 TOD 规划需要更好地解决这类不确定性问题，并为适应城市物质、经济或社会状况变化规划相关举措。

- **评估那些特定于本站点区域的**（包括气候相关的）可能影响土地利用、交通、基础设施充分发挥其潜力的风险。
- **通过参与性过程制订与韧性相关的目标。**
- **就以下两点提供风险指引规划建议**，以确保在自适应规划和知情决策的基础上提出 TOD 项目建议：
  - 紧急情况下的土地规划：制订灾中和灾后恢复策略，以确保紧急情况的响应。
  - 自适应土地规划：制订区划和土地使用策略，以适应本市的自然、经济、社会条件。

任务 5—起草 TOD 建议

- **制定概念性规划**：体现 TOD 规划原则（参见《TOD 指导文件》）中的一体化交通、非机动车可达、集约开发和宜居等方面。
- **确定优先级**：借助"速效"的公共场所投资带动其他开发项目，将低成本项目作为示范项目。
- **制定支持公共交通的站点区域层级开发标准**，至少涵盖以下方面：
  - 以减少停车量为目标制订适宜的停车策略。
  - 城市形态——集约开发、适宜密度、混合土地利用、吸纳非正规部门、有活力的建筑物临街面以及住宅类型。

任务 6—确定财务策略

- 了解本市影响 TOD 相关土地开发和基础设施项目实施的融资体系。
- 引入创新融资工具，将 TOD 整合到城市管理和融资机制中。
- 为 TOD 站点区域和项目制订资本性投资策略。

任务 7—确定包括催化剂项目在内的阶段性实施策略

- **起草阶段性 TOD 规划**，包括初步建议，以及使市政府、开发和规划机构能系统实施 TOD 计划的建议。
- **技术能力建设建议**：评估规划团队现有能力，找出差距并就提高技术能力提出建议。

地块层级 TOD 规划

任务 1—数据汇总和清单

- **现有文件和研究综述**：按以下类别的 TOD 原则（参见《TOD 指导文件》），汇总研究区域内过去及现在的规划工作，以明确各种政策、战略、开发项目的差距和一致性：
    - 规划和监管环境。
    - 区域背景环境。
    - 出行和可达性。
    - 土地利用、公共场所、城市设计。
    - 公共交通和站点区域。

- **开展实地考察并汇总研究区域的规划和物理特征**：现状总结包括准备详细的基础地图，以及一系列清单图和照片。

- **现状总结**：使用 AutoCAD 和 GIS 制作地图。至少包括以下内容：
    - 现有土地利用情况。
    - 拟议土地利用情况。
    - 土地所有权。
    - 停车场。
    - 土地区划。
    - 交通流通和可达性，特别强调多模式融合和非机动车基础设施。
    - 公共设施。
    - 主要节点和活动中心。
    - 公共场所和城市设计元素：
        » 公园、开放空间、广场。
        » 步行道状况。
        » 自然资源。
        » 照明和标牌状况。
        » 公共设施。
    - 主要拟开发项目。

任务 2—项目区域分析

- **确定开发环境**：开始 TOD 规划前，必须考虑城市和项目的不同领域和背景，尊重并扶持现有环境和住宅区，有助于实现可持续发展目标。开发周边环境可分为以下三类：

- 绿地开发
- 城市填充
- 再开发
- **分析、基准情况评估和 SWOT 分析**：开展基准情况分析并准备弱点和威胁图；利用现状汇总评估研究区域的物理特征。
- **确定有关以下方面的初步目标**：制度支持、规划、政策、房地产开发市场。
- **制订开发项目**：
  - 地块布局规划—规划多种用地模式。
  - 详细开发项目。
  - 基础设施升级规划。
- **基于以下两方面开展房地产市场可行性分析**：
  - 地块需求评估。
  - 项目可行性评估。

任务 3—利益相关者参与创造愿景，TOD 研讨会

有组织地设计研讨会，重点是创建 TOD 规划愿景。邀请关键利益相关者参与，包括政府官员和各机构工作人员。集中研讨会应达成以下目标：

- 定量、定性地阐述 TOD 如何支持城市实现社会、经济和环境目标。
- 讨论土地利用、交通、基础设施的整合，并向研讨会参与者征询实施策略。
- 共享并重新确认既定的公共交通优先目标和指标。
- 将目标划分为短期、中期、长期目标。
- 确定市场，激发项目兴趣，并征求反馈。

任务 4—韧性策略 – 风险分析和适应性规划

韧性应着眼于强化地块层级 TOD 规划，以应对物理、经济、社会条件变化。传统地块层级 TOD 和土地利用规划基于对未来状态的假设，考虑了人口增长、交通方式划分、对市场的理解、对特定开发和土地利用类型的需求。但气候变化引发的灾害，例如洪水或极端天气事件等，可能严重影响 TOD 规划。创新的地块层级 TOD 规划需要更好地解决这类不确定性问题，并适应不断变化的市场条件。

- 评估特定于本地块的（包括气候相关的）可能影响土地使用、交通、基础设施充分发挥潜力的风险。
- 通过参与性过程制订与韧性相关的目标。
- 就以下两点提供风险指引规划建议，确保在自适应规划和知情决策的基础上提出 TOD 项目建议：
  - 紧急情况下的土地规划：制订灾中和灾后恢复策略，确保对紧急情况的响应性。
  - 自适应土地规划：制订区划和土地使用策略，以适应本市的自然、经济、社会条件。

任务 5—起草 TOD 建议

- 制订概念性地块总体规划，包括以下部分：
  - 建成形态
    - 地块布局规划—规划用地模式。
    - 详细开发项目。
    - 基础设施升级规划。
  - 场地营造
    - 公共场所策略。
    - 可达性管理。
    - 公共交通站前广场设计。
    - 街景改善。
  - 出行和流线策略
    - 步行流线计划。
    - 车辆流线计划。
    - 路网设计。
    - 停车管理。
- **确定优先级**：借助"速效"的公共场所投资带动其他开发项目，将低成本项目作为示范项目。

任务 6—确定财务策略

- 了解本市影响 TOD 相关土地开发和基础设施项目实施的融资体系。
- 引入创新融资工具，将 TOD 整合到城市管理和融资机制中。
- 为 TOD 站点区域和项目制订资本性投资策略。

任务 7—确定包括催化剂项目在内的阶段性实施策略

- 起草阶段性 TOD 规划，包括初步建议，以及使市政府、开发和规划机构能系统实施 TOD 计划的建议。
- 技术能力建设建议：评估规划团队现有能力，找出差距并就提高技术能力提出建议。

交付成果

序号	交付成果	完成时间
1	项目启动报告，包括问题陈述、目标、研究需求、方法	项目启动后 2 周内
2	备忘录 1：研究区域分析报告	项目启动后 2 个月内
3	备忘录 2：利益相关者参与总体报告	项目启动后 3 个月内
4	备忘录 3：韧性策略报告	项目启动后 4 个月内
5	备忘录 4：TOD 规划建议草案	项目启动后 6 个月内
6	备忘录 5：融资和实施策略报告	项目启动后 7 个月内
7	最终 TOD 规划报告	项目启动后 8 个月内

咨询机构资质

咨询机构应至少具备以下项目资质：

A. 完成 1 个同类型 TOD 研究项目。

或

B. 完成至少 2 个遵循集约开发原则的基础设施开发规划。

顾问团队必须包含下表所示专业角色。

序号	关键专家	从业年限
1	项目经理和高级城市规划师	15 年
2	城市规划师	5~10 年
3	城市设计师	5~10 年
4	交通规划师	5~10 年
5	环境规划师	5~10 年
6	监管专家	5~10 年
7	地方财政专家	5~10 年

巴西，库里蒂巴

融资

摘　要

TOD项目的融资包括评估公共交通基础设施成本变量、利用房地产开发利润进行交叉补贴的潜力、土地价值捕获机制和最佳实践、战略性公私合作咨询和融资

© 2018 International Bank for Reconstruction and Development / The World Bank 1818 H Street NW Washington DC 20433

Telephone: 202-473-1000

Internet: www.worldbank.org

本作品是世界银行工作人员在外部资助下完成的。本作品所包含的研究成果、释义和结论不完全代表世界银行、世界银行执行董事会及世界银行执行董事所代表的政府的观点。

世界银行不保证本作品所述数据的准确性。本作品引用的地图中标注的边界、颜色和面积等信息，不代表世界银行对任何领土的法律主张，以及对相关边界的认可或判断。

权利与版权

本作品中的素材均受版权保护。世界银行鼓励知识传播，因此只要注明作品版权归属，就可在非商业目的下复制本作品的全部或部分内容。

任何有关权利和许可，包括版权在内的咨询，应向世界银行出版社提出。

地址：The World Bank Group, 1818 H Street NW, Washington, DC 20433，USA

传真：202-522-2625

电子邮件：pubrights@worldbank.org

引用说明如下：Global Platform for Sustainable Cities, World Bank. 2018. "TOD Implementation Resources & Tools." 1st ed. Washington, DC: World Bank.

所有图片版权均为版权方所有，未经版权方书面许可，不得以任何目的使用。

概 述

本章介绍的"融资"阶段适用于公共交通站点及走廊区域内的大层级、多功能、促进城市转型的公私合营项目。TOD 项目通常与复杂的土地收购和整合，以及对公共基础设施的大量投资（包括更高比例的开放空间、换乘设施以及经济适用房）相关联。从公共部门的角度看，引入大量资本需要创新性地将各种市政融资工具与战略性公私合营结合，并纳入传统单功能开发项目所忽视的市场驱动收益。本章提供的工具包括传统市政融资体系、房地产基本原理和项目组构中的资本投入成本估算。同时，结合监管工具、规范以及开发激励机制，可促进 TOD 转型项目成功完成融资。

过去二十年中，世界银行客户国采用了多种融资策略来实现土地价值捕获目标，为推进 TOD 的可行性模型铺平了道路。这些金融工具需要国家级政策的支持，以保证有其他持续性收入源，用于支付项目成本。要将相关政策落实到地方，就需要详细的项目实施结构性参数，包括战略筹资机制和资金筹措及利润分配能力。公共交通项目建设与房地产项目开发的阶段和时间通常是不一致的，例如 TOD 项目需要 10~15 年才能建成，而房地产项目开发仅需 3~5 年。因此，在公共交通项目建设之初，就可通过结合公共交通和房地产开发流程的方式来制订融资策略，并确保与项目总体目标一致。从公共和私人部门的角度看，包括对发展潜力、创收潜力、杠杆结构和风险分担框架的分析。这一过程需要依顺序进行初步规划，先开展详细融资尽职调查，再实施框架分析。

本章概述了对一系列融资目标和工具进行评估的流程，包括公共交通基础设施成本变量、利用房地产开发利润进行交叉补贴的潜力、土地价值捕获机制和最佳实践、战略性公私合作咨询和融资。

参考文献

- Suzuki, Hiroaki, Jin Murakami, Yu-Hung Hong, and Beth Tamayose. 2015. Financing Transit-Oriented Development with Land Values: Adapting Land Value Capture in Developing Countries. Urban Development Series. Washington, DC: World Bank
- Ardila-Gomez, A. and A. Ortegon-Sanchez. Sustainable Urban Transport Financing from the Sidewalk to the Subway: Capital, Operations, and Maintenance Financing. 2016. Washington, DC: World Bank
- Urban Growth Company, Value Capture Framework and Toolkit, Sept 2017
- James McIntosh, Peter Newman, Roman Trubka, Jeff Kenworthy. 2017. Framework for land value capture from investments in transit in car-dependent cities. The Journal of Transport and Land Use
- William Kohn Fleissig, Ian R. Carlton. 2009. "Convening on Transit Oriented Development: The Investment/Finance Perspective. Center for Transit Oriented Development (CTOD), Boston
- Amirtahmasebi, Rana, Mariana Orloff, Sameh Wahba, and Andrew Altman. 2016. Regenerating Urban Land - A Practioner's Guide to Leveraging Private Investment. Washington, DC: World Bank Group.

知识产品

本知识产品包含的融资步骤

分析

FI-A01　基础设施资本和运营成本的估算和范围界定（表格+用户指南）

FI-A02　房地产开发财务预测与分析（表格+用户指南）

如何使用工具

FI-H01　土地价值捕获框架（分步指南）

FI-H02　私人部门参与框架（参考文献）

资源

FI-R01　开发激励政策（参考文献）

FI-R02　土地价值捕获最佳实践（参考文献）

FI-R03　市政融资工具（参考文献）

阿拉伯联合酋长国，迪拜

FI–A01

基础设施资本和运营成本的估算和范围界定

提供了一套参考文献和交互式Excel表格，可在可持续城市发展全球平台（GPSC）网站的TOD页面和世界银行TOD 实践共同体（CoP）网站下载。建议用户先阅读正文再使用表格工具

形式：表格+用户指南

简 介

本工具旨在为公共交通基础设施项目的初始成本估算提供广泛参考。这里的成本已经考虑了与公共交通基础设施同步开发的房地产及其他一体化开发项目。成本估算分为三个主要部分：

- **筹备工作**，主要指聘请顾问。
- **资本成本**，包括所有开发成本，例如土地成本。
- **运营成本**，根据资本成本粗略估算。

本工具简要介绍了每一项成本，以及大量与之相关的基础设施开发成本。各地的实际情况和要求决定了适用的成本类型及规模。

地方差异导致土地成本的价值区间较大，因此本章未提供相关数据。可参考黄色框中提供的使用比率（见后文）。

本工具还包括一个参考表，其中包含多个城市的公共交通基础设施成本详细信息。

免责声明：TOD知识产品旨在为TOD项目实施提供顶层框架，并指导城市在规划的所有阶段排除障碍。由于中低收入城市的情况不尽相同，TOD知识产品的应用必须适应当地需求和优先事项，并根据个案定制。

©2018 International Bank for Reconstruction and Development/ The World Bank.

目的

了解和估算公共交通基础设施的投资成本至关重要。公共交通基础设施的成本取决于公共交通的类型及开发区的地形。需要通过开挖土方和建设隧道来连接交通网络时，公共交通基础设施的成本会显著提高。

公共交通基础设施的成本还受资金形式、利率、辅助研究、项目管理以及土地准备等因素影响。可将这些因素视为主体交通网络和基础设施的衍生物，以开展评估。这一部分介绍了资本投资成本及上述其他因素的预计联合成本。"AS-A04 快速公共交通模式阈值"以周转量为基础分析了公共交通的运营成本。

公共交通的运营利润取决于客运量及设施使用费。车票价格通常与该地区的人均收入成正比，因此大多数世界银行客户国都无法完全依靠车票收入来支付运营成本。

假设和限制

- 本工具基于不同种类公共交通的单位里程成本计算总成本。
- 本工具提供了 2013 年单位里程成本,并依据该成本和通货膨胀率计算 2018 年的值。
- 本工具列出的附属成本是由上述方法得出的公共交通总成本乘以参数获得的。
- 作为参考,本工具还提供了原始公共交通费用。

期望成果

- 本工具用于在已知公共交通类型和运营里程的情况下,对城市、交通走廊或站点区域的发展进行成本估计。
- 制作一座主要城市的公共交通定价参照表,用于估算相应的成本和客运量。
- 协助分析相应的公共交通类型及其开发成本。

如何使用本工具

使用工作表前需阅读用户指导。基础设施资本和运营成本估算包含以下五个步骤。

01 第1步

作为初始评估计划的一部分，确定要发展的公共交通类型。

02 第2步

根据已确定的公共交通类型，明确TOD开发所必需的公共交通覆盖范围。

03 第3步

"成本评估"工作表必须包含详细的公共交通类型和里程。公共交通类型的详细信息必须从预先设定的快速公交（BRT）、地铁、轻轨（LRT）和重轨（HRT）中选择。BRT又进一步细分为金、银、铜和基础类别。

04 第4步

本工具根据预先设定和输入的数据自动计算公共交通总成本。同样的，如果土地成本是发展公共交通所需承担的，则必须在"成本评估"工作表中输入。

05 第5步

根据辅助成本的平均值，本工具还可计算项目管理、概念化和设计等可能需要的其他成本。

TOD K P

FI–A02

房地产开发财务预测与分析

提供了一套交互式Excel表格，可在可持续城市发展全球平台（GPSC）网站的TOD页面和世界银行TOD 实践共同体（CoP）网站下载。建议用户先阅读正文再使用表格工具

形式：表格+用户指南

  WORLD BANK GROUP　IBI

哥伦比亚,波哥大

TOD K P

FI–H01

土地价值捕获框架

提供一套处理工具包,可在可持续城市发展全球平台(GPSC)网站的TOD页面和世界银行TOD 实践共同体(CoP)网站下载。建议用户先阅读正文再使用表格工具

形式: 分步指南

  WORLD BANK GROUP

简 介

土地价值捕获（Land Value Capture，LVC）是从土地中获取开发潜在利益的有效手段，广义上指公共部门与私人部门共享城市化、公共基础设施项目、土地分区法规变化以及其他政府举措产生的土地价值增长的政策方法。有效应用土地价值捕获机制通常需要强大的房地产市场、有利的法律和监管框架，以及强有力的财产税征收系统，包括明确的土地使用权制度、严格的执行，以及对利益相关方的充分培训。世界银行客户国通常运用以下土地价值捕获工具：可转让的发展权（Transferable Development Rights，TDR）、开发影响费、公共土地租赁、增大密度、商业价值提升区以及税收增量融资。

这些工具通常可为各种形式的基础设施及其他投资驱动的土地增值提供支持。通过土地价值捕获机制框架获得的土地增值，会进一步支持基础设施开发。土地价值的提高，需包括新基础设施等大量公共投资，例如将停车场和其他公共设施转化为开放空间、改善街道景观和换乘交通设施等，以配合项目带来的密度增大。世界各国正在采用不同的方法来获取土地价值，例如市政府借入未来的财产税增量（美国加利福尼亚州），或收取TOD地区的空置土地税（哥伦比亚波哥大）。

免责声明：*TOD知识产品旨在为TOD项目实施提供顶层框架，并指导城市在规划的所有阶段排除障碍。由于中低收入城市的情况不尽相同，TOD知识产品的应用必须适应当地需求和优先事项，并根据个案定制。*

© 2018 International Bank for Reconstruction and Development/ The World Bank.

目的

《土地价值支持以公共交通为导向的开发》（Suzuki，Murakami，Tamyaose，World Bank 2015）是指导中低收入国家应对土地价值捕获问题和机遇的主要资料。公共交通基础设施的发展使多个直接或间接的利益相关者获益。多数情况下，这些利益仅停留在受益者手中，而不会对项目的可持续发展和增长产生贡献。因此，需设计一套从公共交通发展中获取利益的价值捕获机制。全球范围内有很多针对性的尝试，土地价值捕获正是为公共交通设施项目融资的重要工具之一。

总体而言，全球范围内有很多土地价值捕获工具的实践项目。本工具中的分步指南详细阐述了在 TOD 开发区内评估和实施土地价值捕获机制的过程。

各国家、政府和土地所有机构使用的工具包括：

- **土地开发和销售**，先持有土地，待公共交通开发为当地带来土地增值后再出售，或在此基础上进行开发，以获得更高利润。
- **土地价值税**，对土地本身而不是房屋或其他价值会因市场波动而波动的实物财产征税，以稳定资产价格。
- **土地利用类型转换费用**，将利用类型转变为潜在利润更高的土地收费。
- **开发费用**，通常情况下指由规划、市政部门在批准建筑许可前向开发商或建筑商收取的，用以抵偿提供市政服务所需的基础设施成本的费用。
- **税收增加融资**，市政部门指定将未来增加的物业税收入（新房地产开发项目）用于为现有基础设施项目提供资金。

假设和限制

- 该框架旨在为通过土地价值捕获支持 TOD 开发提供大体战略和总体指导。
- 实施土地价值捕获需要有法律支持的有利环境，以制订实施框架。由于各地政策不同，特定土地价值捕获方式不一定适用于所有地区。

01 项目启动

- 必须对管理土地价值捕获机制的立法框架（包括现行的条例和规范）进行详细研究。
- 必须对现有的和已批准的机制的适用性进行评估，以确定采取何种方法。
- 如果现有工具或机制不合适，则可能要根据项目需求引入新工具。项目相关的所有监管改革，以及引入和启动新工具的要求，可立即提交给政府或审批单位。在提交审批申请前，必须与类似的地区进行对比，以发掘新的土地价值捕获机制工具。

   类似的城市、城镇和管理模式等，人口和经济情况的类似性也应纳入考虑范畴。

02 项目规划

- 需要利用项目规划确定新公共交通和交通走廊项目的影响区域。影响区域的土地和其他财产价值都会因此提高。
- 需要对已确定的区域进行调查并收集数据，以确定土地所有权情况。
- 基于土地所有权，对土地整合等工具进行规划和组合。
- 发掘由政府和非政府部门所有的各种潜在土地。

03 规划设计及发展策略

- 基于土地所有权和区位的不同土地价值捕获机制。

		政府所有			非政府所有
400–500米	持有土地等待开发强度和价值提升	政府土地-持有土地等待开发强度和价值提升 非政府土地-土地开发费用、土地价值税、土地利用类型转换费用等	政府土地-持有土地等待开发强度和价值提升 非政府土地-土地开发费用、土地价值税、土地利用类型转换费用等	政府土地-持有土地等待开发强度和价值提升 非政府土地-土地开发费用、土地价值税、土地利用类型转换费用等	非政府土地-土地开发费用、土地价值税、土地利用类型转换费用
300–400米	持有土地等待开发强度和价值提升	政府土地-持有土地等待开发强度和价值提升 非政府土地-土地开发费用、土地价值税、土地利用类型转换费用等	政府土地-持有土地等待开发强度和价值提升 非政府土地-土地开发费用、土地价值税、土地利用类型转换费用等	政府土地-持有土地等待开发强度和价值提升 非政府土地-土地开发费用、土地价值税、土地利用类型转换费用等	非政府土地-土地开发费用、土地价值税、土地利用类型转换费用
200–300米	通过联合创收项目开发土地	政府土地-持有土地等待开发强度和价值提升 非政府土地-土地开发费用、土地价值税、土地利用类型转换费用等	政府土地-持有土地等待开发强度和价值提升 非政府土地-土地开发费用、土地价值税、土地利用类型转换费用等	政府土地-持有土地等待开发强度和价值提升 非政府土地-土地开发费用、土地价值税、土地利用类型转换费用等	非政府土地-土地开发费用、土地价值税、土地利用类型转换费用
100–200米	通过联合创收项目开发土地	公共交通发展所需土地-共同开发、独立开发政府土地、对非政府土地征收税费及其他费用	公共交通发展所需土地-共同开发、独立开发政府土地、对非政府土地征收税费及其他费用	公共交通发展所需土地-土地整备、共同开发、分别开发政府土地、对非政府土地征收税费及其他费用	公共交通发展所需土地-土地整备、共同开发、分别开发政府土地、对非政府土地征收税费及其他费用
影响区域	通过联合创收项目开发土地[1]	与其他联合创收项目共同开发-融资及合同也做相应安排	与其他联合创收项目共同开发-融资及合同也做相应安排	先运用土地整备等工具,再与联合创收项目共同开发	如果有需要,先运用土地整备等工具,再进行共同开发[2]

公共交通设施500米范围内基于土地所有权的典型土地价值捕获策略

表注：
1. 联合指支持房地产开发以交叉补贴设施发展或维护的资本/运营成本。
2. 土地整备指赋予并要求土地所有者共同支持政府建设TOD的模式。

FI-H01　土地价值捕获框架　343

- 为保证一定透明度、建立相关问责机制，并减少不必要的纠纷，执行机构可在银行分别开设收入和支出账户。这有利于区分复杂长期项目的资金流。
- 根据各方就土地价值捕获机制达成一致的土地开发战略，制订正式且详细的协议。这类协议应受现行法律框架约束，条款必须遵循现行法律框架。
- 为保护各方利益并促进对共同收入的财务保护，如果有可能，则应设置一个第三方账户，以专门管理捕获到的价值。

04 执行和运营

- 以下文件（包括但不限于）应公开：
    1. TOD区域发展规划和方法
    2. 拟议公共交通基础设施发展方案
    3. 由地方或区域政府批准的现行土地价值捕获机制规范
- 土地价值捕获机制的详细信息会向每个所有者公开。
- 应为非政府土地或财产建立资金投放程序和批准许可。
- 土地价值捕获的监测和评估机制应以下列方式实施：
    1. 不断确定和更新关键绩效指标及其衡量标准。
    2. 组成监督小组或委员会，定期审查实施机制的进展和有效性。
    3. 定期开展财务和绩效审计，检查违规行为或系统漏洞。
    4. 实施方或政府认为有效的其他监测和控制方法及制度。
- 在联合开发的情况下，合同管理（包括条款和使用条件）应遵循公开透明程序。

FI–H02

私人部门参与框架

确定项目组织的过程或融资资源的统筹，以满足项目成本要求

形式: 分步指南

简 介

目的

发展资本密集型公共交通基础设施项目需要强有力的财务策略，以促使私营企业有信心投资房地产。公共交通和房地产项目在生命周期中通常易受多重风险影响。因此，最好与合适的利益相关者和合作伙伴适当分担风险。

项目土地所有机构和公共交通基础设施运营机构通常都是政府部门。在开发长期TOD转型项目时，主要挑战是技术能力限制，以及缺乏对房地产市场的理解。

尽管高速公路和公共铁路运输等基础设施项目中的公私合营项目（PPP）在一些地区取得了成果，但成功的TOD和房地产项目仍集中在强大的新兴房地产市场。一些国家根据本国立法规则制定了强有力的框架，以发展PPP项目。不同国家的项目实施安排大体相同，只会根据项目差异对参数进行一些调整。

免责声明：TOD知识产品旨在为TOD项目实施提供顶层框架，并指导城市在规划的所有阶段排除障碍。由于中低收入城市的情况不尽相同，TOD知识产品的应用必须适应当地需求和优先事项，并根据个案定制。

©2018 International Bank for Reconstruction and Development/ The World Bank.

背景

在启动项目组织过程或规划资金来源以覆盖项目成本前，理解公私合营伙伴关系至关重要。本工具详细阐述了对全球PPP项目框架的基本理解，包括介绍利益相关者安排、项目结构机制、立法、实施和监测框架、实施后管理的简要案例研究。

利益相关者

公私合营关系中，所确定的利益相关者（即提供资源的个体、批准实施的个体、利用资源开发项目以及将从项目中获得服务或利益的个体）都受到基于职责的合同约束。这些利益相关者可划分为：

- 政府—立法机构/审批机构—负责辖区内PPP组织立法框架的裁决和监督，通常也是项目审批机构。

- 土地所有机构—公共交通基础设施项目的土地通常为政府部门所有，区别于项目执行机构。但也可能有私人土地所有者。

- 项目实施机构—大多数情况下，会有一个政府机构负责项目的具体实施。该机构分析并提出项目实施结构，无论公私合营还是其他方式。

- 私人合作伙伴—指参与实施和运营的私人合作伙伴，可以是开发商、投资者或项目特许经营者。
- 贷款人—贷款人是公私合营项目业务中重要的利益相关者，因为他们通常会为项目带来最大的财务资源，必须时刻保障他们的利益。贷款人可能是高级贷方或下属贷方，具体取决于项目财务结构。
- 用户/使用者/购买者—指项目各部分的用户，既包括公共交通设施及其他类似公共设施，也包括项目内或与项目联合开发的资产购买者。一般而言，他们不是项目开发和运营合同的直接参与方，但他们的利益在项目中通过其他个体的担保和代表得到保护。

作为参考，下图罗列了上述利益相关者间的关系。

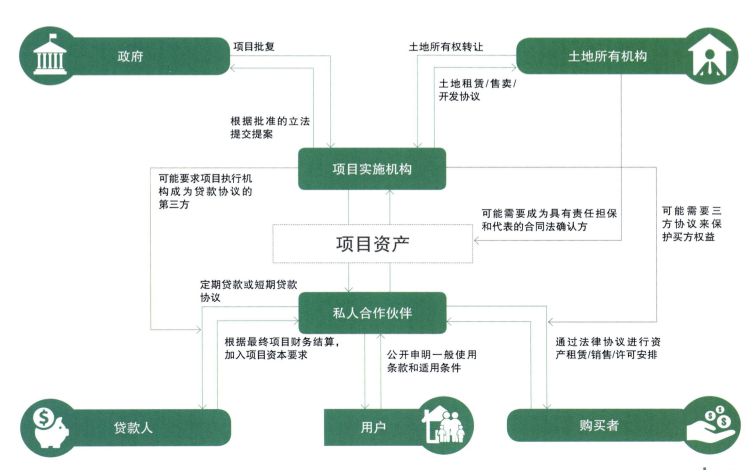

项目组织架构

公私合营项目的结构取决于多项因素，在确定特定模型前，需对项目进行详细分析。以下内容需在执行机构与私人合作伙伴间共享：

- 项目开发范围
- 提供的资源
- 运营和管理职责
- 项目风险（包括收入风险）
- 监测和控制

根据共同责任，PPP 项目可作以下分类：

- 管理或服务合同
- 租赁和承租合同
- 特许权/建造-运营-转让（Build-Operate-Transfer，BOT）/设计-建造-运营（Design-Build-Operate，DBO）
- 合资企业
- 私有化

备选方案的选择取决于对项目和利益相关者要求的评估结果。下图提供了基本参考框架。

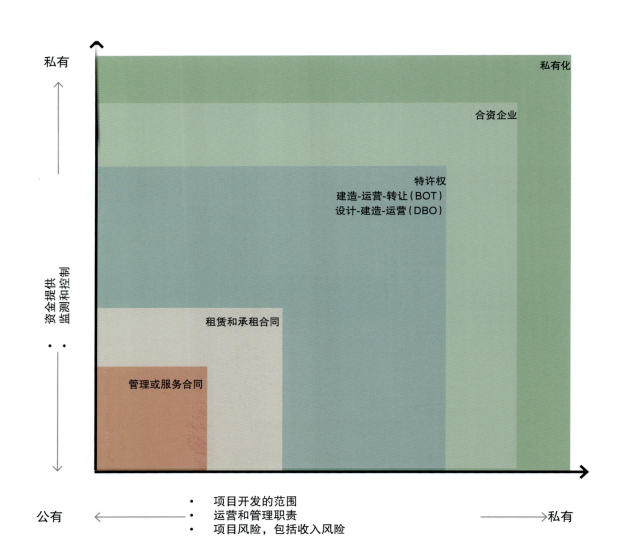

立法 – 政策和监管框架

项目设计师要对管理项目开发和运营的立法框架有深入了解。项目结构包括开发和运营权、金融和土地资源、利益相关者及合作伙伴选择、权利和责任、合规要求以及基于盈利的规范指南等，必须遵守本地政策和法规，对本地区具有特定效力或对政府管辖区具有通用性。

出现难题或需特殊说明时，初始阶段组建的、包含审批机构的咨询委员会便可发挥作用。一些具体的PPP项目可能需要政府对既有操作规范进行调整，例如项目中的土地开发或土地转让等。在进一步开展项目组构并实施前，应优先执行相关规范。

采购和实施

根据已确定的项目实施结构，采购过程的开展基于标准招标文件条款和条件以及附加合同草案。合同草案通常涉及项目结构的多个方面，且在风险分担上与合同条款和适用条件一致。大多数情况下，所有中央政府、省或地方政府都会指定供PPP项目采购的标准招标文件。具体项目往往在这类标准招标文件的框架下特殊定制。这些文件通常作为特许协议和提案文件的模板。

有效的合同管理和项目监控同样重要。执行机构可组成一个独立团队，或聘请相关领域的专业咨询机构。独立工程师在项目中的各个关键环节和博弈过程中都具有特定角色。执行机构或共同开发的双方都会与团队保持联系，以检查项目的开发质量和利润。

一般情况下，项目由私人合作伙伴独立实施。但根据协议规定，合作伙伴在实施前和实施后均需获得执行机构、独立工程师或其他任何第三方的批准。

实施后管理

上述协议在合同/特许权的整个生效期内，从签订日起，至资产移交给执行机构时，均有效（如果适用）。执行机构的合同管理团队负责监督各方对合同的履行情况，尤其是私人合作伙伴。场地管控中的目的地管理、场所营造、安全以及整体地区品牌等，应在项目生命周期中始终予以考虑，以提升场地在整个市场中的价值。

中国，香港特别行政区

TOD K P

FI–R01

开发激励政策

为规划师和经济发展专家开发的金融指导工具

形式: 参考文献

简 介

TOD 与传统的单一用地类型开发模式完全不同，因此通常会使用激励措施来吸引开发商和投资者，特别是城市周边和闲置用地。一些激励措施同时与城市居民关联，鼓励社区更多地参与开发过程。这有助于确保项目由利益相关者共同创造，并最大程度地降低项目审批和实施延迟的可能性。下表概述了可实施的潜在开发激励措施。

开发激励	发展成果
根据市场需求，允许增大公共交通节点周围的开发密度，同时对私人部门参与建造市政公共设施发放开发密度奖励	有利于开发并降低基础设施扩展成本
地方开发管理策略和激励措施，促进本地土地开发商和投资者发展 TOD	提供更好的城市规划和发展导则，从而增加本地吸引力
为开发商提供技术支持类奖励，包括建筑设计、场地规划批准、理解分区规则等	带来高质量开发
通过放宽限高和减少车位配比要求激励开发者。根据市场需求，这类开发选在商店和公共交通站点附近是符合 TOD 理念且合理的	带来多功能用地和集约开发机会
对于注重公共交通使用的项目，激励措施可包括返还全部或部分开发申请费	减少处理时间并提高效率
为 TOD 项目中的组织初步社区咨询、整合经济适用房和社区设施等活动提供财政援助	鼓励公众参与规划
采取费用减免等激励措施，加快开发申请处理进程，简化审批流程	提升服务价值可改善项目交付进程

免责声明：TOD知识产品旨在为TOD项目实施提供顶层框架，并指导城市在规划的所有阶段排除障碍。由于中低收入城市的情况不尽相同，TOD知识产品的应用必须适应当地需求和优先事项，并根据个案定制。

©2018 International Bank for Reconstruction and Development/ The World Bank.

分区激励

调整楼层限高

尽管所允许增加的高度可能因现行分区和相对公共交通的位置而不同，但建筑面积会因此增加。

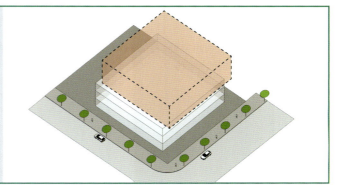

调整用地面积

尽管可增加的用地面积可能因现行分区和相对公共交通的位置而不同，但建筑面积都会增大。

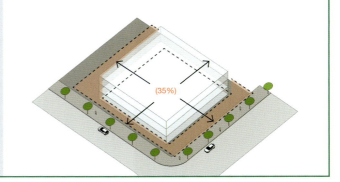

调整居住建筑密度

减少每个居住单元的土地面积可增大公共交通附近的居住密度，并提供更多住房选择。

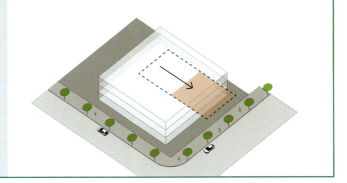

调整用地许可
通过调整主要土地利用类型，在步行可达范围内（包括从住宅到商业等功能用地）增加步行活动。

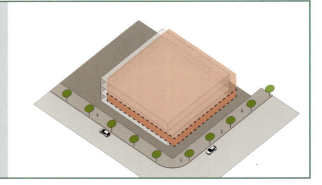

鼓励多功能用地
通过要求或鼓励多种用途来提高本地活力，促成有活力且便于步行的公共交通。

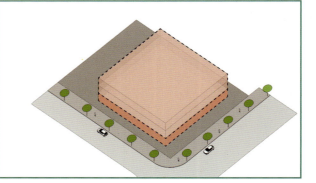

鼓励居住用地转换
通过鼓励将现有建筑转换为住宅，使公共交通站点附近出现更多连续且便于步行的区域。

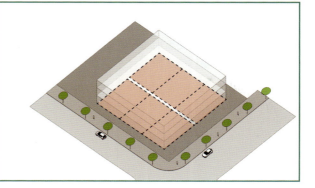

鼓励特定土地利用类型
在特定区域为特定用途的建筑提供更高的容积率和开发强度，有利于私人和公共投资者达成共识。

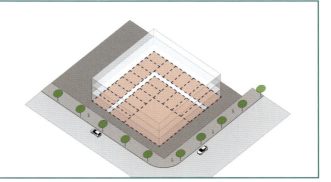

鼓励特定土地利用类型
通过鼓励地块的大规模整合为二次开发创造更多机会。

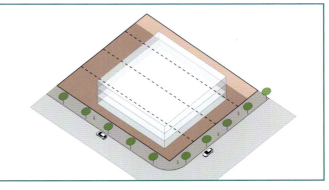

提供更多住房选择/机会
住房选择的多样化有利于以强健的住房需求为基础加强社区的步行适宜性和紧凑性。

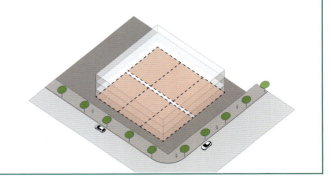

停车激励

设定停车位置和方向
将停车位设于街区内部、建筑背后或用景观对其进行遮蔽，有利于提供体验更好且不间断的步行环境，并进一步促进公共交通的使用。

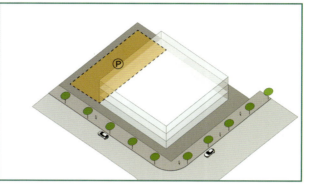

调整停车位需求
减少停车位需求，有利于增大二次开发用地面积，从而增大住宅和商用面积。

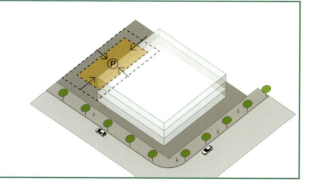

设定停车位最大数量
停车位数量限制可用于限制地块或地区内建造停车位的土地面积。

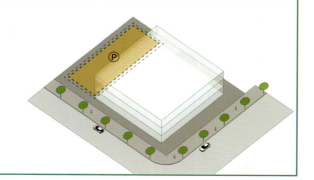

设定停车位出入限制

将次级道路上的停车位出入口数量限制为1个，有利于减少对步行环境的破坏。

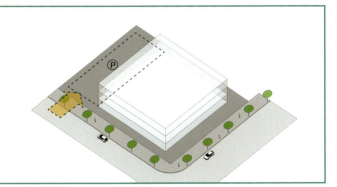

要求停车场设置景观带/缓冲区

设置景观带/缓冲区有利于遮挡行人视野中的停车区域，并减少大面积不透水表面。

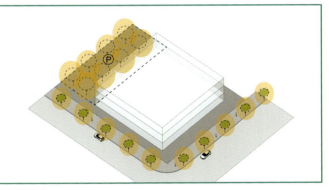

鼓励共用或场外停车位

相邻站点间的停车资源可合并共享以增加容量。在不同用途间转化或将路侧车位合并可提高效率。

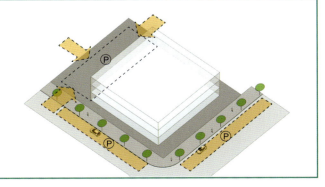

墨西哥,伊达尔戈

FI–R02

土地价值捕获最佳实践

介绍世界银行客户国使用土地价值捕获工具为公共交通项目提供资金的案例

形式: 参考文献

简 介

目的

城市聚集的压力、基础设施不配套及建设成本攀升，使政策制定者不得不在预算紧张的情况下改善关键交通基础设施。通过使用各种土地价值捕获工具，利用新公共交通线路和站点提升房地产价值，进而获取资金，并推动交通基础设施建设。在土地价值捕获交易中，政府倾向于分享利润，而不是让利于开发商或土地所有者。土地价值捕获工具有很多种，主要可分为以税收或费用为基础（例如土地税）和以开发为基础（例如联合开发）两类。土地价值捕获工具的有效利用，可为谨慎的政府提供更具持续性的资金来源，并更好地协调公共部门和私人部门间的合作关系。土地价值捕获工具有提高区域密度的作用，这也是城市将其纳入TOD发展策略的原因之一，且已成为当下城市规划部门的常用实践方式。

免责声明：TOD知识产品旨在为TOD项目实施提供顶层框架，并指导城市在规划的所有阶段排除障碍。由于中低收入城市的情况不尽相同，TOD知识产品的应用必须适应当地需求和优先事项，并根据个案定制。

© 2018 International Bank for Reconstruction and Development / The World Bank

体系

在中低收入国家，土地价值捕获工具用于为城市公共交通基础设施筹集资金。本章将按以下框架介绍城市案例，各节分别代表公共交通基础设施建设的不同阶段。

- **范围**：阐述项目基础和可行性评估。
- **规划**：阐述相应案例所遵循的规划过程。
- **机构**：阐述机构在使用土地价值捕获工具过程中的角色和职责。
- **融资**：讨论相关城市在项目融资过程中采用的不同融资工具。
- **实施**：阐述土地价值捕获工具的实施方式。
- **成果和经验教训**：阐述实施土地价值捕获的成果和经验教训。

南昌轨道交通集团有限公司

中国南昌

背景

南昌市是江西省省会，位于中国东南部，是区域农业、制造业和商业发展中心。为适应城市经济和人口的快速增长，南昌于 2000 年首次提出城市轨道交通系统建设规划。据预测，到 2020 年，南昌中心城区人口规模将达 350 万。2007—2011 年间，南昌的国内生产总值（Gross Domestic Product，GDP）增长率高达 16%~22%。

南昌轨道交通集团有限公司（Nanchang Railway Transit Group，NRTG）成立于 2008 年，是南昌市政府出资设立的国有独资企业，采用以开发为基础的土地价值捕获（Development-Based Land Value Capture，DBLVC）作为融资策略，计划建设南昌地铁 1 号线（28.7 公里）、2 号线（23.3 公里）和 3 号线（18 公里）。南昌轨道交通集团有限公司通过市政府在公共交通建设中的公共土地利用规划，获得站点周边的超额土地，并直接参与房地产开发，从而实现土地价值捕获。

范围

2005 年 8 月，江西省发展和改革委员会及南昌市政府审批通过地铁系统建设提案，并将其纳入预算规划。同年 11 月，编制了包含 4 条地铁和 1 条轻轨线路的轨道交通建设规划。经过各级政府审议，南昌地铁建设项目最终正式列入优先议程。

规划

南昌的公共交通出行模式分担率仅为 13.5%。此外，南昌南部地区道路严重拥堵，而其他地区道路宽阔，有利于汽车行驶。在城市南部地区，南昌市政府计划降低老城核心区人口规模、降低开发密度、缓解交通拥堵并保存历史建筑。为实现上述目标，解决日益严峻的交通拥堵问题，南昌市政府设计了全方位的公共交通系统，充分融合了公交服务和地铁网络，以推动实现便利公共交通出行目标。南昌市政府计划建设 5 条地铁线路，其中 2 条已进入建设期。建成后，南昌市的地铁网络里程将达 160~170 公里，共 128 座车站。目前，按规划，南昌地铁 1、2、3 号线将于 2020 年全面竣工，总里程达 60~70 公里。上述地铁线路将成为构建地铁网络的基本架构，连接主要商业中心、金融区、休闲娱乐区、运动设施、2 个工业园区和 3 所高校。

南昌地铁1~5号线（来源：南昌城市规划设计研究院 2013）

机构

南昌市政府将市级土地利用规划、地方基础设施和服务投资授权委托给计划建设和运营地铁系统的南昌轨道交通集团有限公司。为更好地利用私人部门的专业知识，南昌轨道交通集团有限公司成立了专门的房地产管理部门，主要由私人部门员工组成，负责管理公司拥有的所有房地产项目。与此同时，南昌轨道交通集团有限公司也扮演着政府机构间的关键联络角色，负责协调开展地铁投资、项目规划及审查工作。

融资

南昌轨道交通集团有限公司预计直接开发的资本投资额为 14 亿美元，而 2012—2015 年间的预计开发总收入如下。

- 出售开发权：5.74 亿美元。
- 出售 50 万米^2 商业物业：15 亿美元。
- 年平均租金收入：6560 万美元。
- 2012—2015 年租金总收入：1.98 亿美元。
- 预计 2015 年末净利润：11 亿美元（相当于 1、2 号线建设成本的 20.5%）。

南昌轨道交通集团有限公司在地铁 1、2 号线沿线走廊的房地产投资（包括土地开发、站点租赁、房地产销售和物业租赁）预计财务收益在 2012—2016 年间约为 22 亿美元，在 2016—2020 年间约为 36 亿美元。南昌轨道交通集团有限公司以开发为基础的土地价值捕获机制是中国城市通过土地价值获取融资案例中的典范。

实施

南昌轨道交通集团有限公司向南昌市政府购买或租赁周边土地，作为回报，南昌市政府提高了站点 500 米范围内的容积率，从而推动了以开发为基础的土地价值捕获机制实现盈利。该机制通过以公共交通为导向的土地开发利用，收回地铁带来的土地价值增值，为地铁建设和运营筹资。南昌轨道交通集团有限公司在选定的站点处开展地上或地下空间开发。作为一项商业策略，南昌轨道交通集团有限公司首先在离市中心较近区域的站点进行高密度、混合用途开发，随后在郊区站点周边以较小规模进行复制式开发，从而提升了直接投资开发房地产项目的整体财务可行性。南昌轨道交通集团有限公司正在推进 23 个车站上盖的混合开发项目，其中 5 个属于直接投资开发，其他 18 个属于与私人开发商合作投资开发。此外，南昌轨道交通集团有限公司还在建设 5 个地下空间开发项目，其中 3 个属于直接投资开发，其他 2 个属于与私人开发商合作投资开发。

成果和经验教训

从该案例研究中可得出以下结论：

- 经济和人口增长为城市居民提供了更好的就业机会，同时也带来健康的人口迁移。在城市大运量快速公共交通走廊周边提供房地产投资机会，可将人口迁移带来的流量进一步变现。
- 无论使用哪种土地价值捕获工具，市场营销和商业开发都是 TOD 项目成功的关键，两者能帮助投资者和开发商了解土地价值捕获工具的益处。
- 城市地方机构或城市管理机构对土地价值捕获机制的充分支持有助于加快进程。
- 授权城市地方机构开展公共交通发展相关的所有决策至关重要，可通过引入专家、下放资金及权力来分阶段实现。
- 在城市和区域层级大运量公共交通 TOD 项目和土地价值捕获中，缺乏城市再开发规划是主要制约因素。
- 土地价值捕获工具必须捕获公共交通所带来的土地长期价值增长，并满足公共交通运营、维护和更新的经常性财务支出需求。
- 公共交通机构应建立机制，与开发商公平分享经常性收入，可通过开发权约定或其他获取土地价值长期增长的财政工具来实现，例如房产税、影响费和改良税。

新德里地铁公司

印度新德里

背景

新德里大都会区包括新德里国家首都辖区（National Capital Territory of Delhi，NCTD）和分布在首都辖区外围的城镇，包括加齐阿巴德（Ghaziabad）、洛尼（Loni）、诺伊达（Noida）、法里达巴德（Faridabad）、古尔冈（Gurgaon）和巴哈杜尔加尔（Bahadurgarh）。在这片 1483 公里^2 的土地上，人口超过 2200 万，预计到 2025 年将增长至 3300 万。新德里国家首都辖区的人均收入是印度全国平均水平的 2.4 倍，其贫困线以下人口比例也仅为印度全国水平的一半左右。大量的经济机会吸引了大量人口迁移到新德里。对这座城市而言，提高公共交通基础设施规模一直备受关注。

范围

到 2021 年，新德里的大运量快速公共交通系统（the Mass Rapid Transport System，MRTS）将基本形成约 250 公里的地下、高架和地面交通网络。据估计，网络建成后，市民以大运量快速公共交通系统站点为中心，步行 15 分钟可达新德里约 60% 的城市区域。由于要考虑当地现有条件和非正式聚居模式（例如贫民区），从而进行有选择性的建成区再开发和加密开发，这项投资有望对经济发展和创造就业产生极大推动作用。

规划

《新德里总体规划》（Master Plan of Delhi）提出为大运量公共交通系统站点的影响区域建立综合再开发规划策略，包括多样化土地利用种类和容积率等。新德里发展局（Delhi Development Authority，DDA）在统一交通运输基础设施规划工程中心（Unified Traffic and Transportation Infrastructure Planning and Engineering Centre，UTTIPEC）的帮助下，制订了《2021 新德里总体规划 -2021》（MPD-2021）。该规划提出，要大幅提高新德里的容积率，设立沿地铁走廊 500 米宽的 TOD/ 多功能区，同时鼓励商业活动与创造就业活动混合。高容积率将充分考虑建筑退距和高度限制。如果超过 70% 的区域都位于 500 米缓冲范围内，则影响区会制订再开发方案。除极个别特殊情况外，大运量公共交通系统站点周边物业开发的最大面积为 3 公顷，且物业开发将在所有混合用地内进行。这种灵活的土地利用协调方式将推动住宅和商业土地的混合利用，形成高密度建成区，但是否能促进线路沿线的再开发则有待观察。

机构

新德里地铁公司（Delhi Metro Rail Corporation，DMRC）拥有铁路业务的决策权，而土地开发权仍掌握在政府部门手中。城市发展部通常会参与到新德里地铁公司的车站规划和物业开发项目中。新德里地铁公司需获取政府相关部门的法定许可：涉及建筑和概念规划，须新德里城市艺术委员会审批；涉及土地用途变更，须新德里发展局审批；涉及建设规划，须相关市政机关审批；涉及无异议证明，须土地和发展办公室与新德里发展局联合审批；涉及考古调查，须印度考古调查局审批；涉及消防许可，须新德里消防署审批；涉及环境许可，须印度环境部审批。

融资

新德里现有的及规划中的大运量快速公共交通系统线路总里程为 293 公里，项目共三期。印度联邦政府必须直接参与项目三期工作,才能获得日本国际协力机构(Japan International Cooperation Agency,JICA)提供的日元优惠贷款(30年,包括10年宽限期,利率约为1.8%)。

实施

归属不同部门、机构及市政府管理部门的土地,按政府间转让费率,转让给新德里地铁公司,由城市发展部统筹安排,并订立长达99年的租约。新德里市政府主要负责为公共项目收储私人土地,然后转让给新德里地铁公司。在一些特殊区域,新德里发展局会免费给新德里地铁公司提供土地。土地征用的成本将作为资金分配方案中25年期的免息次级债务,在未来进行收益回收。

开发权的出售可分为两步。在获得市政府相关机构出让的土地后,新德里地铁公司通常会邀请入围的招投标人与中标者就开发权签订特许协议。车辆段和独立地块上大部分的住宅开发项目均有90年租期,须承担高额预付款。相对的,车站建筑的短租期(6~12年)商业物业和车站外大型地块上的中租期(20年)物业项目能带来更可观的经常性收入。

成果和经验教训

案例研究结论如下:

- 良好的购买力和消费驱动型经济是TOD适用性的指标。

- 制订开发参数或土地价值捕获工具不应受固定标准约束,而应充分考虑本地条件、网络化后的交通特征和市场需求。

- 多机构间的土地转让过程缓慢且复杂,阻碍了新德里地铁公司和私人开发商的开发进度,这是快速公共交通站点周边物业开发项目面临的主要障碍。

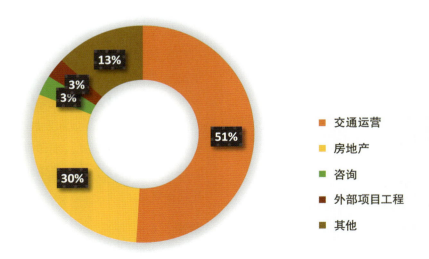

新德里地铁公司截至2013年的净利润

海得拉巴地铁公司

印度海得拉巴

背景

海得拉巴（Hyderabad）是特伦甘地邦（Telangana）首府，长期以来一直是服务型和知识型产业的国际企业中心。海得拉巴大都市开发区（Hyderabad Metropolitan Development Area，HMDA）占地 7257 公里^2，承载了逾 750 万人口，常驻有大海得拉巴市政委员会（Greater Hyderabad Municipal Corporation，GHMC）。到 2025 年，海得拉巴大都市区的人口预计将超过 1160 万。

范围

周边城市预计将成为主要人口增长区。因此，需长远考虑公共基础设施投资和土地用途管理，以适应整个大都市区的人口增长和新兴产业集群发展趋势。

规划

新版海得拉巴总体规划聚焦于解决新出现的人口增长模式问题，同时强调了长远的商业模式转变问题。根据已完成的地铁开发规划，邦政府将对大都会区的总体规划进行修订，在地铁走廊两侧划定 300 米宽的多用途区，即混合土地利用区，从而促进土地的商业和办公利用，并从公共交通服务中获利。

机构

海得拉巴大都市开发区负责区域规划和监管。邦政府计划通过设计-建造-融资-运营-转让模式（Design-Build-Finance-Operate-Transfer）进行招标，在海得拉巴采用高架结构建设长达 71.16 公里的铁路系统。拿丁集团（L&T）最终中标，因为他们的可行性缺口补贴最少（145.8 亿卢比/2.3 亿美元）。拿丁集团与邦政府签订了 35 年的特许协议，其中 5 年是建设期。在双方的合作框架中，海得拉巴地铁公司发挥中介作用，确保拿丁集团获取地铁建设的交通用地权，并与大海得拉巴市政委员会（GHMC）、交通、公安部门及公共事业机构协同，获取多项许可。特许经营方的核心义务是鼓励建筑师和城市规划师参与，实现与周边景观的充分融合，并在设计地铁系统时考虑其他交通方式和新交通走廊的换乘设施。

融资

政府承担 40% 的项目成本，其中一半来自联邦政府，另一半来自邦政府。剩余 60% 由拿丁地铁公司承担。由印度国家银行牵头，10 家银行组成财团提供资金。地铁项目的负债比率为 2∶1。拿丁地铁公司预计，企业收入的 50% 将来自票款，45% 将来自房地产开发，5% 将来自广告和停车费用。项目总成本为 30.7 亿美元，包括 4.1 亿美元的地铁走廊沿线房地产开发成本。

实施

拿丁地铁公司有权使用政府提供的车辆段和 25 个站点空间进行房地产开发，总面积达 23 公顷，最大建筑面积不超过 55.7 万米^2。拿丁地铁公司预计将提供公共便民设施，特别是在地铁沿线走廊 300 米范围内的地块进行高密度 TOD 开发。

成果和经验教训

案例研究结论如下：

- 海得拉巴地铁公私合营项目是地铁项目交易和实施的完美范例，适用于有意扩大公共交通基础设施建设的城市。
- 为私人部门参与 TOD 项目提供了机会，以不可或缺的专业知识和效率推动项目执行。

土地开发权出售

巴西圣保罗市

背景

圣保罗是充满活力的巴西金融中心，是世界上人口最多的城市之一，拥有众多文化机构和丰富的建筑文化。在地区生产总值增长10倍的同时，圣保罗的人口增长了5倍，达到1210万人。但自20世纪90年代以来，圣保罗的经济已经大幅去工业化。

范围

过去若干年中，圣保罗的人口和人均收入都在高速增长，但也伴随着不稳定的政治和金融环境，以及空间发展愿景和战略实施的不足，由此导致了城市扩张。

尽管圣保罗的城市-区域边界在持续向外扩张，但大量就业机会、教育活动、公共服务、商业和娱乐活动仍聚集在城市中心区，这使作为活动中心的城市中心区与作为居住地的城市周边区域间产生了大量通勤出行。

规划

圣保罗的城市发展和公共交通投资由联邦、州和市级政府的多项法律和总体规划文件引导。城市法规将城市运营（operaçào urbana）定义为利用土地激励政策促进城市大面积重建的工具。该工具通常用于公私合营项目，即包含地方政府、开发商、土地所有者和作为独立投资者的利益相关团体的合作项目。城市运营通过城市运营联盟（Operações Urbanas Consorciadas）实施。城市运营中，基础设施的投资资金主要源于公共投资、土地利用和分区规则变化所带来的土地增值。

机构

州政府和市政府为区域和地方交通系统成立了多个机构。州大都会交通秘书处（The state Secretariat of Metropolitan Transport）下设3家运营公司，包括圣保罗大都会公司（São Paulo Company of the Metropolitan）、圣保罗大都会铁路公司（São Paulo Metropolitan Trains Company）和大都会城市交通公司（Metropolitan Urban Transportation Company）。在州大都会交通秘书处的架构内，公共交通开发和交通管理的任务由圣保罗交通公司（São Paulo Transporte S.A.）和交通工程公司（Traffic Engineering Company）承担。作为主要交通机构，圣保罗交通公司负责协调市内8家私营公司运营的市政公交服务。重要的公共交通项目由州大都会交通秘书处和城市发展市政秘书处负责。其中，后者主要负责新公共交通走廊和站点附近的城市规划及设计，并实施土地管理，监管城市开发公司（São Paulo Urbanismo）。

融资

圣保罗市区及周边区域的公共交通项目建设资金主要源于地方政府，尤其是圣保罗州政府对地铁、通勤铁路和城际巴士的投资预算。《城市综合交通规划2025》（Integrated Urban Transport Plan 2025）对未来数十年的公共交通项目融资方案进行了情景分析，不仅评估了传统的税收融资策略，还分析了土地价值捕获等新型融资策略。根据总体规划中的投融资模型，通过出售城市干预区的空间权、公私合营、收取交通拥堵费等策略，可为城市带来实质性发展效益。

实施

圣保罗城市规划部门将城市的基本容积率设定为1.0~2.0。在此范围内，具体容积率取决于区位和土地利用类型。如果土地所有者想对土地进行超出法定容积率上限（1.0~4.0，取决于区位和土地利用类型）的开发，则必须购买额外容积率。政府销售额外开发权（Outorga Onerosa do Direito de Construir）获得的收益将纳入城市发展基金，为城市公共投资提供资金，包括对城市范围内的贫民窟进行改造。

额外开发潜力证书（Certificate of Additional Construction Potential）是一种市场化筹资工具，通过指定城市运营框架内的土地开发权交易，为城市公共投资筹集资金。借助额外开发潜力证书，市政机构可通过出售额外开发权来增加基础设施投资源。额外开发权既可来自提高容积率上限，也可来自更改土地用途规定，这些措施都能鼓励私人投资，从而推动城市开发和更新。

成果和经验教训

该案例的启示如下：

- 高市场需求、政府创建和管理拍卖市场的能力以及确保执行额外开发权的政治意愿和监管能力，是该模型能在圣保罗取得成功的关键因素。
- 土地开发权转让的最大优势，是使发展中国家的地方政府能在可开发土地数量有限的情况下，为资本密集型城市基础设施项目提供大量前期现金流，同时又不会增加公共债务。
- 必须制订透明的项目融资方案，为各机构、地方政府、公共交通机构、土地所有者、居民、开发商和投资者间分摊利润和风险提供明确的制度和机制。在公共交通和城市开发项目的规划、融资和实施过程中，必须有利益相关者协调机制。

参考文献

Suzuki, Hiroaki, Jin Murukami, Yu-Hung Hong, and Beth Tamayose. 2015. Finacing Transit-Oriented Development with Land Values. Washington DC: World Bank Group.

Amirtahmasebi, Rana, Mariana Orloff, Sameh Wahba, and Andrew Altman. 2016. Regenerating Urban Land - A Practioner's Guide to Leveraging Private Investment. Washington, DC: World Bank Group.

n.d. Nanchang Metro. Accessed 08 20, 2018. http://www.ncmtr.com/.

n.d. Delhi Metro Rail Corporation. Accessed 08 20, 2018. http://www.delhimetrorail.com/funding.aspx.

黎巴嫩，贝鲁特

FI-R03

市政融资工具

提供一个参考表格,可从可持续城市发展全球平台(GPSC)网站的TOD页面和世界银行TOD 实践共同体(CoP)网站下载。建议用户先阅读正文再使用表格工具

形式: 参考文献

简 介

TOD 规划原则中设想的 TOD 开发类型，例如改善街景、增加广场和开放空间、改善公共设施、土地购买和其他支持性投资等，都需要大量基础设施和社区公共服务设施投资。除初始资本性投资外，维持高质量 TOD 城市空间还需要大量运营和维护资金。

中低收入国家的地方政府，由于财政能力有限、土地权属不明和不动产税收低等因素，在筹措 TOD 项目所需资金时困难重重。

免责声明：*TOD知识产品旨在为TOD项目实施提供顶层框架，并指导城市在规划的所有阶段排除障碍。由于中低收入城市的情况不尽相同，TOD知识产品的应用必须适应当地需求和优先事项，并根据个案定制。*

©2018 International Bank for Reconstruction and Development/ The World Bank.

目的

尽管市政融资工具在全球各地具有相似的基本原则，但各城市如何部署这些工具，则取决于监管程序、法律背景和政治意愿等本地因素。本工具提供了一个全面清单，包括多国使用过的公共基础设施和服务融资工具。

假设和限制

- 本融资工具清单具有通用性，但使用时仍需根据城市的法律和监管政策进行调整。

- 有些工具可能需要相应的立法框架支持才能实施，而有些工具则需要由市场主导。相关评估工作应作为尽职调查的一部分，并同时开展工具的适用性分析。

工具架构

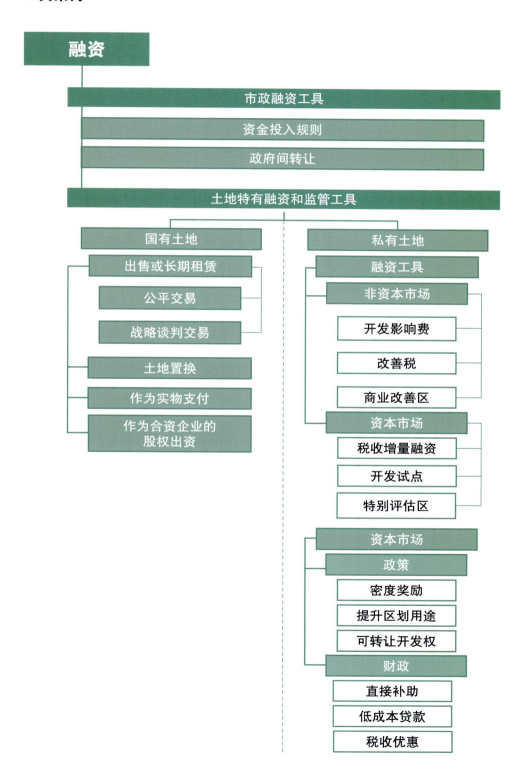

土地价值捕获

因公共基础设施改善而进行的投资，通常会带来土地价值的增值或收益。土地价值捕获工具按事先约定比例进行资金收储，为公共基础设施优化提供资金。

使用此工具的城市：印度新德里、日本东京、中国香港

税收增量融资

税收增量融资（Tax Increment Financing，TIF）是一种利用未来税收收益来资助当前改进项目（改进项目理论上是创造未来收益的条件）的方法。开发项目或公共项目的实施往往会使附近房地产增值，可能还会带来新投资。土地价值和投资的增加通常会带来更多税收，即税收增量。税收增量融资指将特定区域内的税收增量用于支付相关开发项目的费用。税收增量融资旨在为改善贫困或欠发达地区提供投资。税收增量融资通过借入未来不动产税收入，为本地当前无法负担的公共项目筹集资金。

使用此工具的城市：美国阿灵顿、美国芝加哥

土地调整

土地调整是地方政府启动TOD项目的有效工具，特别是在与本地居民和土地所有者合作开展绿地开发时。使用政府资金或贷款提供公共和基础设施，再以市场价出售拥有市政配套设施的地块。开发机构可获取土地价值的增值，并将其用于基础设施的进一步升级，而不是返还给最初的土地所有者。作为回报，每个土地所有者都会得到一块面积较小、但价值更高的拥有市政配套设施的地块。

使用此工具的城市：印度孟买、印度马哈拉施特拉邦、印度甘地纳格尔（Gandhinagar）、印度古吉拉特邦（Gujarat）

开发商费和抽成

开发商费和抽成通常以一次性开发影响费的形式收取，并作为市政通用基金的一部分，为公共基础设施（例如市政服务和交通运输）提供资金。开发商抽成也专用于公共设施改进项目，例如在TOD区域建设人行道、公园或娱乐中心等公共设施，而开发商则可能获得额外的开发密度许可。

使用此工具的城市：印度班加罗尔

合作开发

合作开发是公共交通机构最早使用的融资机制之一,它是一种公私合营方式,由私人开发商在公有土地上利用私人投资进行房地产开发。

使用此工具的城市:韩国首尔、印度班加罗尔

市政债券

市政债券是市政机构发行的专项债券,用于为城市基础设施项目和各种市政服务筹资。购买市政债券意味着借钱给政府机构,作为回报,政府机构将在整个债券冻结期内支付既定利息,并在结束时返还本金。市政债券有应税和免税两种形式,又分为一般责任债券(General Obligation Bonds, GO)和收益债券(Revenue Bonds)两种类型。一般责任债券的用途是筹集直接资金以支付各种费用,由发行人的征税能力支持。收益债券的用途是为基础设施项目筹资,由项目本身的收入支持。

使用此工具的城市/机构:印度艾哈迈达巴德市政公司、印度古吉拉特邦、印度德里

银行贷款和融资

为城市基础设施项目融资的最传统方法是由银行或其他贷款机构发放定期贷款。相关步骤包括:

- 市议会或常设委员会批准发行债务。
- 获得相关地方政府机构的技术批准。
- 申请定期贷款—附带拟议项目概述、详细项目报告、融资计划、往期预算文件和必要许可。
- 贷款机构根据项目风险和申请人财务能力发放贷款。

使用此工具的机构:印度泰米尔纳德邦城市发展基金

拥堵费或停车费等直接费用

直接费用指对使用公共设施和基础设施的用户直接收费,例如公共交通服务、收费公路、桥梁和停车设施。直接费用因本地条件和项目具体需求而定,通常由公共和私人机构收取,以收回基础设施的资本成本、运营成本和维护成本。

拥堵费是一种根据特定服务的使用程度或一天中的使用时间来进行需求管理的工具,可用于缓解交通拥堵,其收入可用于支持和改善公共交通服务和运输系统。

使用此工具的城市:新加坡、英国伦敦

开曼群岛,卡玛纳湾

TOD K P

实施

摘要

从确定项目时序、能力建设和监测三方面融合"实现TOD"所需的各种干预措施

© 2018 International Bank for Reconstruction and Development / The World Bank 1818 H Street NW Washington DC 20433

Telephone: 202-473-1000

Internet: www.worldbank.org

本作品是世界银行工作人员在外部资助下完成的。本作品所包含的研究成果、释义和结论不完全代表世界银行、世界银行执行董事会及世界银行执行董事所代表的政府的观点。

世界银行不保证本作品所述数据的准确性。本作品引用的地图中标注的边界、颜色和面积等信息，不代表世界银行对任何领土的法律主张，以及对相关边界的认可或判断。

权利与版权

本作品中的素材均受版权保护。世界银行鼓励知识传播，因此只要注明作品版权归属，就可在非商业目的下复制本作品的全部或部分内容。

任何有关权利和许可，包括版权在内的咨询，应向世界银行出版社提出。

地址：The World Bank Group, 1818 H Street NW, Washington, DC 20433, USA

传真：202-522-2625

电子邮件：pubrights@worldbank.org

引用说明如下：Global Platform for Sustainable Cities, World Bank. 2018. "TOD Implementation Resources & Tools." 1st ed. Washington, DC: World Bank.

所有图片版权均为版权方所有，未经版权方书面许可，不得以任何目的使用。

概　述

成功的 TOD 开发项目需要动员大量资源、开拓合作伙伴关系并创新实施机制，使公共部门能利用私人投资改善公共交通和基础设施。"实施"阶段主要讨论可将规划变为现实的项目和干预措施。

愿景和详细规划制订完成后，就要进入图纸落地阶段。与其他城市改造项目类似，TOD 项目的实施落地通常需要 10~20 年，在此过程中还要不断平衡公共与私人部门的利益。为确保项目成功，需要调动大量资源、建立伙伴关系、平衡利益、开展复杂谈判并持续监控。

本章内容基于与 TOD 实施相关的既有研究，并对实施步骤进行了排序。需要注意的是，这些步骤通常不会是线性的，而是连续反馈、循环迭代的。本章内容主要源于《城市土地再利用：使用私人投资的从业人员指南》（Amirtahmasebi, et al. 2016）和《模块 6：实施 TOD 走廊层级项目的顺序》（Module 6: Sequencing for Implementation of the TOD Corridor Course, World Bank Group and WRI 2015），两者包含了 TOD 实施框架的关键组成部分：

- 监测和评估
- 时序策略
- 能力建设

规划和政策干预的影响无法准确预测。实施机构可在监测和评估过程中学习、理解特定策略的相对影响。关键绩效指标（KPI）使城市得以在全球标准框架下衡量 TOD 规划绩效。较小的 TOD 项目需根据具体目标制订特定的监测和评估框架。因此，一些 TOD 评价产品应运而生，包括《TOD 标准》、《模块 8：TOD 走廊层级项目的监测和评估》（Module 8: Monitoring and Evaluation of the TOD Corridor Course, World Bank Group and WRI 2015）以及《LEED v4 社区发展指标》（the LEED v4 for Neighbourhood Development, USGBC）。

能力建设已成为各类文献以及公共行政机构、国际机构、政府和非政府组织议程的高频主题之一。联合国开发计划署将能力建设视为个人/组织/社会获得、加强并保持长期制订及实现其自身发展目标的过程。《开发计划署能力建设初级读本》（The UNDP Primer on Capacity Development, UNDP 2009）为能力建设知识产品提供了基础。

实施 TOD 是一项既耗费时间又耗费资源的工作。因此，时序是 TOD 项目持续顺利推进的关键。时序实施使我们在资源调配过程中能综合考虑多重因素，例如总体时间框架、资源可用性、城市优先级、可能性风险和所需的利益相关者责任等。速效方案（Quick Wins）通常是使 TOD 开发项目落地的第一步，因为它能通过一项财务风险较低、时间限制较小的措施为城市带来积极变化，使具有一定争议性的 TOD 项目赢得更多的公众支持和更好的声誉。同时，风险较高、财务或资源更密集的措施会安排在更长的时间线上，以缓冲突发事件、潜在资源延迟和预算限制带来的影响。

此前章节已经包含了某些"实施"要素，本章介绍的世界银行客户城市所采用的"实施"框架类产品，将突出政治、监管、执法、融资以及与 TOD 项目监测和评估相关的其他因素所面临的挑战，为 TOD 项目建立关键绩效指标（KPI）、项目时序和能力建设。

知识产品

分析

| IM-A01 | 监测和评估框架（*表格 + 用户指南*）|
| IM-A02 | TOD 关键绩效指标（*表格 + 用户指南*）|

操作指南

| IM-H01 | 能力建设指南（*分步指南*）|
| IM-H02 | 如何制订 TOD 时序策略（*分步指南*）|

采购

| IM-P01 | 能力建设策略职权范围（*职权范围模板*）|

参考文献

Amirtahmasebi, Rana, Mariana Orloff, Sameh Wahba, and Andrew Altman. 2016. *Regenerating Urban Land - A Practioner's Guide to Leveraging Private Investment*. Washington, DC: World Bank Group.

Carlton, I., & Fleissig, W. (April 2014). *Steps to Avoid Stalled Equitable TOD Projects*. Living Cities.

ITDP (The Institute for Transportation and Development Policy). 2017. "*TOD Standard. 3rd ed.*" New York.

UNDP (United Nations Development Programme).2009. *Capacity Development: A UNDP Primer.* New York.

USGBC (US Green Building Council). 2018. "*LEED v4 for Neighborhood Development*".

Urban Management Centre (UMC). 2013. "*Training Needs in Sustainable Urban Transport in Madhya Pradesh*". Ahmedabad: Shakti Foundation and Climate Works Foundation.

World Resource Institute and World Bank Group. 2015. *Corridor Level Transit-Oriented Development Course*. Washington, DC.

TOD K P

IM–A01

监测和评估框架

确定合适的TOD项目监测和评估框架的分析方法

形式: 表格+用户指南

巴西，里约热内卢

IM-A02

TOD关键绩效指标

以交互式电子表格形式呈现，可在GPSC网站的TOD页面和世界银行TOD实践共同体（CoP）网站中获得。用户应先阅读正文再使用电子表格

形式：表格+用户指南

危地马拉，卡亚拉

TOD K P

IM-H01

能力建设指南

建立TOD项目的制度安排指南

形式: *分步指南*

概 述

目的

能力建设指在一个或多个组织的支持下,对个人或机构进行教育和技能优化的过程。能力建设正成为世界银行客户城市面临的最严峻挑战之一。缺乏体制和技术能力会导致包括 TOD 干预在内的大型项目的实施出现偏差。本知识产品以联合国开发计划署(UNDP)的《开发计划署能力建设初级读本》为基础编写。

免责声明:TOD知识产品旨在为TOD项目实施提供顶层框架,并指导城市在规划的所有阶段排除障碍。由于中低收入城市的情况不尽相同,TOD知识产品的应用必须适应当地需求和优先事项,并根据个案定制。

© 2018 International Bank for Reconstruction and Development/ The World Bank

UNDP 的能力建设方法

UNDP 认为,能力建设是个人/组织/社会获得、加强并保持能力,以在一段时间内制订和实现其自身发展目标的过程,涉及对个体的聘任、培训和授权,以及领导者、社会组织和社会群体,帮助他们实现预期目标。UNDP 特别强调"发展中国家应拥有、设计、指导、实施和维持这一程序"。

能力建设目标

与 UNDP 的能力建设方法一致,世界银行客户城市的能力建设实践体现了以下成功经验:

- 充分利用本地资源,包括人员、机构、技能和技术。
- 支持向可持续性发展转型。
- 以包容的态度解决贫富差距和边缘化现象所涉及的国家、团体和个人间的不平等问题。
- 强调通过政策和体制改革,使相关变化更为深入且持久。
- 强调价值的"适用性",而非"最优性"。

参考文献

UNDP (United Nations Development Programme).2009. *Capacity Development: A UNDP Primer*. New York.

Urban Management Centre (UMC). 2013. "*Training Needs in Sustainable Urban Transport in Madhya Pradesh*". Ahmedabad: Shakti Foundation and Climate Works Foundation.

UNDP的能力建设框架

能力建设是一个不断发展的、自我更新的过程。组织形式通常为以下五步周期循环。

- 第1步 确定参与能力建设的利益相关方
- 第2步 评估资产和需求
- 第3步 制订能力建设反馈机制
- 第4步 实施能力建设反馈
- 第5步 评估能力发展水平

能力建设过程

❸ 制订能力建设方案

评估现有能力（步骤2），确定差距和短板。制订能力建设方案以解决问题，同时满足当下、中期和长期需求。

如何制订能力建设方案？

制度	
短板类型	潜在方案类型
缺乏专职机构	• 为实施TOD项目确定专门职位和专职机构
各自为政	• 建立TOD组织/任务组
	*参考 EN-H01 如何建立合作机构并实现跨政府部门协调

领导力	
短板类型	潜在方案类型
对TOD没有认知	• 与国际专家、主要智库（例如WBCoP、ITDP和WRI）举行会议和研讨会
	• 领导培训，包括实地考察
没有政策支持	• 获取政策支持

知识	
短板类型	潜在方案类型
技术资源不足	• 招聘具备TOD技能的员工
	• 为TOD项目专门聘请顾问
	• 建立一个TOD知识中心*
对TOD理解不足	• 与非政府组织、机构或智库合作，为员工举办月度培训研讨会
	• 建立一个TOD知识中心*

受托责任	
短板类型	潜在方案类型
没有确定责任和责任人的系统机制	• 建立横向和纵向机制以评估TOD进展
	*参考 IM-A01 监测与评估框架
缺乏执行力	• 与执行机构合作开展敏感性培训项目

*TOD知识中心：一个由从业人员、研究人员、顾问以及现有技术人员组成的内部专家库，职责是提升机构实施TOD项目的能力。

IM-H02

如何制订TOD时序策略

为TOD项目或规划制订时序策略的方法

形式: 分步指南

措施的时间安排和时序

时间安排和时序

考虑到每项措施的时间范围、财政和人力资源的可得性以及每项活动所涉及的风险，项目必须按下表所示安排时间和时序。同时，需考虑两类措施，一类是可能与其他措施并行推进的措施，另一类是必须待前一项措施完成后才能推进的措施。

时间计划														
措施序号	Y1	Y2	Y3	Y4	Y5	Y6	Y7	Y8	Y9	Y10	Y11	Y12	Y13	Yn
1	S1		S2	S2	S3	S3	S3	S4						
2	S1	S2				S3	S3	S4	S4	S4				
3	S1		S2	S3	S3	S4	S4							
4	S1	S2			S3	S3	S4	S4						
5	S1		S2	S3	S3	S3	S3	S4	S4					

❗ 潜在风险和
缓解策略

TOD K P

IM–P01

能力建设策略职权范围

外包能力建设和推广TOD认知培训活动的模板

形式: 职权范围模板

洪都拉斯，圣彼得苏拉

案例分析

最佳实践和创新案例汇编

© 2018 International Bank for Reconstruction and Development / The World Bank 1818 H Street NW Washington DC 20433

Telephone: 202-473-1000

Internet: www.worldbank.org

本作品是世界银行工作人员在外部资助下完成的。本作品所包含的研究成果、释义和结论不完全代表世界银行、世界银行执行董事会及世界银行执行董事所代表的政府的观点。

世界银行不保证本作品所述数据的准确性。本作品引用的地图中标注的边界、颜色和面积等信息，不代表世界银行对任何领土的法律主张，以及对相关边界的认可或判断。

权利与版权

本作品中的素材均受版权保护。世界银行鼓励知识传播，因此只要注明作品版权归属，就可在非商业目的下复制本作品的全部或部分内容。

任何有关权利和许可，包括版权在内的咨询，应向世界银行出版社提出。

地址：The World Bank Group, 1818 H Street NW, Washington, DC 20433, USA

传真：202-522-2625

电子邮件：pubrights@worldbank.org

引用说明如下：Global Platform for Sustainable Cities, World Bank. 2018. "TOD Implementation Resources & Tools." 1st ed. Washington, DC: World Bank.

所有图片版权均为版权方所有，未经版权方书面许可，不得以任何目的使用。

初次筛选案例

初次筛选案例收录了多个中低收入国家的城市。筛选标准如下：

- 收录在世界银行出版物、工作营和演示文稿材料中的城市。
- GPSC 项目、世界银行确定的城市 TOD 项目列表中的城市。
- 代表 TOD 框架和地理分布的城市。
    - 层级—城市、走廊、站点。
    - 环境—城市、郊区、绿地。
    - 高阶公共交通模式—快速公交、地铁、重轨。
    - 城市规模—大型、中型城市（即一线、二线城市）。

	1.	墨西哥，墨西哥城
	2.	哥伦比亚，波哥大
	3.	秘鲁，利马
	4.	巴西，累西腓
	5.	巴西，库里蒂巴
	6.	印度，孟买
	7.	印度，德里
	8.	印度，胡布利 - 达瓦
	9.	中国，南昌
	10.	中国，深圳
	11.	中国，广州
	12.	中国，石家庄
最佳实践城市列表	13.	中国，天津
	14.	中国，香港特别行政区
	15.	越南，胡志明市
	16.	越南，顺化
	17.	马来西亚，吉隆坡
	18.	印度尼西亚，雅加达
	19.	埃塞俄比亚，亚的斯亚贝巴
	20.	塞内加尔，达喀尔
	21.	科特迪瓦，阿比让
	22.	南非，约翰内斯堡
	23.	南非，开普敦
	24.	智利，圣地亚哥
	25.	坦桑尼亚，达累斯萨拉姆

二次筛选案例

根据世界银行反馈、专家和业内人士建议以及 WRI/ITDP 和 IBI 能代表中低收入国家的最佳/创新实践，筛选出以下案例。筛选的目的是区别于世界银行现有案例，例如英国伦敦国王十字车站（Kings Cross）TOD 案例。案例分析中会指出开发层级、发展环境以及特定知识产品的相关性。二次筛选案例的主要标准如下：

- 是否有一级或多级鼓励 TOD 开发的政策支持，例如地方级、省级或中央级。
- 是否有 TOD 应用于一个或多个层级上，例如城市、走廊、社区、站点。
- 是否有已实施的站点层级 TOD 项目，包括运营、建设施工、招标、开发协议。
- 是否有传统城市规划规范给 TOD 实施带来挑战的案例，例如土地储备、土地调整和公私合营项目等。

最佳城市列表	
南亚	1. 印度，德里
	2. 印度，胡布利-达瓦
东亚	4. 中国，香港特别行政区
	5. 中国，深圳
	6. 中国，广州
	7. 韩国，首尔
美洲	8. 墨西哥，墨西哥城
	9. 智利，圣地亚哥
非洲	10. 南非，开普敦
	11. 南非，约翰内斯堡

南亚|案例分析
印度，德里

资料源： 交通基础设施规划和工程联合中心 [Unified Traffic and Transportation Infrastructure (Planning & Engineering) Centre, UTTIPEC]。

印度德里

基本信息

地理环境：
南亚（印度），印度首都直辖区

层级：
城市、走廊、社区、站点

环境：
城市、郊区、绿地

高阶公共交通模式：
地铁（德里地铁公司）

城市规模（人口）：
1670万（一线）

是否收录在其他世界银行出版物中：
否

城市环境

德里首都直辖区是印度发展最快、人口密度第二的城市区域。德里大都市区包括众多城市和郊区，横跨德里、北方邦、哈里亚纳邦三个一级行政区。1991—2011年间，城市区域的面积从685公里² 扩大到1114公里²，人口从870万增长到1630万。人口的快速增长主要归因于城郊工作机会和开发机会的增多，吸引了大量小城镇和乡村人口涌入。2002年，德里地铁公司（Delhi Metro Rail Corporation，DMRC）对地铁系统的投资规模前所未有，极大促进了工薪阶层家庭数量的增长。目前，平均每天有260万名通勤者使用DMRC的服务。

大部分增长发生在德里城市郊区，以及古尔冈、诺伊达、加兹阿巴德和东德里等地的城市。德里城市的大部分区域采用大尺度街区、低密度、隔离的城市用地开发模式，代表了以机动车为导向的规划。这不仅给城市的空气质量造成灾难性影响，还导致了交通拥堵。因此，DMRC于2002年开始建设地铁网络。到2018年本研究报告撰写时，DMRC已建成8条地铁线，全长332公里。地铁网络缓解了大量人口的通勤压力。然而，德里城市蔓延的发展模式，对地铁网络的可达性也有负面影响。为此，2006年推出的《国家城市交通政策》强调了公共交通和TOD的重要性。随后成立的交通基础设施规划和工程联合中心（Unified Traffic and Transportation Infrastructure Planning & Engineering Center，UTTIPEC），旨在为整个区域构建统一且协调的出行体系。UTTIPEC肯定了配合地铁网络发展进行TOD开发的必要性，并于2008年开始制订TOD导则。

南亚|案例分析
印度，胡布利–达瓦

资料源：交通基础设施规划和工程联合中心（UTTIPEC）

印度胡布利-达瓦

基本信息

地理环境：
南亚（印度）-卡纳塔克邦

层级：
区域、走廊

环境：
城市、郊区、绿地

高阶公共交通模式：
BRT（胡布利-达瓦公交公司）

城市规模（人口）：
97万（二线城市）

是否收录在其他世界银行出版物中：
否

城市背景

胡布利和达瓦是卡纳塔克邦的姊妹城市，两城相距约20公里。胡布利-达瓦是卡纳塔克邦最古老的城市，也是仅次于首府班加罗尔的该邦第二大城市，拥有深厚的历史文化底蕴。达瓦是区域行政中心，胡布利则是商业经济中心。

2011年人口普查显示，胡布利-达瓦的城市人口规模为94.3万，占卡纳塔克邦总城市人口的4%、区域总城市人口的90%。胡布利-达瓦的人口规模在过去30年中不断增长，1971—2011年区域面积保持不变，人口密度则由每平方公里1837人增至每平方公里4292人。双城间的交通客流量稳定保持在较高水平，出行需求目前由NWKRTC提供的公交车和私家车满足。公交车虽然只占双城公路交通总量的7%~11%，但运载了70%~80%的人口。BRT规划在胡布利和达瓦间的PB公路上实施，以满足不断增长的客运量需求。

城市环境

胡布利和达瓦都是多元化城市，它们的旧城区保留了传统特色，扮演着宗教聚集区的角色，街道狭窄且公共设施服务低效。然而，在旧城之外，尤其是靠近市中心的区域，由于基础设施和文化服务水平较高，一直存在发展压力，进而导致发展过密。相比之下，城市边缘区域的发展较为有序。两座城市的总体发展密度属中等水平，建筑多为3~4层高。

根据《卡纳塔克城镇规划法案1961》（*Karnataka Town and Country Planning Act 1961*）的要求，胡布利-达瓦城市发展局（HDUDA）于1987年成立，负责统筹土地规划，以及未来对部分村镇进行城市化改造，所辖区域包括大都市区及其外10公里范围。

东亚 | 案例分析

中国，香港特别行政区

资料源: 中国香港特别行政区发展局规划署

中国香港特别行政区

基本信息

地理环境：
东亚（中国）

层级：
城市、走廊、社区、站点

环境：
城市、郊区、绿地

高阶公共交通模式：
地铁

城市规模（人口）：
740万

是否收录在其他世界银行出版物中：
是

城市背景

中国香港是国际金融中心，在设计与实施复杂多模式公共交通系统网络上具有丰富经验。香港的多模式公共交通系统网络每天运送1200万人次，包括自动化乘客捷运系统（自动扶梯和自动行人带）、2个大容量地铁系统、有轨电车、公交车、迷你和双层巴士、出租车和渡轮。据估计，公共交通出行量占香港居民每日出行量的90%，香港的公共交通系统出行比例为全球最高，其地铁系统每天可完成近470万次出行。

城市环境

从城市化和城市形态角度审视，香港城市发展的集约性与其有限的地理条件直接相关。香港的地理特征包括岛屿、丘陵和海域。尽管香港某些地区的城市化密度处于世界前列，但整个行政区内实际上只有30%的土地是建成的，因此其总体密度相对其他亚洲城市仍然较低。据估计，香港的城市密度为每平方公里26100人，而印度孟买的城市密度为每平方公里31700人，印度苏特拉（Surat，古吉拉特邦所辖城市）的城市密度为每平方公里29800人。较高的城市韧性和生活质量指数使香港成为亚洲五大最宜居城市之一。但与此同时，高昂的生活成本、住房可负担性问题和日益恶化的空气质量也给这座城市的发展带来了挑战，需要通过长期的综合规划来解决。

香港是亚洲领先的大都市，拥有优越的可持续发展计划。土地利用、交通需求管理、轨道交通整合是香港转变为集约型城市的标志。目前，香港拥有世界上盈利能力最强的公共交通系统。除圣约翰教堂（St John's Cathedral）的用地外，香港的其他土地均为公有，特别行政区政府可租赁或授予公共团体土地使用权。

香港的"轨道＋物业"（Rail + Property，R+P）开发模式使城市能最大化利用有限土地，以创新和美观的方式加以开发，同时保证公共交通管理机构能获得收益，以投资公共交通基础设施、设计高质量公共空间。此外，合理的交通需求管理策略（例如私家车登记费和公共交通优先策略等）也助力香港的TOD项目跻身全球成功案例

TOD K P

之列。

香港的地铁系统由香港铁路有限公司（Mass Transit Rail Corporation，MTR/MTRC，简称港铁）融资、建造和运营。港铁是私营企业，香港特别行政区政府是其最大股东。下文将介绍香港 TOD 项目成功的主要因素，重点讨论了港铁整合"轨道 + 物业"（R+P）的开发模式，包括确保政府成功推出政策、规划和设计过程、创新性投融资手段和相关支持性实施机制。

TOD 总体策略

R+P 的开发模式利用 TOD 概念开展公私合营项目，集中开发 MTR 站点周边土地。政府将站点周边土地的开发权出让给港铁，港铁对土地进行开发，从中获取物业升值带来的利润。通过这种模式，开发物业的利润可支持对修建新地铁线路的投资。

香港早期的地铁线路总长仅 20 公里，于 1972 年建设完成。最初数年里，由港铁和九广铁路公司共同负责运营。2000 年，港铁完成部分私有化，理论上不再需要政府补贴。2007 年，港铁和九广铁路公司合并。香港特别行政区政府通过开发控制法律框架、公共交通优先政策以及对港铁的控股，成功创造了灵活融资与开发控制并存的环境，进而保障了 TOD 开发中的公共利益。

2021 年香港铁路系统（来源：香港铁路 2014 年发展策略 TOD 设计选项，香港特别行政区运输及房屋局）

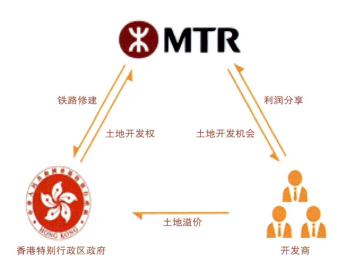

港铁利益相关者角色（来源：香港铁路有限公司）

下表所示为支持公共交通和物业开发的主要政策和法规。

	政策：土地开发	主要特点
1	授予港铁对站点周围区域的专属开发权，换取港铁运营并提升地铁这一关键公共交通模式的承诺	激励为主的政策，鼓励公司以经济可行的方式规划和开发用地，内部化"轨道+物业"开发带来的收益，减少了土地出让和征收成本
2	将港铁转制为独立私营企业，同时香港特别行政区政府成为主要股东，使公共交通机构作为独立个体扮演总体规划者、开发者和物业管理者的角色，创造了更多利润，以维持公共交通服务的运营	香港特别行政区政府承诺作为港铁的主要股东，私有化20年内保持股东身份，同时持有不少于50%股份和投票权。单一机构的交易成本低于多机构
3	允许合资企业与私营企业在TOD开发中投资	
4	利用开发权转让及政策鼓励对现有地区进行再开发，避免开发郊区	

来源：IBI集团

下表所示为支持公共交通系统、保证TOD项目成功实施的政策案例。

政策：土地开发	主要特点
减少私家车保有量和使用频率	私家车登记费是车辆价值的35%~100%
	高额汽油税
公共交通服务协调和保护（1980年代）	交通政策白皮书
	禁止轨道线网周边其他公共交通模式的竞争
服务扩张和竞争（1990年代）	轨道发展策略，包括4条新轨道线网扩建
	交通政策白皮书
服务合理化和整合	要求新建站点必须包含公共交通换乘设施，以促进多式联运
	地铁占公共交通出行模式的比例从1997年的33%增加到40%~50%

来源：IBI集团

香港的规划体系包括整个行政区的发展战略以及地区和地方层级的法定和部门级战略规划。《全港发展策略》(Territorial Development Strategy，TDS) 于 1996 年颁布，是最高层级的城镇规划策略，提供了广泛、长期的用地、交通和环境规划与发展框架。

除扮演公共交通运营者和物业开发者角色外，港铁还要在总体规划和控制开发过程中与私营企业合作和协调。港铁和香港的规划师密切合作，针对扩建现有路线或修建新地铁路线的计划，确定站点周边的开发指标，具体如下：

- 公共交通线路
- 站点选址
- 土地价值
- 开发密度潜力
- 经济回报
- 长期规划目标
- 基于市场需求和土地分区限制的混合土地利用

利益相关者的主要角色和职责

Tang 等（2004）在对香港地铁和物业整合开发的研究中，确定了 R+P 模式的四个关键因素。

1. 政策：政府大力支持公共交通和土地利用整合，体现为授予港铁土地使用权及相关财政资助。
2. 过程：前瞻性的规划、管理、控制机制，保证了高效的项目策划和实施。
3. 项目：高质量的物业开发项目，对租户、商家、乘客都有很大吸引力。
4. 机构：一个能平衡投资者财务利益和广泛社会目标的实体企业。

制定香港城市开发政策和与公交服务整合策略的主要机构：

- 土地开发公司（Land Development Corporation，LDC）

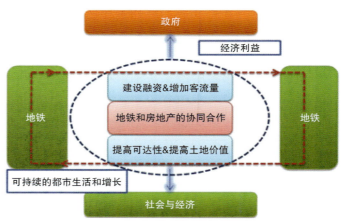

R+P 模型的机构机制（来源：香港铁路有限公司）

土地开发公司成立于 1988 年。成立之初，该公司在向环境局申请强制征收前，与土地持有者进行了大量谈判和交涉，确保征地公平合理。市区重建局（URA）在 2001 年取代了土地开发公司的职能。

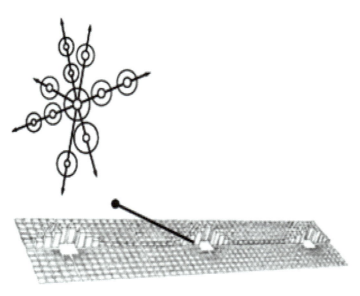

"珍珠项链"式 TOD（来源：加州大学伯克利分校）

- 市区重建局（Urban Renewal Authority）：法定政府机构。

市区重建局依据《市区重建局条例》于2001年5月成立，取代了土地开发公司。作为法定单位，该局以解决城市衰败和提升旧城区居民生活质量为目标，承担、鼓励和促进香港的城市更新。

- 香港铁路有限公司（MTR）：法定企业，在香港证券交易所挂牌，主要股东是香港特别行政区政府。

港铁的前身成立于1975年，旨在为香港建造及经营一个铁路系统，采取审慎商业原则运作，配合本地公共交通运输需求。2000年改制为香港铁路有限公司，除交通业务外，还涉足住房和商业地产开发、租赁和管理，以及广告、电信服务和国际咨询服务。

- 香港房屋协会

香港房屋协会（Housing Society）成立于1948年，是香港第二大公共房屋提供者。该协会作为城市更新的主要机构，从1974年开始实施《市区改善计划》（Urban Improvement Scheme）。在该计划下，市区的破旧房屋得以更新，推进了城市街区的现代化。

鼓励公共交通使用策略

港铁的公共交通引导开发模式遵循"珍珠网络"城市开发模型，利用快速公交网络连接相距较远的交通节点。大部分新R+P项目都遵循精心制订的站点周边规划方案，以确保与周边居住区的无缝整合。每一个站点的周边区域，因其与周边物业的关系而各不相同。Cervero & Murikami（2008）将R+P模式分为五类：

- 高层写字楼（High-rise Office，HO）：高层，主要是办公用途，占地面积小。
- 高层居民楼（High-rise Residential，HR）：高层，主要是居住用途，占地面积小。
- 中层居民楼（Mid-rise Residential，MR）：中等密度，主要是在中型用地上的住房项目。
- 大规模居住区（Large-scale Residential，LR）：主要是大地块上密度相对低的居住用途项目。
- 大规模混合区（Large Mixed-use，LM）：大地块上密度相对中等的混合项目，包括住房、办公、零售、酒店和其他。

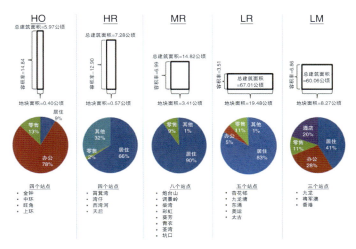

港铁车站按建成环境类型与主要聚集特性分类（来源：加州大学伯克利分校）

站点周边规划和露台开发

第二和第三代港铁的物业开发聚焦于步行一体化和与周边社区的连接。下页图展现了港铁的开发概念模式，遵循该模式的一些大规模开发项目因分割了周边社区且导致阻隔效应，引发了公众争议，同时降低了空气流通量，推高了住房成本。

近二十年来，香港物业开发的典型建筑风格之一是露台开发模式。该模式在地铁站点上方建造一个与街道相连的零售露台层。居住和商业高层通常坐落于露台层上方，从街道和地铁站皆可前往。露台层的顶部可作为景观公园或居民社区活动场所。

TOD K P

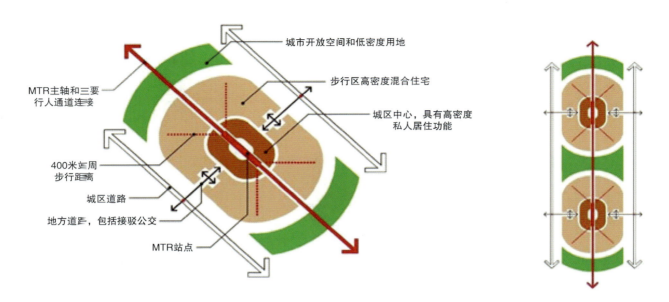

港铁 R+P 开发概念（来源：香港铁路有限公司）

| 无露台 | 连接露台 | 单独露台 | 块状露台 |

香港露台开发类型（来源：Dr.Sujata S. Govada）

投资:"轨道 + 物业"香港的合作开发融资模式

由于香港的所有土地归政府所有,且私人土地租赁合同期限为 50 年(可同等时长续期 1 次),港铁从政府获得的协助也包括土地使用和开发授权。这意味着港铁必须自给自足,保证实现足够盈利,以维持运营、维护和基础设施开发。

自 1970 年代成立起,港铁就致力于将房地产作为收入源,在站点周边承建多样物业开发项目。港铁追求一体化物业发展的策略,确保了住房与就业密度的合理搭配,提升了公共交通系统服务密集城市核心区的经济可行性。高人口密度、土地公有制、对私家车依赖程度低,是香港成功运用土地价值捕获原则的关键。R+P 开发模式可分为三代。

线路总长:218公里 站点数:152 R+P 物业:43所

	办公室/米²	商业/米²	其他/米²	居住/单元	总建筑面积/百万米²	住宅/商业(%)
城市路线	234 898	299 363	-	31 366	2.6	78
机场快线	611 877	306 571	316 473	28 473	3.5	65
将军澳线	5 000	105 814	63 030	30 414	2.3	93
东铁线	67 541	113 238	113 491	4 771	0.7	60
西铁线	95 800	145 130	50 346	19 206	1.8	84
马鞍山线	-	65 193	38 191	10 314	0.9	88
轻轨线		53 117		9 108	0.6	91
九龙南线	-	-		1 500	0.1	100
	1 015 116	1 088 426	581 531	135 152	12.5	

MTR 系统和物业(来源:香港铁路有限公司)

第一代：R+P 开发的初始阶段，纯粹利用融资机制来回收公共交通基建的投资成本，并通过物业开发获取净利润，站点上方物业采取单一土地使用模式。

第二代：在成长为国际金融中心后，香港吸引了大量国外投资和国际开发商。这一时期的开发模式从单一使用模式转变为机场快线和将军澳线延伸段的混合利用，以及以行人街道为导向的开发模式，注重场所营造，更好地使机场周边的工作机会与旧城区住房连通。

第三代：第三代开发模式的启动时间与第五条地铁线相同，主要是在填海造地的基础上对未开发的新地块进行绿地 TOD 开发，包括多样化的城市和新界的郊区用地。这类开发场地共有 62 公顷，基于独特的、与环境高度相关的、整合了创新建筑和城市设计概念的站点规划方案，为城市创造了新目的地。最近采用该模式的案例是将军澳站周边的 PopCorn 大型城市商业中心。

R+P 模型是现代城市规划实践中最成功的合作开发模型，它通过实施 TOD 达成经济、社会、增长管理的目标。该模型使港铁成为世界上盈利能力最强的公共交通系统之一。R+P 的融资机制相对简单，港铁从政府获取 50 年土地使用权，政府获得相应土地溢价。随后，港铁以独立开发或与其他开发商合作的形式，投资公共交通基础设施并开发周边物业。由于物业靠近地铁网络且与地铁站良好整合，其价值会随时间增长。这部分价值增长会由港铁捕获，然后重新用于投资公共交通基础设施，或补偿地铁运营和维护成本。

某些情况下，例如土地条件复杂的情况，需要在车站上方开展建设，港铁一般会在建设好地基后将用地出让，通过承担部分施工建造成本来盈利。除出售开发权外，港铁还会与开发商沟通，获取未来物业的部分利润或所有权。此外，港铁还成功地独立开发、建设、租赁了一系列住房和商业项目。最后，港铁经常在项目开发过程中作为物业管理者收取一定费用。到 2011 年底，港铁共拥有和租赁了超过 8.5 万个居住单元和 75 万米^2 商业／写字楼。

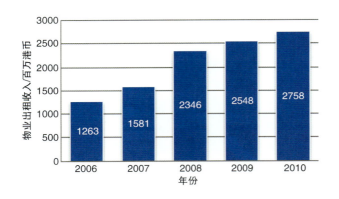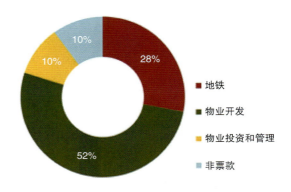

左图为港铁物业出租收入，右图为港铁 2001—2005 年平均收入来源占比（来源：香港铁路有限公司）

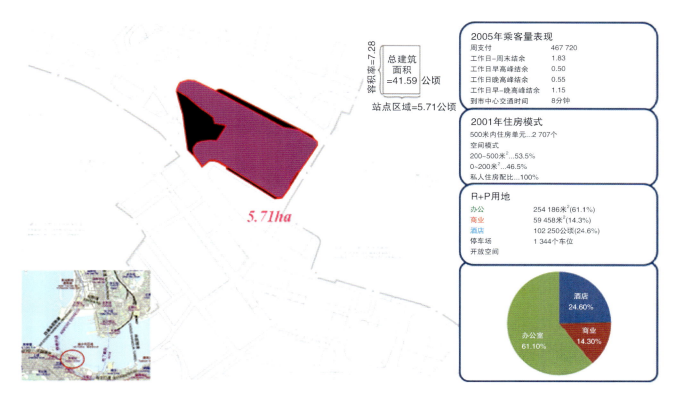

香港 R+P 开发案例总结（来源：加州大学伯克利分校）

配合密度的基础设施

为建立未来可持续增长的能力，《香港 2030+》规划提倡构建智慧、绿色、有韧性的城市。该规划专注于城市用地开发规划、出行、建成环境基础设施，尤其适用于新开发地区和新社区，因为这些地区的综合规划相对灵活可行。其开发战略的三大基石源于未来实现发展愿景和总体规划目标，建立了空间设计概念框架。

香港地铁网络（来源：香港特别行政区发展局规划署）

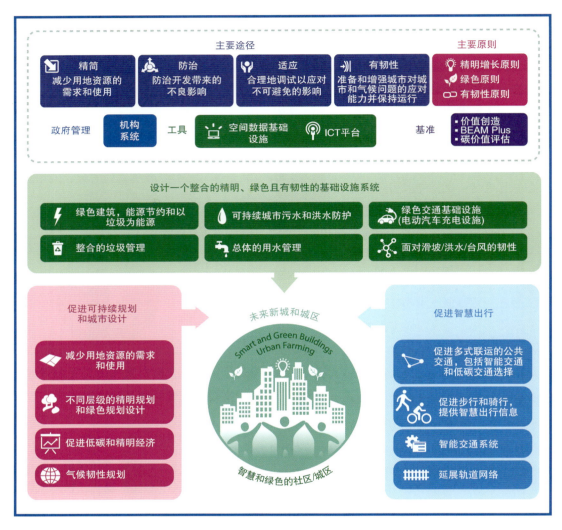

智慧、绿色、有韧性的城市框架（来源：香港特别行政区发展局规划署）

实施策略

Tang 等（2004）在对香港地铁和物业整合开发的研究中，确定了 R+P 模式的四个关键因素。

1. 政策：政府大力支持公共交通和土地利用整合，体现为授予港铁土地使用权及相关财政资助。
2. 过程：前瞻性的规划、管理、控制机制，保证了高效的项目策划和实施。
3. 项目：高质量的物业开发项目，对租户、商家、乘客都有很大吸引力。
4. 机构：一个能平衡投资者财务利益和广泛社会目标的实体企业。

下图所示为参与 R+P 开发的机构的职能安排和协作关系。

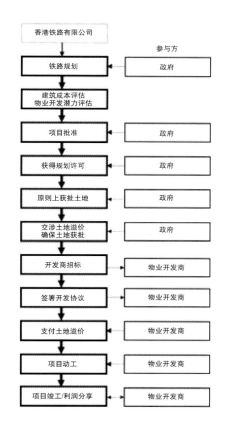
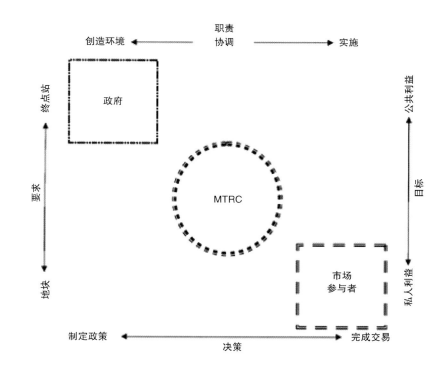

R+P 开发模型中的机构布局（来源：香港铁路有限公司）

经验教训

香港案例对其他国际化城市的启示

香港案例值得参考的经验之一，是整合地铁和土地利用可获取支持 TOD 的资金。价值捕获工具作为重要的基础设施融资手段，可捕获新基础设施（特别是公共交通系统）带来的溢价。价值捕获在高密度拥挤地区是公共交通基础设施融资的有效手段，因为这些地区的可达性改善更为重要，制度上也更支持公共交通。可达性的改善可捕获公共交通投资带来的土地增值，有效补充公共交通系统的传统收入源（例如票款收入）。

Tang 等（2004）的研究得出了物业开发与港铁客流量的关系：

a. 高人口规模和高密度造就港铁的高客流量。

b. 分布在站点周边的私人住宅对客流量的影响比公共住宅大。

c. 混合用地、集约型环境和有活力的街道都有助于提升客流量。

d. 新开发地区中，具有吸引力的设计、商业设施和有效的步行设施能增大客流量。步行设施必须是便捷、直接、安全、舒适的。

R+P 开发模式一直是香港地铁成功的关键，它使港铁能获取物业收入，为建设新路线和运营既有路线融资，同时通过构建高质量、高密度、适合步行的站点周边环境来增大客流量。

以下三个概念对在其他国际化城市运用 R+P 开发模式具有重要参考意义。

融资的可持续性：铁路公司会选择有一定投资回报率的项目，以确保融资的可持续性（包括政府支持，例如土地开发权或资助）。

市场主导：需对每一条线路的综合多主体开发进行规划，并基于市场需求、地理位置特点和机构能力确定开发尺度及时间线。

风险管理：铁路公司可通过公私合营和引入外部合作伙伴或专家的方式转移商业风险。

参考文献

1. Chisholm, Gwen. 2001. "Design-Build Transit Infrastructure Projects in Asia and Australia." Transit Cooperative Research Program. Accessed October 12, 2013. http://onlinepubs.trb.org/onlinepubs/tcrp/tcrp_rrd_53.pdf

2. Lam, William H.K. and Michael G.H Bell. 2002. Advanced Modelling for Transit Operations and Service Planning. Elsevier Publishing.

3. MTR Corporation Limited. 2014. "Investor's Information." Accessed October 6, 2018. https://www.mtr.com.hk/en/corporate/investor/patronage.php

4. "Demographia World Urban Areas, 9th Annual Edition." March 2003. Accessed November 12, 2013. http://www.demographia.com/db-worldua.pdf.

5. The University of Hong Kong. 2017. "Basic Knowledge of Land Ownership in Hong Kong." Community Legal Information Centre. Accessed October 15, 2017. http://www.hkclic.org/en/topics/saleAndPurchaseOfProperty/basic_knowledge_of_land_ownership_in_hong_kong/q1.shtml Tiry Corinne, 2011, Hong Kong, An Urban Future Shaped by Rail Transport, retrieved online on November 12, 2013 at http://chinaperspectives.revues.org/647#ftn1

6. Lo, Hong K., Siman Tang, David Z.W. Wang. 2008. "Managing the accessibility on mass public transit: The case of Hong Kong." Journal of Transport and Land Use, 1, 2 (Fall 2008): 23–49. http://jtlu.org

7. Tiry, Corinne. 2011. "Hong Kong, An Urban Future Shaped by Rail Transport." Accessed online on November 12, 2013. http://chinaperspectives.revues.org/647#ftn1

8. Cervero, Robert and Jim Murakami. 2010. "Rail Property Development: A Model of Sustainable Transit Finance and Urbanism." UC Berkeley Center for Future Urban Transport.

9. Tang, B.S, Y.H. Chiang, A.N. Baldwin, and CW Yeung. 2004. "Study of the Integrated Rail-Property Development Model in

Hong Kong." Research Centre for Construction & Real Estate Economics. Hong Kong Polytechnic University.

10. Murukami, Jim. 2010. "The Transit-Oriented Global Centers for Competitiveness and Livability: State Strategies and Market Responses in Asia." University of California Transportation Center.

11. Hang-Kwong, Thomas HO. "Railway and Property Model- MTR Experience." Presentation at Building and Real Estate Advanced Lecture Series, 2011. Accessed November 12, 2013. http://www.bre.polyu.edu.hk/Happenings/2011Photo/20110412_BREAdvancedLectureSeries-RailwayandPropertyModel-MTRExperience/RailwayandPropertyModel-MTRExperience.pdf

12. PWC. 2013. "Which Financial Mechanisms for Urban Railway Stations?" Accessed October 25, 2013. http://www.thecityfactory.com/fabrique-de-la-.cite/data.nsf/01771FA4413266A2C1257BF300556EC7/$file/financial_mechanisms_railway_stations.pdf

13. BS Tang, YH Chiang, AN Baldwin and CW Yeung, 2004, Study of the Integrated Rail-Property Development Model in Hong Kong, Research Centre for Construction & Real Estate Economics Department of Building & Real Estate Faculty of Construction & Land Use, The Hong Kong Polytechnic University

14. The World Bank. 2017. "Railway Reform: Toolkit for Improving Rail Sector Performance." Accessed October 25, 2013. http://documents.worldbank.org/curated/en/529921469672181559/Railway-reform-Toolkit-for-improving-rail-sector-performance

15. Hong Kong Transport and Housing Bureau. 2014. "Railway Development Strategy 2014." https://www.thb.gov.hk/eng/psp/publications/transport/publications/rds2014.pdf

16. Govada, Dr. Sujata S. n.d. "Large-scale Development - ULI and the Asia Society." UDP International. https://asiasociety.org/files/uploads/331files/Sujata%20Govada.pdf

17. Hong Kong Development Bureau and Planning Department. 2017. "Hong Kong 2030+." https://www.hk2030plus.hk/

东亚｜案例分析
中国，深圳

资料源：洛杉矶时报 2018

中国深圳

基本信息

地理环境：
东亚（中国）

层级：
城市、走廊、社区、站点

环境：
城市、郊区、绿地

高阶公共交通模式：
地铁（深圳市政交通委员会和深圳地铁集团）

城市规模（人口）：
1100万（一线城市）

是否收录在其他世界银行出版物中：
否

城市背景

中国人口正经历高速的城市化过程，据估计，2030年中国将有70%的人口居住在城市地区。人口高达1100万且仍在持续上升的深圳也不例外，这座城市拥有东亚地区最高的城市化率。在经济高速发展和城市区域逐渐扩大的背景下，提供充足且易用的公共交通系统，是解决与避免因人口增长带来的交通拥堵问题的重要手段。在大城市内全面覆盖地铁网络是非常有效但成本高昂的公共交通模式。

作为广东省省辖市，深圳是中国经济发展和城市化速度最快的城市之一。广阔的城市用地范围使其人口密度相对较低，仅为每平方公里2000人，处于同等规模亚洲城市中相对较低的水平。作为中国的经济特区，深圳一直走在经济发展的最前沿。相对其他地方政府，特区政府能推行以自由市场为导向的、更为灵活的经济开发政策。深圳仅仅用了二十年时间就从小渔村转变为中国的一线城市。

20世纪90年代，深圳的经济持续呈指数型增长，特别是第二产业规模显著扩大。以市场为导向的政策允许境外投资，促进了制造业的持续增长。

2002年，深圳开始编制新发展策略，即《深圳2030城市发展策略》，将公共交通作为城市的主要基础设施来开发。为实现公共交通提升目标，深圳自1998年开始对地铁系统进行战略规划，期间构建的地铁系统以及所采用的融资手段，为在亚洲地区实施同类公共交通开发项目提供了绝佳参考。

TOD 总体策略和城市结构

对城市形态的影响

公共交通、便利性、可达性和生活质量的改善能在地铁走廊沿线吸引集约化开发项目和投资。R+P 融资机制很大程度上依赖于土地价值提升对私营企业的激励。多山地形导致深圳开发用地稀缺,进而使房价持续走高,正是这一现实困境促成了深圳市政府、深圳地铁有限公司(现深圳地铁集团有限公司,简称深铁)与香港铁路有限公司的合作开发模式。

深圳地铁开发的第一阶段投资主要是政府主导的投资。由于缺乏开发地铁等大型交通基础设施的经验,深圳市政府没能使房地产与公共交通同步开发,导致无法盈利。当时,中国的开发规划政策尚未对 TOD 形成支持作用。规划政策缺乏灵活性,使公共交通开发和房地产开发的整合难以实现。同时,在地铁走廊两侧提高用地开发密度等用地政策也没能在公共交通投资的引导下实现。由于忽视了整合问题,深圳第一阶段的地铁开发没能聚焦于土地价值,但改变既有规划政策又非常耗时,会导致开发延期。

相较第一阶段,深圳在第二阶段地铁开发中强化了土地价值意识,并利用相关机制来激励地铁项目。特殊形式的土地拍卖确保了深圳地铁公司能以较低价格获取土地。更重要的是,土地获取费用最终会退还给深铁,作为其下一阶段投资的本金,同时允许其在完成地铁建设后捕获土地价值。

在深圳地铁开发的第三阶段,土地股本投资取代了资本投资。相关土地开发协议将公共交通走廊两侧的未开发土地开发权授予第三方,从而通过潜在用地价值增长来激励私人参与。地铁周边的土地溢价由私营企业与政府对半分享,进而换取建造-经营-转让的政府协议(Build-Operate-Transfer,BOT)。

R+P 模式下,利用土地价值为地铁建设融资的策略分为价值创造、价值实现、价值循环三个步骤。价值创造包括战略性铺设线路和站点,以及更新用地规划方式,实现轨道沿线具有高盈利能力的 TOD 项目。然后,通过转让土地使用权吸引地铁开发合作伙伴,再以捕获土地溢价的方式实现 TOD 价值。最后,通过投资未来公共交通和城市设计项目的形式循环价值,以进一步抬升土地价值。

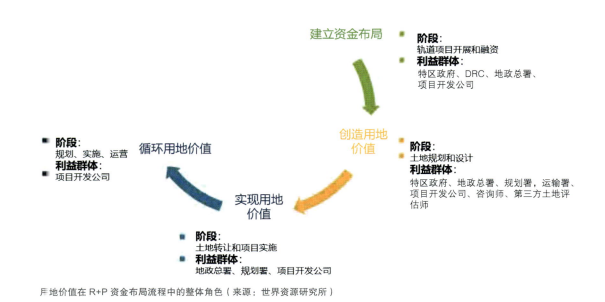

用地价值在 R+P 资金布局流程中的整体角色(来源:世界资源研究所)

融资模式

深圳的快速发展和经济富足，促成了地铁主导的 TOD 项目。作为制造业主导的城市，深圳与珠江三角洲大都市区城市（特别是香港特别行政区）的连通性，可通过建设地铁系统提升。为证明这一设想的合理性，深圳基于创新的 R+P 机制开展了开拓性实验。

R+P 机制鼓励国企和私企共同参与项目，并利用创新的土地使用权交易模式来克服现有的用地租赁障碍。在实施前期，决策者意识到 R+P 机制对本地开发商属于全新概念，可能推升私营企业的成本和风险，深铁所受影响尤甚。为激励深铁，政府通过一系列复杂的财政措施降低了成本和风险。R+P 机制可分为三个独立阶段：政府主导资本投资、特殊土地拍卖和土地出让权费用报销、土地股本投资。

为减少公共支出并避免向私营企业转移开发责任，深圳在第一阶段削减了政府直接投资规模。深圳市政府、市发展和改革委员会、城市规划委员会共同建议，将政府直接资本投资从 70% 减少到 50%，强制推动深铁利用银行贷款和房地产开发来填补资金缺口。

随后，政府采取特殊用地拍卖模式将土地出让给深铁。传统意义上的用地拍卖是公开的，但深圳对 R+P 项目采取了特殊拍卖模式，提出了包括限制竞价者数量等一系列限制性条款，以保证深铁能以较低价格获取土地。

最后，深圳利用土地权出让费来投资建设地铁。在这一复杂机制下，政府免费转让土地开发权给深铁，同时允许深铁在未来获取土地价值。

上述融资机制在充分激励私营企业参与的同时，有效降低了政府的投资和风险。通过建造-转让（Build-Transfer）模式来开发物业，极大降低了项目建设风险，同时使私营利益相关者对项目负责。R+P 融资机制的实施对促成深圳地铁项目至关重要，并能提升未来地铁项目的可行性。

利益相关者与政府关系

公共交通等大型基础设施开发项目一般由政府和公共机构共同融资和实施。但深圳案例显然表明了由政府主导模式转向混合模式的优势。深圳对 R+P 模式的探索囊括了政府与主要利益相关者——深铁和港铁轨道交通（深圳）有限公司的合作关系。两家企业通过土地价值捕获激励机制，在地铁融资过程中共同承担责任。

深铁成立于 1998 年，作为大型国有企业，归属于深圳市人民政府国有资产监督管理委员会。通过建立政府管理的私营机构，由私人部门承担地铁开发、扩建和施工责任。深铁同时还负责地铁系统的持续运营以及提升现有服务的安全性和舒适度。

港铁轨道交通（深圳）有限公司的母公司是香港地铁的主要建设者和物业开发商。港铁（深圳）通过未开发土地的价格获取毗邻地铁走廊沿线的土地，进而推动高利润开发。

深圳地铁融资机制的成功演变，得益于深圳市政府过去十年努力推进的大型基础设施建设资本投资模式转变。更灵活的成本回收机制允许公私合营，在分担投资的同时共享盈利。这一机制有效激励了深铁参与 R+P 开发，同时保证了融资策略的可持续性。R+P 开发利用政府、公共交通运营机构与开发商间的合作关系，促成了协调合作的融资和开发模式。通过土地价值捕获，公共交通开发项目和 R+P 机制成功为大型基础设施提供了融资，且无需承担长期债务。

鼓励公共交通使用策略

深圳 R+P 规划的成功源于简化的协调规划流程和多部门整合。深圳借鉴了香港不同阶段的地铁开发经验，简化调整后应用于自身规划过程。这有助于发挥轨道规划和整体城市规划的协同作用，为成功实施 TOD 铺平道路。

深圳案例中，土地利用和公共交通规划的协调发生在线路规划阶段，并与用地规划的修订结合。具体而言，一旦确定了新地铁线路，就会通过独立市场分析和土地利用勘察确定高开发潜力的空置地块。下一步，城市规划设计研究院可与其他政府部门合作，选定目标地块后联合开发，而具体用地规划会在与多个利益相关者协商一致后制订。一般情况下，地铁站点周边开发用地的容积率会显著提升，允许多样化土地利用。此后，将初步用地规划计划提交给城市规划委员会（由市长领导）进一步审议。

与香港相比，深圳的规划经验仍显不足。作为香港"总规划师和设计者"的港铁集团积极参与了整个城市规划过程，但深铁在规划过程中的角色和作用都相对较弱，且仅参与了线路规划过程，这会导致错失联合开发机会，限制公共交通规划的最优化。因此，为完全实现 TOD 设计，还需对政策框架进行完善，允许土地使用和轨道交通规划结合。

包容和可负担的 TOD 系统

松岗车辆段是深圳郊区的典型 R+P 开发案例（类型 1）。松岗车辆段位于 11 号线碧头站附近，在深圳市与东莞市交界处。该车辆段占地面积为 42.09 公顷，根据未来轨道建设预期，规划为"特殊控制区"。按当地社区发展愿景，这块用地会有公共交通服务，同时配备混合用地和社区设施。

中国广州

基本信息

地理环境：
东亚（中国）

层级：
城市、走廊

环境：
城市

高阶公共交通模式：
BRT和地铁

城市规模（人口）：
1500万（一线城市）

是否收录在其他世界银行出版物中：
是

城市背景

广州是广东省省会，也是中国第三大城市，有超过1500万常住人口。广州坐落在珠江流域，是重要的商业中心和贸易港口，城市人口密度为每平方公里1800人，处于快速发展阶段。

作为中国主要的大都市区之一，广州快速增长的人口规模对公共资源和服务形成了巨大压力。广州需要战略性思考，才可能实现成为世界一流发达城市的目标。这恰恰推动了快速公交（BRT）的发展。值得一提的是，中山大道沿线是广州发展最快的区域。其中，天河区是增长和密集化发展的主要区域，有大尺度的高层开发和新轨道站点。在22.5公里的轨道走廊终点，是密度同样很高的黄浦区，既有自然景观，又有开发中的大型高层社区。随着中山大道沿线的城市化和密集化发展，公共交通系统更新将成为主动力，在促进城市进一步繁荣和整体效率提升方面发挥至关重要的作用。

引入BRT前，"拥堵""过度拥挤"是人们描述广州公共交通系统的常用词。这座超大城市的市政机构肩负着对有缺陷的公共交通系统进行改造并提高服务效率的重任，作为货运走廊的中山大道沿线无疑是重中之重。这要求采取调整措施，降低对走廊公共交通系统和道路系统的需求，以提升公共交通系统的运转效率。随后，广州BRT应运而生，并很快成为东亚地区最成功的BRT案例。作为2011年可持续交通奖（Sustainable Transport Award）的创新奖获得者，广州BRT堪称这一领域的标杆。交通和发展政策研究所（Institute for Transportation and Development Policy，ITDP）执行董事表示："广州的转变非常惊人，全新的BRT系统正改变人们对以公交车为基础的高质量公共交通系统的印象。我们希望所有城市，不仅仅是美国城市，都能从这一案例中获得启示。"作为成功的TOD和BRT实施案例，广州BRT使公共交通给城市带来的积极变化一展无遗。

尽管广州没有具体的推进 BRT 走廊两侧开发的政策，但他们的规划部门其实已经倾向于允许高密度开发，并且意识到改善交通状况的需求。由于 BRT 的存在，城市管理者还对放宽最低停车位标准持开放态度。

TOD 总体策略和城市结构

BRT 系统是经济可行性最高的解决城市交通系统缺陷的速效方案。其他方案，例如地铁系统，都需要在解决拥堵问题的过程中投入大量资金成本，对交通拥堵问题的缓解往往也存在延迟。当然，采用 BRT 策略并非毫无挑战，因为政策制定者要面对数十年来一直缺乏整合的、零星的城市道路系统规划现实。公共交通系统多年来的服务懈怠和晚点问题，也给市民留下了负面印象。

尽管如此，一条长 22.5 公里的 BRT 线路还是于 2010 年 2 月投入运营，其建设目的是缓解中山大道的拥堵情况，以提高既有公共交通系统的整体效率，减少交通拥堵及其环境影响，改善公众印象。这是广州向公共交通引导开发迈出的重要一步。如今，广州 BRT 系统在工作日能保持平均 85 万人次的乘坐量，客流量是亚洲其他同类系统的 3 倍多，这使其所在走廊成为亚洲最繁忙的公共交通系统。

为使这一庞大的交通系统成功运转，广州采用了严谨的规划和分析方法。在长达 22.5 公里、拥堵程度全城最高的路段上，市政机构设置了 26 个 BRT 站点、快速道、公交专用道、地铁直接连接和高载客量公交车。该系统通过 10 秒的高峰断面发车间隔时间来支持世界上最高的客流量。需求分析在设计系统的过程中起到了关键作用。每个 BRT 站点都设计有东西向分开的乘客等候平台，不同方向的乘客等候平台位于相应的公交专用道一侧。乘客等候平台的尺度经过校准，以满足模型测算出的乘车需求和公交运营需求。一部分站点的站台较短，仅长 55 米，而最繁忙的岗顶站站台长达 250 米，并与多座过街天桥相连，以满足位居世界第一的 5.5 万人次的日均客流量。系统的施工建设是分阶段开展的，第一阶段于 2010 年 2 月完成。通过与慢行交通网络和走廊沿线的辅助公共交通系统改善相结合，BRT 系统成为缓解中山大道交通拥堵问题的主要措施。

岗顶站改造前后对比（来源：ITDP 2011）

利益相关者与政府关系

在建设和运营 BRT 系统的过程中，公共部门利益相关者与私人部门利益相关者的合作至关重要。广州 BRT 系统的规划意向始于 2003 年，由广州市政府牵头。由于中国当时没有其他示范性高载客能力 BRT 系统，广州市政府同时考虑了多条严重拥堵的交通走廊。市政府聘请了 ITDP 和广州市政工程设计和研究所（GMEDRI）承担 BRT 系统的规划和设计工作。这两家设计机构起草了初步方案，并完成了需求分析和走廊对比。他们同时起草了运营和交通规划方案，提出了开放 BRT 系统给多家公共交通运营商、允许公交车在 BRT 走廊内侧和外侧运营等措施。项目基础设施建设资金来自中央人民政府。项目按规划建成后，交由广州 BRT 管理公司和 7 家民营公共交通企业运营。

融资模式

广州 BRT 系统的投资成本为 9.5 亿元人民币，造价看似很高，但每公里成本其实仅为地铁扩建成本的 1/20。高成本效益投资，结合政府大额补贴带来的低票价，能在不增加使用者成本的前提下有效提升系统运载量，同时降低运营成本、节省时间、减少排放。由此产生的排放信用，以及消费者出行量和医疗成本的降低，在短短一年内即偿付了项目支出。政府投资的财务回报，使依靠 BRT 解决广州交通拥堵的策略实现了合理化。

鼓励公共交通使用策略

BRT 系统建成后，开发和提升走廊两侧的公共和绿色用地成为优先事项。广州于 2010 年开始实施绿岛改善计划，建成了贯通市区、绵延数百公里的绿色走廊。该计划包括对东濠涌河道的修复治理。东濠涌河道是一条历史可追溯到宋朝的古老河道，有多条 BRT 线路服务于这一片区。东濠涌河道治理项目所从属的城市河道治理项目还包括其他多条与 BRT 走廊相连的运河河道。

与此同时，BRT 走廊两侧的自行车道也得以更新，并与机动车道完全分离，赋予了骑行更高的优先级。走廊两侧实施了共享单车项目，为市民提供了超过 5000 辆单车。ITDP 的调查数据显示，这一举措使广州每天减少了 7500 次机动车交通出行。BRT 走廊在公交线路沿线提供了安全免费的自行车停放设施。此外，BRT 系统还优先考虑了行人安全和舒适措施，包括在新街道增加过街天桥，以连接 BRT 站点和周边建筑，最大化地通过城市设计和建筑设计使站点与周边建筑无缝连接，并提供更为舒适的步行体验。这些投资和设施都大幅提高了步行的安全性和环境质量。

BRT 系统年收益

年均运营成本节省	9300万元人民币（1400万美元）
累计节省的时间的价值（2010年）	1.58亿元人民币（2400万美元）
年均排放信用数额	2500万元人民币（400万美元）
平均使用者出行成本节省（2010年）	6.72亿元人民币（1300万美元）
年呼吸系统疾病医疗成本节省	未知

配合密度的基础设施

尽管东濠涌运河修复项目没有直接与 BRT 项目协调，但对该区域和 BRT 走廊沿线公共空间及行人设施的改善，提升了 BRT 走廊的步行可达性和骑行吸引力，有助于保持高公共交通客流量。相似的，于 2010 年完工开放的荔枝湾运河修复治理项目，将单调的城市街道景观改造为精彩的城市空间。这些项目使 BRT 走廊的形象和功能发生了积极变化，是广州向 TOD 和走廊提升型开发转变的重要案例。

仅仅几年前，东濠涌运河依然是一条位于高架桥下的、排放污水的河道。无节制的城市发展侵占了河道两岸空间，且河道两岸建筑还面临周期性洪涝问题。洪涝问题会导致地下污水倒灌进周围的住宅和商业建筑。从 2009 年开始，项目方清理了东濠涌运河两岸一个延伸 3 公里的地块，并将其改造为绿带。绿带的特点包括世界一流的步行和骑行设施，以及有吸引力的新城市绿色空间。在河道附近，超过 32.9 万米^2 的新商业地产项目正处于开发阶段。东濠涌运河博物馆位于两个历史村落内部，能帮助公众了解运河历史。绿道项目吸引了人们到这一区域居住、工作和休憩，并成为非常受欢迎的夏季免费游泳场所。

东濠涌运河修复前后对比（来源：远东 BRT 规划集团）

包容和可负担的 TOD 系统

BRT 系统不仅改善了 BRT 用户的出行选择，还显著提高了出行的可负担性。市政机构在全市范围的低票价项目框架内对公交车票价进行了简化和重组。此前，大部分公交车的票价为 2 元，有些较长线路的票价高达 5 元。2010 年，所有线路的票价统一为 2 元。广州市政府有意通过补贴计划使 BRT 系统对所有广州市民都可负担。此外，在 BRT 系统内换乘是免费的，而在 BRT 系统外换乘需支付两次费用。智能公交卡向 BRT 常用者提供折扣，一个月内的出行次数累计达到 15 次后，公交车票价将降至 1.2 元。上述补助计划有助于降低 BRT 乘客的平均票价支出。

BRT 项目的受益群体不只是低收入家庭。BRT 走廊两侧的高收入家庭普遍拥有私家车，他们最初反对 BRT 项目，担心机动车交通状况会因机动车交通道路的减少而恶化。结果与此截然相反，BRT 的建成不仅改善了公共交通的运行速度和时间，还改善了私家车的运行速度和时间。通过鼓励和促进使用公共交通，道路上的私家车数量得以减少，使 BRT 系统和私家车主双双获益。

对于没有私家车的人，BRT 系统通过减少城区出行时间，显著提高了区域层面的可达性。BRT 系统还允许乘客在系统内不同线路的不同公交车间免费换乘，降低了出行成本。对于低收入家庭，BRT 系统使他们能在保留城市边缘低价值房产的同时，更简便、快捷地到达城市中心区。这种可负担性的改善，得益于 BRT 系统的整体成功。

TOD 的实施

时间线

- 2003 年—BRT 系统初步规划。
- 2005 年—概念规划、需求分析和走廊比较。
- 2006 年—第二阶段规划，交通、运营和设计规划，第一阶段需求分析。
- 2007—2008 年—实施规划和设计。
- 2009 年—沿东濠涌运河 3 公里绿道的清理和改造。
- 2010 年—第一阶段施工，同年 2 月完工。

可实施的下一步方案

1. 确定需求，厘清现状。
2. 开展区域分析。
3. 制订战略计划（分期）。
4. 确定主要利益相关者。
5. 寻找融资渠道。
6. 最优化土地价值。
7. 制订鼓励使用公共交通的策略。
8. 宣传、鼓励慢行交通。

经验教训

概括

作为成功的 TOD 和 BRT 实施案例，广州 BRT 系统展现了公共交通为城市带来的收益。BRT 为中山大道走廊带来了能提升城市化水平和城市密度的 TOD 项目，同时促成了具有更强环境和社会导向性的城市发展模式。世界各地的案例证明，高质量的公共交通服务能鼓励更高密度和混合土地利用。这类用地模式鼓励以步行、骑行和公共交通出行替代机动车交通。如果这种多交通模式的投资能促使住在中山大道两侧的数百万居民放弃购买私家车，选择其他出行模式，则将有效降低温室气体排放量。此外，如果本地开发商能利用这类交通资产开发高密度、高步行可达性和高混合利用住宅，并降低停车位比例，则 BRT 的影响会更大、更持久。

障碍和解决方法

采用 BRT 策略并非毫无挑战，因为政策制定者要面对数十年来一直缺乏整合的、零星的城市道路系统规划现实。公共交通系统多年来的服务懈怠和晚点问题，也给市民留下了负面印象。通过严谨的规划和分析来合理化大尺度公共交通开发是解决这一问题的关键。需求分析在系统设计过程中发挥了重要作用。此外，广州 BRT 项目支持在快速增长的情境下采取综合性交通规划策略。因此，如果不平衡分配出行模式、改变用户态度，则拥堵问题将很难解决。

主要经验

广州案例主要提供了以下经验：

- 为提高公共交通系统的效率和效益，有必要采取措施，缓解既有走廊上的公共交通和道路系统高需求。
- 广州 BRT 系统工作日日均客流量为 85 万人。
- 公私合营。
- 展现了不同出行模式间的连通性，鼓励作为补充的慢行交通，包括更新步行和骑行设施，以提高安全性、实现世界一流设计。

参考文献

1. Center for Clean Air Policy. 2013. "Developing Sustainable Transportation with the Guangzhou Bus Rapid Transit System and Multi-Modal Transport Network." CCAP Booklet, China Transport. http://ccap.org/assets/CCAP-Booklet_ChinaTransport.pdf

2. Huges, Colin, Xianyuan Xhu. 2011. "Guangzhou, China: Bus Rapid Transit Emissions Impact Analysis." ITDP. https://www.itdp.org/wp-content/uploads/2014/07/GZ_BRT_Impacts_20110810_ITDP.pdf

3. Far East Mobility. 2018. "Donghaochong canal and greenway." *Urban Development Best Practice Case Studies: BRT & Urban Transport Planning*. http://www.fareast.mobi/en/bestpractices/donghaochong

4. Suzuki, Hiroaki, Robert Cervero, and Kanako Luchi. 2013. "Transforming Cities with Transit: Transit and Land Use Integration for Sustainable Urban Development." *The World Bank*, Urban Development Series.

5. Morris, Jessica, and Stephanie Lotshaw. 2011. "Guangzhou wins 2011 Sustainable Transport Award for innovative transport solutions." *Institute for Transportation & Development Policy*. https://www.itdp.org/guangzhou-wins-2011-sustainable-transport-award-for-innovative-transport-solutions/

6. Fjellstrom, Karl. 2010. High capacity BRT planning, implementation & operation: Case study of the Guangzhou BRT. *ITDP*. Accessed July 24, 2018. http://www.uncrd.or.jp/content/documents/5EST-B2B3.pdf

7. Institute for Transportation and Development Policy. 2018. "How to Move Nearly 30,000 People per Hour Across a City." *Development Asia*. Accessed July 25, 2018. https://development.asia/case-study/how-move-nearly-30000-people-hour-across-city

东亚｜案例分析
韩国，首尔

来源：Adrianna Guzman 2018 © Adrianna Guzman

韩国首尔

基本信息

地理环境：
东亚（韩国）

层级：
城市、社区、站点、走廊

环境：
城市、郊区

高阶公共交通模式：
BRT和地铁

城市规模（人口）：
2500万（一线城市）

是否收录在其他世界银行出版物中：
是

城市背景

首尔是全世界发展最快的超级城市之一，拥有约2500万人口，其中约1040万人生活在605公里^{2}的区域内。20世纪70年代，只有少数韩国人拥有私家车（每1000人中有2人拥有私家车）。较低的私家车拥有量使公共交通系统承受了巨大压力。高客流量、长搭乘时间和搭乘里程，以及缓慢的行车速度成为韩国公共交通系统的"标签"。由于现实需求大幅超过既有公共交通系统的供给能力，为解决难以承受的拥堵问题和日益下降的公共交通质量问题，公共交通引导开发成为必然选择。

直到1974年，首尔市民的出行几乎完全依赖公共交通（公交车），这使公共交通系统承载了大量客流，且服务里程较长，同时为高度拥堵所困。这些问题促使首尔市政机构下决心建设第一条城市轨道系统。首尔的第一条地铁线于1974年开通。截至2004年，首尔地铁系统总里程达到487公里，有近400个站点。目前，首尔地铁系统是世界上最大的地铁系统之一，每天运送近840万名乘客，是纽约和伦敦地铁系统的两倍多。

首尔公共交通系统面临的主要问题是公交车服务质量低下，这无形中强化了人们对私家车的依赖。为此，首尔大都市区政府针对改善公交服务和提升客流量开展了多次尝试，但仍然没能解决对私营公交公司监管不力的问题。首尔的第一条路边式公交专用道于1984年投入使用。到1993年，路边式公交专用道延长至89公里，截至2003年，路边式公交专用道总长已达219公里。尽管公交专用道路网提高了公交车的运行速度，但并没能显著提升居民的公交使用量。因此，前首尔市长李明博实施了节奏更快的改革计划，其中包括划定以机动车为主的区域、提供步行空间、全面整合有政策干预和技术支持的BRT系统。由于首尔人口密度较高，大都市区政府多年来一直积极鼓励去中心化发展，主要举措是通过总体规划在城市外围构建新城区。

TOD 总体策略和城市结构

过去几十年中，首尔遵循着美国式的蔓延开发原则，导致私家车拥有量不断增长。无论以过去还是现在的标准衡量，首尔的人口密度相对全球平均水平都处于高位。由首尔市、仁川港和京畿道周边地区构成的首尔都市区（简称首尔），居住着超过 2500 万人，是全球第二大城市人口聚集区。截至 2006 年，首尔和仁川的人口密度位居世界第六（每平方公里 16400 人）。

为保持竞争力，首尔对公共交通系统开展了深层改革。前首尔市长李明博领导了对城市的再投资。2001 年，李明博以再投资首尔中心城区、创造可持续高产出城市为施政纲领竞选首尔市长。他的再投资首尔计划不仅要扩充公共交通服务，还要通过收回被道路和高速公路所占据的空间，来减少私家车导致的生态足迹。李明博指出："为什么要通过破坏城市内部生态，来促使郊区居民来市中心从事白领工作？"

配合密度的基础设施

贯通首尔市中心的高架高速路系统，在为一些成熟社区提供服务的同时，也沦为导致空间隔阂和视觉阻碍的罪魁祸首。李明博认为，尽管高速路使出行更加便利，但必须权衡它所带来的负面影响。

首尔的公共交通系统需要大幅扩建和升级才能满足实际交通需求。为此，相关市政机构相继延长了既有地铁系统，新建了 7 条路中式公交专用道和 294 公里的路边式公交专用道。其中，7 条路中式公交专用道长 84 公里，随后进一步延长至 162 公里。

土地使用权和土地价值捕获

高速路变身绿道创造了更高的市场需求。TOD 走廊两侧的绿道提高了土地价值，鼓励在繁忙的 TOD 走廊沿线进行开发活动。高架高速路存续期间，走廊两侧 3 公里内的房产价值普遍较低，这也佐证了李明博的观点。高速路改建为绿道后，走廊两侧 2 公里内的房产价值上涨幅度最高达到 8%。此外，一些高净值产业和商业活动也汇聚到绿道附近的走廊沿线区域。这充分体现了社区的价值取向：空间质量完胜私家车的主导地位。

利益相关者与政府关系

李明博和首尔发展研究所（SDI）在推动首尔公共交通系统改革中起到了关键作用。2002 年 6 月当选市长时，李明博承诺改善首尔公共交通系统，并委托 SDI 开展了一系列研究和分析。最终得出的建议包括：更新地铁和公交的票价和支付系统；更好地整合公交和地铁服务；增加公交专用道，推行全新公交服务运营管理策略。SDI 的研究团队由 Gyengchul Kim 博士和 Keeyeon Hwang 博士领衔，他们是改革的主要技术支持者，李明博及其团队则为改革提供了必要的政策支持。

高架高速路

城市绿道
高架高速路改造为城市绿道（来源：The World Bank 2013 © Seoul Metropolitan Government 2003）

鼓励公共交通使用策略

首尔改革计划提出的主要措施之一是重新设计原有公共交通网络,以整合超过400条公交线路。所有公交服务重新划分为四类,并用颜色标记,以方便乘客辨认。

为协调公交服务,首尔大都市区政府建立了全新的公交管理系统(BMS)。该系统以新型智能交通系统(ITS)为基础,为每辆公交车配备全球卫星定位系统(GPS)终端,使中央控制中心能监测其位置和行驶速度,进而调整每条线路上公交车的数量,并协助公交车司机为乘客提供实时信息。BMS带来了更可靠的公交服务,它根据具体出行需求,通过调整公交车的分配和运行时间表来使服务最优化。

除重新设计公共交通网络外,公交专用道总里程也由219公里扩展到294公里,并且还有进一步扩展的规划。真正的BRT网络需要配套路中式公交专用道、高质量的路中式车站、整合式出行信息和高质量公交车。

目前,在首尔大都市区政府看来,新建BRT是比扩建地铁更经济且有效的公共交通服务方式,因为扩建地铁一般需要多年时间和大量资本投入。尽管如此,地铁系统仍然是首尔公共交通系统的骨干。因此,将公交服务更好地整合到地铁服务中非常重要。为此,市政机构调整了一些公交线路和站点位置,使公交与地铁间的换乘更为便捷。此外,首尔市目前正在建设22座新换乘枢纽站。

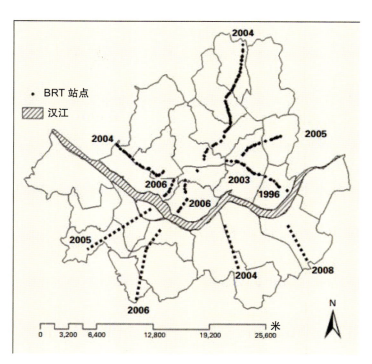

首尔市中心的BRT走廊(来源:The World Bank 2013 © World Bank)

TOD 的实施

时间线

- 1953 年—第一条公交线路投入运营。
- 1970 年—每 1000 人中仅有 2 人拥有私家车。
- 1974 年—首尔市建设第一条地铁线路，里程为 8 公里。
- 1984 年—铺设第一条路边式公交专用道。
- 1993 年—公交专用道里程扩展到 89 公里。
- 1994 年—公交专用道里程扩展到 174 公里。
- 2001 年—李明博竞选首尔市长，承诺恢复市中心活力，创建可持续且高产出城市。
- 2002 年 6 月—李明博当选首尔市长，承诺改善公共交通系统。
- 2003 年—公交专用道里程扩展到 219 公里。
- 2003 年 12 月—SDI 发表研究报告，建议更新并整合地铁和公交系统。
- 2004 年 1 月—李明博开展公关活动，宣传改革益处。
- 2004 年—地铁系统里程扩展到 487 公里，公交系统里程扩展到 294 公里。
- 2009 年 6 月—地铁 9 号线开放运营。

可实施的下一步方案

1. 确定需求，厘清现状。
2. 制订战略计划（分期）。
3. 制定政策。
4. 辨识关键利益相关者。
5. 最优化用地价值。
6. 制订鼓励使用公共交通的策略。
7. 制订宣传计划。

经验教训

2004 年 7 月开启的公交系统改革，完全重塑了首尔的公交服务系统，引入了基于真实需求的线路控制、时刻表控制和其他运营控制系统。地铁系统与公交系统的整合，实现了不同交通模式间的无缝连接，大幅优化了整个公共交通系统。改革的核心是引入与其他机动车完全分离的 BRT 线路。

研究表明，全球范围内的 BRT 系统都能以远低于新建铁路系统的成本，提供优质的快速出行服务。首尔的 BRT 系统取得了令人瞩目的成就。

障碍和解决方法

公共交通系统改革刚完成时，首尔出现了公共交通服务受干扰、公众不满和政治动荡等问题。显然，公交线路、票价结构和支付系统更新所需的过渡时间比预期更长。因此，应预留一定的试用期以测试改革效果，而非立即完全采用新系统。李明博主导开展了大量宣传活动，帮助市民了解改革的益处。但这些宣传活动在新系统投入运营前 6 个月就结束了。在未来的实践中，必须在系统投入运营前，投入更多时间和精力开展公众宣传活动。

主要经验

首尔的案例主要提供了以下经验：

- 市长主导改革。
- 最小化高架高速路网络。
- 地铁和 BRT 的线路里程大幅增加。
- 整合智能交通系统（ITS）。
- 开通了 400 条公交线路，设立了 22 座新换乘站。

参考文献

1. Development Institute. 2004. "Monitoring bus service systems: For Seoul bus system reform programs, Seoul, South Korea." *Seoul Development Institute*.

2. Suzuki, Hiroaki, Robert Cervero, and Kanako Luchi. 2013. "Transforming Cities with Transit: Transit and Land Use Integration for Sustainable Urban Development." *The World Bank*, Urban Development Series.

3. Seoul Development Institute. 2003. "Guidelines for implementation of the transportation system reform in Seoul: Bus operation system." *Seoul Development Institute*.

4. Seoul Development Institute. 2003. "Guidelines for implementation of the transportation system reform in Seoul: Policy for public transportation fare." *Seoul Development Institute*.

5. Atlas of Urban Expansion. 2014. "Seoul". http://www.atlasofurbanexpansion.org/cities/view/Seoul

6. Seoul Metropolitan Rapid Transit Corporation. 2005. "Origin and development of the Seoul metropolitan subway system." *Seoul Metropolitan Rapid Transit Corporation*. http://www.smrt.co.kr/english/ smrt/state_smsc.jsp?m1=1&m2=4.

美洲 | 案例分析

墨西哥,墨西哥城

来源: Mexperience 2016 © Foreign Native

墨西哥墨西哥城

基本信息

地理环境：
北美（墨西哥）

层级：
城市、走廊、站点

环境：
城市

高阶公共交通模式：
BRT和地铁

城市规模（人口）：
2140万（一线城市）

是否收录在其他世界银行出版物中：
是

城市背景

墨西哥城是墨西哥的首都，人口超过2100万，在北美洲城市中无出其右者。墨西哥城的城市人口密度为每平方公里8400人，并以每年2.5%的速度增长。庞大的人口规模使城区越来越密集，引发了很多城市问题。出行拥堵、环境污染和雾霾、不安全的公共交通系统都是墨西哥城在快速发展过程中面临的问题。为解决这些问题，墨西哥城于2005年开通了名为MetroBus的BRT。

MetroBus的繁忙程度位居世界第六，系统里程近125公里，包含6条公交专用道，年均载客量超过1亿人次，且仍在不断增长。与原有的Jitney公交服务相比，MetroBus节省了40%的运行时间，减少了30%的相关交通事故。此外，有15%的私家车出行者转为使用公共交通出行。交通出行方式的转变减少了温室气体排放量，并缓解了雾霾问题。墨西哥城的地面交通系统原本缺乏管控，由难以管理的独立小型公交运营商主导，引入专业、现代化、快速、安全并考虑环境影响的BRT系统后，状况得到彻底改善。MetroBus取代Jitney公交服务后，大幅提升了上百万公交出行人群的日常生活质量。

TOD 总体策略和城市结构

墨西哥城在多条主要走廊上达成了实施快速、层级适度、成效可见的 TOD 目标。2005 年，MetroBus 投入运营，以 97 辆快速公交车取代了原有的 350 辆标准公交车。这些快速公交车的所有权为公私共有。MetroBus 项目由两个主要部分构成：第一部分沿 Insurgentes 大街修建大运量公共交通系统，同时与机动车交通管理整合。系统包含多项提升出行舒适度和效率的设计，例如公交专用道、高于路面的连接公交站点的行人设施，以及采用清洁能源的低排放公交车；第二部分包括监测系统，以及与骑行系统和新走廊的连接和整合。

对墨西哥的政策制定者而言，BRT 的实施方法和过程尤为复杂。原有的独立公交运营商和 Jitney 服务提供商极力反对 BRT 项目，因为这会导致他们停业。在实施 BRT 前，众多独立公交运营商为提升运营利润率而牺牲服务质量，并且难以管控。公交系统由私人运营向公共运营与监管的转变，使墨西哥城的公共交通系统成为对社会、经济和环境有利的最佳实践。为实现公共监管，墨西哥城政府战略性地表示，可为私人运营商提供补偿，相关经费由 BRT 系统的收入提供。但以补偿方式引导私人运营商参与 BRT 项目的尝试并没能取得实质性进展，为此，政府转而通过引入竞争对手的方式向原有运营商施压，最终取得了成功。

墨西哥城的第一个 BRT 项目落户 Insurgentes 大街是经过战略性考量的。尽管这条街的原有客流量并不高，但其所处地理位置极具发展潜力。此外，这一决定还相应降低了与私人运营商的沟通成本，从而使 BRT 项目的实施更迅速且高效，也为未来其他 BRT 系统的扩建夯实了基础。

基础设施融资

尽管收到一些质疑声，但墨西哥城的 BRT 系统融资策略对城市是有利的，且具有一定前瞻性。BRT 项目成本预计超过 4900 万美元，通过公共投资、私人投资、碳排放融资等方式获得。具体到碳排放融资，墨西哥政府购买了碳排放信用，并使用清洁开发机制（CDM）的盈利为 BRT 项目融资。最终，BRT 系统的投运降低了碳排放量。这种融资方式不仅可行，还带来了超过预期的资金。研究表明，新 BRT 系统每年能减少 3.5 万吨二氧化碳排放。

利益相关者与政府关系

墨西哥城BRT系统成功的关键在于政府对交通系统的掌控，即通过补偿、竞争和谈判等手段，换取私人部门服务提供者的合作，扩大包括公共部门在内的公共交通参与范围。整个BRT项目的特点是政府主导，同时战略整合私营实体，以协助融资和运营。

规划、管理和建设融资主要由墨西哥城政府负责。内部化基础设施成本允许大规模资本融资参与，车辆供应和票价管理则由信誉良好的私人运营商RTP和CISA协议实施。

前墨西哥城市长洛佩斯·奥夫拉多尔（Lopez Obrador，现为墨西哥总统）通过提出新建BRT系统和高速路扩建方案，表达了建立平衡交通系统的愿景，恰逢其时地为墨西哥城的公交服务争取到公众支持，弱化了支持私家车出行方式的选民对BRT项目的反感。与BRT项目配套的一系列政策，旨在提高城市安全水平、改善空气质量、提升环境可持续性以及更新旧城区。

墨西哥城的政府干预措施还包括成立了新公共部门，即MetroBus。私人运营商RTP和CISA与政府部门合作，负责管理和维护系统。这种合作关系确保了公共系统运营的安全性和专业性，同时为依赖公共交通出行的居民提供了公平合理的票价。此外，公私合营模式的经济效益超过了此前的私人运营模式，因此获得了更广泛的支持。最后，通过为公共运营商提供参与创建第一条BRT线路的机会，城市官员获得了公共部门员工的支持，从而减少了新公交系统的资金需求。

参与项目的公共部门和私营企业都很注重公众意见，因为他们才是新系统的使用者。为了更好地了解墨西哥城市民的改善性需求，项目方在全城设置了公共咨询亭，收集市民对BRT系统的想法和意见。通过这种方式，项目方使不同利益相关者参与到规划过程中，进而获得了广泛支持，促成了整个项目。

TOD Ⓚ Ⓟ

鼓励公共交通使用策略

墨西哥城实施了其他城市尝试过的政策模板,并利用外部资源推动新交通理念进入公共议程。前墨西哥环境部长克洛迪娅·欣鲍姆(Claudia Sheinbaum,现墨西哥城市长)在可持续交通研究人员、资助者和发展机构的支持和建议下领导制订了 BRT 提案。在设计 BRT 系统时,支持平衡交通系统的墨西哥城市长牵头负责推进项目。墨西哥城的未来交通系统致力于改善骑行系统、扩展 BRT 系统,以更好地整合不同交通模式。MetroBus 拥有超过 85.5 万人次的日均客流量,使墨西哥城成功实现了由汽车为主的出行模式到公共交通模式的转变。2010 年创立的 EcoBici 系统将骑行网络无缝整合到 BRT 系统中,使很多此前选择私家车出行的人转而使用公共交通或骑行。EcoBici 系统实际上是一项共享单车计划,旨在鼓励骑行通勤。截至 2015 年,EcoBici 系统在墨西哥城内投放了超过 6000 辆共享单车,并设立了 250 个共享站点。这一覆盖全墨西哥城的系统提供了既高效又便捷的自行车服务,并战略性地设置在公共交通站点周边,以达到鼓励多模式出行的目的。到 2018 年,墨西哥城政府有意进一步扩大 EcoBici 系统,以改善骑行基础设施,显著降低汽车出行量。

关注交通对环境的影响,是鼓励使用公共交通、减少汽车出行量的主动力。墨西哥城正受惠于此,其汽车出行量已经减少了 15%。这座城市曾饱受雾霾和环境污染困扰,而 BRT 系统的目标正是减少和缓解这些问题。事实证明,BRT 系统的投运使有害气体排放量降低至原有水平的 1/3~1/2。此外,交通事故率也降低了近 30%。为市民提供一个更安全且健康的系统,对鼓励他们使用公共交通有很大作用。

站点和公交车队的升级,为乘客提供了更大且更舒适的空间。过载和拥挤会影响公交乘客量,因此解决这些问题同样有助于鼓励使用公共交通。与旧系统中载客量较小的公交车相比,新系统中载客量达 160 人的公交车,有效解决了拥挤问题。此外,BRT 系统效率的提升,也是鼓励人们从汽车出行转向公共交通出行的决定性因素之一。据统计,BRT 使通勤时间平均减少了 30 分钟。高峰时段的 BRT 车次频率最高,可达每小时 56 班。当公共交通成为最有效的出行方式时,出行方式就一定会向着有利于公共交通使用的方向发展。

Tepalcates 中心车站(改造前)

Tepalcates 中心车站(改造后)

MetroBus 车站设计(来源:New York City Global Partners Innovation Exchange 2012 ©Metrobus)

包容和可负担的 TOD 系统

包容性和可负担性是提升公共交通吸引力的重要因素。墨西哥城取消了公共交通系统的纸质票和现金购票系统，取而代之的是可重复使用的充值卡系统。这种支付方式虽然高效，但也存在一些缺点：并非所有车站都有充值系统；市民需花费 10 比索购买充值卡。所幸，每次乘车的费用仅为 6 比索，且包括在 5 条 BRT 线路间的不限次换乘，这项政策有效提升了系统的可负担性，特别是对从城市边缘社区通勤到市中心的人群。尽管不像很多亚洲同类系统一样有大额政府补贴，但 MetroBus 的票价并不会对可负担性产生很大影响。

根据 TOD 原则，墨西哥城强调在 BRT 走廊两侧建设可负担住房，以满足 BRT 系统不同使用群体的需求。其中一个案例是 IntegreARA Iztacalco 开发项目。该项目位于 BRT 沿线 0.4 公里范围内，在原有工业用地的基础上投建了 720 个可负担住房单元。此外，项目还开发了庭院、休闲空间、骑行设施和混合利用的高密度建筑，以构建完整的 TOD 社区。通过满足不同收入群体的需求，以及在 BRT 和地铁走廊附近提供私人或公共空间，该项目使在公共交通线路旁居住成为可负担的选择。

TOD 的实施

时间线

- 2005 年 6 月—MetroBus 的第一条线路第一期开放运营。
- 2008 年 3 月—MetroBus 的第一条线路第二期开放运营。
- 2008 年 12 月—MetroBus 的第二条线路开放运营。
- 2010 年—EcoBici 共享单车系统创立。
- 2010 年 5 月—MetroBus 的第三条线路开始施工。
- 2011 年 2 月—MetroBus 的第三条线路开放运营。
- 2012 年 4 月—MetroBus 的第四条线路开放运营。
- 2013 年 11 月—MetroBus 的第五条线路开放运营。
- 2015 年—EcoBici 系统投放了 6000 辆共享单车，设立了 250 个站点。
- 2016 年 1 月—MetroBus 的第六条线路开放运营。
- 2018 年 2 月—MetroBus 的第七条线路开放运营。
- 2018 年—扩大 EcoBici 系统，改善骑行基础设施。

可实施的下一步方案

1. 确定需求，厘清现状。
2. 制订战略计划（分期）。
3. 确定关键利益相关者。
4. 融资。
5. 减少和控制竞争。
6. 最优化用地价值。
7. 制订鼓励使用公共交通的策略。

经验教训

总结

墨西哥城 BRT 系统是 TOD 开发的最佳实践案例之一。通过提升效率、减少环境影响、提高乘客满意度和系统容量，该系统取得了巨大成功。墨西哥城 BRT 系统采用了公私合营模式，并通过减少环境影响的方式为大型基础设施融资。私营企业、公交运营商、司机等参与者的引入，使投资机构更加多元化。此外，通过聚焦于公共交通对环境的影响，墨西哥城在利用减少碳排放量的手段为项目融资的同时，有效减少了生态足迹。

障碍和解决方法

墨西哥城 BRT 系统开发过程中面临的最大障碍，是独立私人公交运营商出于自身利益强烈反对系统改革。投建 BRT 前，政府对公交运营系统缺乏管控，私人运营商为提升利润率而牺牲服务质量。解决这些问题的手段是补偿、引入竞争和谈判。

主要经验

墨西哥城案例主要提供了以下经验：

- 项目包括两个主要部分：修建高运量公共交通走廊和监测系统；创建新骑行系统连接和走廊。
- MetroBus 极大加强了公共机构对交通服务规划和管理事项的直接参与。
- 新 BRT 系统每年能减少超过 3.5 万吨二氧化碳排放。
- 增加公共交通使用量能减少 15% 的汽车使用量。
- 新 BRT 系统最高能减少 30% 的交通事故率。
- 在新 BRT 系统线路两侧 0～4 公里范围内建设了 720 个可负担住房单元。

参考文献

1. Atlas of Urban Expansion. 2018. "Mexico City." http://www.atlasofurbanexpansion.org/cities/view/Mexico_City
2. Ciudad de Mexico. 2018. "Metrobus." *Metrobus*. http://www.metrobus.cdmx.gob.mx/
3. Petalta, Martha Delgado. 2017. "Lessons from Ecobici for the Implementation of Public Bicycle Systems in Mexico." *Global Cities Covenant on Climate Secretariat*. Friedrich-Ebert-Stiftung.
4. Aguilera, Guillero Calderon. 2012. "Best Practice: Metrobus Bus Rapid Transit System." *New York City Global Partners*. http://www.nyc.gov/html/ia/gprb/downloads/pdf/Mexico%20City_Metrobus.pdf
5. Transforming Urban Transport: The Role of Political Leadership (TUT-POL). 2016. "Mexico City's Bus Rapid Transit: Incrementally Laying the Groundwork for Large-scale Transformation." *Harvard University, Graduate School of Design*. http://research.gsd.harvard.edu/tut/files/2016/10/MexicoCityBrief1003.pdf
6. United Nations. 2018. "Mexico City Bus Rapid Transit." *Sustainable Development Knowledge Platform*. https://sustainabledevelopment.un.org/index.php?page=view&type=99&nr=49&menu=1449
7. urbanNext. 2014. "IntegrARA: Urban Affordable Housing in Mexico City." *a | 911*. https://urbannext.net/integrara/
8. The World Bank. 2018. "Mexico City Insurgentes Bus Rapid Transit System Carbon Finance *Project*." *Projects and Operations*. http://projects.worldbank.org/P082656/mexico-city-insurgentes-bus-rapid-transit-system-carbon-finance-project?lang=en

美洲 | 案例分析
智利，圣地亚哥

来源: Culture Trip 2017 © Turismo Chile

智利圣地亚哥

基本信息

地理环境：
南美（智利）

层级：
城市、走廊

环境：
城市

高阶公共交通模式：
BRT和地铁

城市规模（人口）：
730万（二线城市）

是否收录在其他世界银行出版物中：
是

城市背景

圣地亚哥是智利的首都，人口规模超过700万。其城市人口密度为每平方公里9000人，是智利人口密度最大的城市，也是美洲人口最密集的城市之一。圣地亚哥的城市人口分布在大都市区内，且呈逐年增长趋势。智利交通系统的弊病众所周知，包括交通线路过长、系统效率低、对系统安全和客服的关注度低等。由于缺乏票务整合、缺乏与地铁系统的整合、供不应求、乘客体验关注度差、交通事故率高等问题，圣地亚哥的公共交通系统没能吸引足够多的乘客。糟糕的搭乘环境导致通勤者对公共交通系统怨声载道。在2003年的一项公众问卷调查中，当时的圣地亚哥公共交通系统被评为最差公共服务项目。

公众的强烈不满促使智利政府开始干预公共交通系统，以由地铁和公交组成的新系统全面取代旧系统，同时引入高科技交通控制系统。政府提出了全新的交通系统概念和框架，并通过国际竞标方式融资。

上述举措最终促成了一个将BRT与地铁无缝衔接的新公共交通系统，并为TOD开发夯实了基础。这种开发模式正是当前智利规划和开发实践的焦点之一。政府的一系列干预措施，打造出高效的、关注乘客舒适度和安全度的、对环境友好的公共交通系统。

TOD 总体策略和城市结构

圣地亚哥的新公共交通系统名为 Transantiago，由 BRT、接驳公交和地铁系统组成。截至 2011 年 2 月，该系统已成功运行 4 年。在 Transantiago 投运前，圣地亚哥的城市公共交通系统问题重重：全盘私有化，由 3000 个独立私人运营商提供服务，由货车改装的公交车队难以满足公共交通需求。自 2001 年起，公交系统承担了整个城市 43% 的机动车交通量。

为改善公共交通系统，圣地亚哥政府施行了建立多交通模式一体化系统的整体策略，包括投建 BRT 和扩建地铁网络。BRT 项目包括建设 18.8 公里长的分离式公交走廊、建设 4.6 公里新道路、更新 62.7 公里既有城市道路和新建 70 个公交站点。公交车队由 1200 辆新型低地板式铰接客车、1500 辆传统货车改造成的客车和 2300 辆接驳客车组成。对原有地铁系统进行了扩建，包括耗资 24 亿美元新建 66 公里轨道和 68 个站点。其中，有 45 公里轨道在 2000—2006 年间建成，使系统运量提升至每天 83 万次出行的水平。2006 年后，又有 21 公里轨道建成，在原有系统容量的基础上新增每天 25.4 万次出行。系统改善规划还包括对骑行设施和共享单车系统的整合，以利用慢行交通分流出行需求。

对公共交通服务的整合，包括采用统一票务系统和非接触式公交卡，以及修建 2 个多模式换乘站点。耗资 3000 万美元的一体化信息系统，可用于运行控制和收集数据。

总体而言，Transantiago 项目的实施有两个目标：互补和整合。互补指加强 BRT 与地铁系统的互补关系，创建一个多交通模式系统；整合指创建 BRT 与地铁系统通用的统一票务系统。只有完成这两个目标，系统才可能成功投运。

鼓励公共交通使用策略

圣地亚哥采取了多种设计策略，以保证公共交通服务的使用率能随系统扩张而持续增长。BRT 与地铁系统的无缝衔接是提高公共交通使用率的主要策略。通用的无接触票务系统，使在不同交通模式间换乘变得更可行且高效。在圣地亚哥的两个多模式换乘站内，乘客无须离开车站就能在不同模式间换乘，这增强了系统的可达性和便利性，深刻影响了乘客对所有公共交通模式的使用习惯。

骑行系统的引入，进一步强化了 BRT 与地铁系统间的整合。此前，圣地亚哥的骑行系统并不发达，且非常分散。2007 年，在郊区和城区引入 690 公里自行车道的规划方案改变了这一状况。该规划目前仍处于实施阶段，已经显著提升了一些城区的包容性。以 2009 年加入公共骑行系统的普罗维西亚地区（Providencia）为例（彼时，公共骑行系统已经从最初的 1000 辆单车扩充到 4000 辆单车），使用者每月只需支付 2 美元，即可无限次使用公共骑行系统，惠及 14~80 岁的广大用户群体。如下表所示，相较其他南美洲城市，圣地亚哥有最好的骑行整合系统。随着到达公交站的方式更加便捷，人们也更愿意使用公共交通，而非私家车出行。

圣地亚哥与其他城市的骑行设施整合程度对比（来源：Paolo Jiron © UN Habitat）

	圣地亚哥（智利）	蒙得维的亚（乌拉圭）	基多（厄瓜多尔）	弗洛里亚诺波利斯（巴西）	每项分数
自行车可登载公共交通的条件：仅限非高峰时间（3）任何时间（4）特殊设施（5）	0	1	1	0	2
易于自行车通往公交站点的设施	2	0	1	0.1	3.1
通往公交站点的公共三轮车和/或自行车	1	0	0	0	1
车站、电梯、坡道的自行车设施	2	0	0	0.6	2.6
鼓励使用自行车的教育机构	2	1	2	0.3	5.3
其他促进有利于骑行环境的政策，例如协调公交与骑行的机构	2	1	0	0.3	3.3
整体水准	10	5	4	2.3	

经验教训

总结

圣地亚哥公共交通系统最终整合为无缝衔接的 BRT 和地铁一体化系统，为进一步的 TOD 开发夯实了基础。政府通过行政干预创造了一个高效的、关注乘客舒适度和安全性、关注环境影响的系统。

圣地亚哥公共交通系统的多模式整合策略值得借鉴。尽管线路重组是一个复杂的技术问题（需平衡供求以实现社会效益最佳），但它促成了 BRT 与地铁系统的整合。圣地亚哥的公共交通系统未来还会继续整合骑行系统，提供更多出行模式选择，这不仅带来了多样性，也确保了可负担性和便捷性。

障碍和解决方法

圣地亚哥通过 Transantiago 项目创建了为市民所广泛使用的 BRT 和地铁一体化系统，这期间遇到的一些障碍和相应解决方案，值得其他城市和地区借鉴。第一个障碍是在系统规划过程中缺乏不同机构间的协作。理论上，总统咨询委员会为不同政府部门和机构参与项目提供了机会，但并未囊括发言权较低的其他利益相关者。可行的解决方案是促成机构间合作，包括日常使用、运营公共交通系统的利益相关者。另一个障碍是对可负担性的关注，包括票价的可负担性及公共交通走廊两侧住房的可负担性。可行的解决方案是在建立公共交通系统的同时，关注社会性和包容性。

主要经验

圣地亚哥的案例主要提供了以下经验：

- 圣地亚哥的总体策略是通过整合 BRT 和地铁系统来创造多模式交通系统。
- Transantiago 项目有两个目标：补充和整合。
- 可负担住房策略融合了不同收入群体，并为他们提供了更好的交通服务。

参考文献

1. Atlas of Urban Expansion. 2016. "Santiago." http://www.atlasofurbanexpansion.org/cities/view/Santiago
2. Jiron, Paola. 2013. "Sustainable Urban Mobility in Latin America and the Caribbean." *United Nations Habitat Global Report on Human Settlements*. https://unhabitat.org/wp-content/uploads/2013/06/GRHS.2013.Regional.Latin_.America.and_.Caribbean.pdf
3. The World Bank. 2013. "Urban Transport Reform: The Santiago Experience." *Projects & Operations*. http://www.worldbank.org/en/results/2013/04/11/Urban-Transport-in-Santiago
4. Hidalgo, Dario, and Pierre Graftieaux. 2007. "Case Study Transantiago, Santiago Chile." *A Critical Look at Major Bus Improvements in Latin America and Asia*. The World Bank.

非洲 | 案例分析
南非，开普敦

来源: The Telegraph 2018 © Hugh Morris

南非开普敦

基本信息

地理环境：
非洲（南非）

层级：
城市、社区、走廊

环境：
城市、郊区

高阶公共交通模式：
BRT

城市规模（人口）：
370万（二线城市）

是否收录在其他世界银行出版物中：
是

城市背景

开普敦拥有超过370万常住居民，人口总数和密度仅次于约翰内斯堡，是南非第二大城市。开普敦的人口分布在2500公里^{2}的土地上，城市人口密度为每平方公里1480人。到2030年，这座城市的人口预计会增长到430万。与其他中低收入国家相比，南非的独特性在于生活在贫困线以下的居民占比很高。以开普敦为例，超过36%的居民生活在贫困线以下，其中有4%得不到基本供电服务，有10%得不到基础卫生服务。大多数开普敦居民都需要社会救助。2010年的南非世界杯为提升城市服务水平提供了一个难得契机，特别是在给低收入家庭提供充足公共交通服务方面。

南非政府选中了12个城市开展公共交通设施升级项目，通过整合所有交通模式来更好地服务世界杯活动。其中有9个城市，包括开普敦和约翰内斯堡，是世界杯活动举办城市。这一项目催生的开普敦BRT系统如今仍在运营，它是继约翰内斯堡 Rae Vaya 系统后的非洲大陆第二个BRT系统。

TOD 总体策略和城市结构

开普敦 BRT 系统名为 MyCiTi，它是城市经济开发战略的一部分。这项战略正依赖于开普敦的一体化交通系统。2010 年，MyCiTi 为 2010 年世界杯开放了两条试点线路。接下来一年，开普敦开始在 16 公里长的走廊上运行 MyCiTi，整个系统的服务达到了国际评级的青铜级。该系统目前仍在持续向市中心和机场扩展。

MyCiTi 在 2010 年 5 月的世界杯开始前投入运营，提供从城市中心区到开普敦国际机场的公交服务。它还包括一条围绕世界杯城市碗（City Bowl）的临时线路。第一条真正意义上的 BRT 线路（A1 阶段）于 2011 年 5 月投入使用。不同于传统公交服务，BRT 系统拥有公交专用道、高频次时间表和自动化票务系统，旨在为多数人提供更大的出行能力。

截至 2015 年，MyCiTi 已经在开普敦的大部分区域提供 BRT 和接驳公交服务，包括低收入家庭聚居区。这些地区往往远离城市基础设施和就业机会密集的市中心。

除 BRT 系统外，交通与发展政策研究所（ITDP）还将可达非洲项目（Access Africa）引入开普敦，旨在通过为低收入医护工作者提供骑行服务，帮助他们每天探望更多病患。这类医护工作者通常工作时间很长，且只能步行到达病患所在地。

利益相关者与政府关系

ITDP 自 2002 年起在开普敦开展工作，最初专注于为实施 BRT 概念提供支持。ITDP 在改善开普敦的公共交通系统过程中扮演了重要角色，它同时是主要利益相关者之一。通过项目工作营、交换国际最佳实践经验等方式，ITDP 支持着 BRT 概念的成长，特别是引入了波哥大的黄金服务标准 TransMilenio 案例。2007 年，ITDP 加入 MyCiTi 项目团队，协助起草了 BRT 系统的商业计划和融资模型，并为最终促成项目不断发挥作用。

在这一过程中，ITDP 将开普敦原有的非正规公共交通系统正规化，使小型企业有能力加入正规市场，并具备可观的竞争力。以约翰内斯堡为例，其 BRT 系统的运营方是一家由前出租车运营者组成的公司。

有人可能认为，BRT 的成功很大程度上取决于是否能在项目伊始吸纳私营企业参与，而不是让私营企业观望系统能否成功。但实际上，MyCiTi 项目主要是由公共资金投资的。该项目的目标是，到 2030 年连通整个城市。在这一漫长过程中要应对一系列挑战，例如土地变更、城市空间遗留、微型公交出租行业变动不定的生存环境、公众对公共交通的态度等问题。

南非约翰内斯堡

基本信息

地理环境：
非洲（南非）

层级：
城市、社区、走廊

环境：
城市、郊区

高阶公共交通模式：
BRT和地铁

城市规模（人口）：
1000万（一线城市）

是否收录在其他世界银行出版物中：
是

城市背景

约翰内斯堡位于南非城市化程度最高的豪登省（Gauteng）。约翰内斯堡的人口规模为1000万，人口密度为每平方公里2900人。到2030年，这座城市的人口预计会增长到1150万。尽管经济和人口都在快速增长，但约翰内斯堡的贫富差距也在逐渐拉大，约63%的家庭没有私家车。

2006年，新当选的市长设立了市政交通局，承担城市范围内的交通规划和管理职责，以更好地组织城市交通系统。

获得2010年第十九届世界杯活动承办权后，约翰内斯堡迫切希望改善城市交通系统，以提升城市形象，达到"世界一流城市"水平，特别是要满足球迷和游客在世界杯期间的需求，由此催生了Rae Vaya项目。

Rae Vaya是非洲大陆上第一个真正意义的BRT系统，为其他城市提供了有益经验。该项目的主要目标如下：

- 经济增长
- 缓解贫困
- 重构城市
- 可持续发展
- 良好的政府管理

TOD 总体策略和城市结构

缺乏公共交通投资和城市工作区与居住区分离（超过合理的步行和骑行距离）等问题，在约翰内斯堡催生了非法的、无政府监管的"出租小巴"（taxi minibus）行业。起初，由于政府监管缺位，这一行业还成为积极"创业"趋势的代表。

然而，私营企业低投入、高盈利的经营模式，最终导致服务提供者间的激烈竞争。到 20 世纪 90 年代，与大多数发展中国家城市一样，约翰内斯堡的交通系统也呈现出服务于运营商、边缘化使用者、行车时间不便、票价高、车辆安全性差、司机驾驶技术差等负面特征。

新气候经济项目（New Climate Economy）的一份报告显示，Rae Vaya 系统已经帮助约翰内斯堡节省了 8.9 亿美元，包括缩短出行时间、提升道路安全和减少碳排放等贡献。

土地使用权和土地价值捕获

Rae Vaya 改善了周边地区的状况，提高了附近不动产的价值。具体改善如下：

- 提升了区域生产力。
- 增强了就业岗位的可达性。
- 获得环境收益。

利益相关者与政府关系

实施交通改革时，最大的挑战之一是现有系统受益者的反对。在大多数发展中国家，既有系统受益者的代表是非正规出租小巴公司及其司机。

在约翰内斯堡，交通改革的阻力很大程度上源于强大的出租车工会，他们坚决捍卫自己在无政府规制和监管下运营出租车的权利。

南非目前有四个层级的机构承担交通系统监管职责，包括国家层级机构、区域（省）层级机构、城市或大都市区层级机构、地方和地区层级机构。国家交通部除负责制定交通政策和法规外，还负责以下事项：

- 实施国家政策和法规。
- 协调各层级交通部门间的不同职能。
- 准备和制定法规。
- 在宪法或国家法规层面履行行政管辖权。

豪登省政府的作用是保证国家政策在省内的实施并进行监管。新成立的豪登交通管理局，负责在区域层级改善交通并制定标准和规范。豪登多模式公共交通战略网络（GISPTN）为改革提供了基础，它要求在既有道路系统与轨道系统间建立联系，并将提供公共交通服务、投资基础设施开发作为优先事项。

约翰内斯堡于 2003 年制订了整合交通计划（ITP），由豪登省长和交通部长签署执行。ITP 包括公共交通优先、路边式公交道优化、通勤者基础设施建设、指路设施优化和乘客信息优化等内容。这些措施改善了出租小巴的运营环境。

如何在交通问题上划分国家层级和城市层级的机构职能，往往是一个难以解决的问题。相似地，如何在新系统中引入既有的私人运营者，为他们创造一个平台，让他们能有效地参与公共交通服务，也是很棘手的问题。BRT规划需要相当复杂的技术手段，而地方层级政府机构通常不具备这样的技术能力。约翰内斯堡市政府在了解过哥伦比亚波哥大的BRT项目后，才萌生了在约翰内斯堡建设BRT的想法。

约翰内斯堡市政府积极且深入地研究了其他城市，尤其是哥伦比亚波哥大和厄瓜多尔亚基尔的BRT成功经验。通过循序渐进的方式，市政府成立了规划和发展局，负责实现BRT项目。他们统筹考量了源自资金和土地两方面的城市环境限制，将BRT规划为未来交通系统的骨干，与重轨相连，以提供更高水平的可达性和载客量。

鼓励公共交通使用策略

设计策略的焦点是使系统和站点更具功能性和吸引力，包括预付票务系统、使所有乘客都能无障碍通行的平台乘车方式、多停车区以及安全且防风雨的车站。站点设计考虑了城市环境和美学需求，委托当地艺术家为车站增添个性化和文化元素。

基于智能交通系统（ITS）的公共交通管理系统

约翰内斯堡需要的是有效且可负担的公共交通管理系统。由私人机构开发的自动公共交通管理系统（APTMS），能提供包含动态乘客信息在内的一系列服务和信息。

提供乘客信息，无论对公共交通服务者还是使用者而言，都是一个全新概念。传统的出租小巴大多不编号，只能通过司机的名字辨识，线路和站点往往也不可预测。对司机和乘客而言，遵循固定时间表和固定发车频率，都需要一个学习和适应的过程。

包容和可负担的TOD系统

在利益相关者一致同意后，Rae Vaya项目在实施过程中保持了工作岗位的开放性，为因系统改革而失业的人们提供了公平的就业机会。此外，项目还构建了较强的系统认知度和品牌形象，并引入"我们在路上"（we are going）理念。

自启动开始，Rae Vaya项目1A期就在施工阶段创造了700个永久工作岗位和3300个临时工作岗位。项目方在设计系统时考虑了出行不便的人，采取了诸多对应措施，例如在BRT站点采用平台乘车方式。新公共交通系统为社会各阶层人士，尤其是担心夜间出租小巴安全性的女性提供了更优的选择。每个站点都配有保安人员，站点周边还有视频监控设备。早期曾出现过度拥挤情况，目前已经得到缓解。Rae Vaya项目根治了出租小巴服务的很多顽疾。

约翰内斯堡执行市长帕克斯·塔乌（Parks Tau）曾表示："如果放任市场力量横行，穷人就会被推到城市边缘拥挤的窝棚里，为出行成本所困。"他还认为："我们讨论隔离的空间格局，就是为了寻找打破和转变这种局面的方法。"Rae Vaya项目孕育了混合用地类型、混合阶层开发的项目，同时关注住宅的区位和可负担性。

TOD 的实施

时间线

- 2003 年—约翰内斯堡提出了一体化交通计划（ITP）。
- 2006 年 11 月—设立市政交通局。
- 2007 年 10 月—Rae Vaya 项目开始施工。
- 2009 年 4 月—Rae Vaya 项目 1A 期投入使用。
- 2009 年 8 月—第一辆公交车投入运营。
- 2010 年 6 月—2010 世界杯为 12 个城市提供了基建资金。
- 2011 年 2 月—出租车公司利益相关者上交运营执照和资本，以换取 Rae Vaya 项目股份。

可实施的下一步方案

1. 确定需求，厘清现状。
2. 制订战略计划（分期）。
3. 设立公共交通部门。
4. 确定关键利益相关者。
5. 融资。
6. 减少竞争。
7. 创建品牌。
8. 市场营销计划。
9. 最优化用地价值。
10. 制订鼓励使用公共交通的策略。

经验教训

总结

Rae Vaya 项目的成功实施，对过去 25 年中饱受苦难（尤其是低收入者）、缺乏正规公共交通的约翰内斯堡居民而言，具有里程碑式意义。Rae Vaya 项目克服了诸多政治挑战，建立了一个可负担、高质量的公共交通系统。此外，该系统通过改善交通道路安全及减少碳排放，为南非节省了 8.9 亿美元。

障碍和解决方法

实施交通改革时，最大的挑战之一是既有系统受益者的反对。在大多数发展中国家，既有系统受益者的代表是非正规出租小巴公司及其司机。

为改善与既得利益群体的关系，约翰内斯堡制订了涵盖所有交通模式的一体化规划方案，包括适度优先发展出租小巴和公交组成的公共交通系统、改善路边式公交专用道、为通勤者提供合适的基础设施、提供更好的指路设施和改善乘客信息系统。这些举措为出租小巴提供了更好的运营环境，同时避免了大费周章地在全城范围内新建公共交通网络。

主要经验

约翰内斯堡的案例主要提供了以下经验：

- Rae Vaya 项目解决了由来已久的交通不平等问题，提升了城市居民的自豪感，提供了安全、可负担的公共交通系统。
- 将强大而具影响力的非正规部门纳入正式和专业的交通规划中。
- 市场营销计划受到波哥大 Transmilenio 项目的影响。
- 项目实现了工作岗位的平等开放，创造了与因项目失业人数等量的工作岗位。

参考文献

1. Eickmans, Luuk, and Emelda Nasei. 2011. "Sustainable Mobility for African Cities - Promoting non-motorised transport options and compact cities as complements to public transport." *United Nations Human Settlements Programme*. Nairobi, Kenya.

2. Weinstock, Annie. 2009. "Rea Vaya: We are going!" *Sustainable Transport*, No. 21 (Winter 2009), 16-18. Institute for Transportation and Development Policy.

3. Kouakou, Eric, and Djan Fanny. 2008. "Overview of public tranpsort in Sub-Saharan Africa." *Trans-Africa Consortium*. https://www.uitp.org/sites/default/files/cck-focus-papers-files/Transafrica_UITP_UATP_PublicTransport_in_SubSaharan_Africa_2008.pdf

4. Allen, Heather. 2013. "Africa's First Full Rapid Bus System: the Rea Vaya Bus System in Johannesburg, Republic of South Africa." *Global Report on Human Settlements 2013*. https://unhabitat.org/wp-content/uploads/2013/06/GRHS.2013.Case_.Study_.Johannesburg.South_.Africa.pdf

5. World Population Review. 2017. "Johannesburg Population." http://worldpopulationreview.com

6. REA VAYA. 2018. "Rea Vaya Timeline." Accesssed July 24, 2018. https://www.reavaya.org.za/welcome/timeline

7. REA VAYA. 2015. "Corridors of Freedom to boost Rea Vaya passenger numbers." Accessed July 24, 2018. https://www.reavaya.org.za/news-archive/october-2015/1229-corridors-of-freedom-to-boost-rea-vaya-passenger-numbers

专业术语

© 2018 International Bank for Reconstruction and Development / The World Bank 1818 H Street NW Washington DC 20433
Telephone: 202-473-1000
Internet: www.worldbank.org

本作品是世界银行工作人员在外部资助下完成的。本作品所包含的研究成果、释义和结论不完全代表世界银行、世界银行执行董事会及世界银行执行董事所代表的政府的观点。

世界银行不保证本作品所述数据的准确性。本作品引用的地图中标注的边界、颜色和面积等信息，不代表世界银行对任何领土的法律主张，以及对相关边界的认可或判断。

权利与版权

本作品中的素材均受版权保护。世界银行鼓励知识传播，因此只要注明作品版权归属，就可在非商业目的下复制本作品的全部或部分内容。

任何有关权利和许可，包括版权在内的咨询，应向世界银行出版社提出。

地址：The World Bank Group, 1818 H Street NW, Washington, DC 20433, USA

传真：202-522-2625

电子邮件：pubrights@worldbank.org

引用说明如下：Global Platform for Sustainable Cities, World Bank. 2018. "TOD Implementation Resources & Tools." 1st ed. Washington, DC: World Bank.

所有图片版权均为版权方所有，未经版权方书面许可，不得以任何目的使用。

专业术语

活跃利用（Active Uses）

通过保持土地利用区域活力，例如设置商业实体、咖啡厅、沿街商铺、餐馆和流动商贩区，活跃街道行人，维持视觉兴趣点。

可负担住房（Affordable Housing）

主要供给收入低于中位数的家庭。在印度，私营企业和政府都在探索为低收入群体提供住房的方式。印度联邦及地方政府为推动可负担住房启动了多项计划，包括公共部门作为引导者，鼓励私营企业建造可负担住房，并在房屋出租时获得政府租金补助。

年度折旧免税额（Annual Depreciation Allowance）

年度折旧免税额指根据税务法规，物业投资者在资产折旧年限内，每年可获折旧免税额的总和。

计算年度折旧免税额，首先要计算地上资产比例（土地不折旧），以确定折旧基准。然后按资产使用年限进行分期折旧。根据现有税务法规，住宅物业折旧使用年限为 27.5 年，非住宅物业折旧使用年限为 39 年。

资产价值 × 地上资产比例 = 折旧基准

折旧基准 / 使用年限 = 年度折旧免税额

资产（Asset）

从会计学角度看，资产是一种经济资源。任何有形和无形的、可被持有或控制且能带来价值的，以及可被企业用以产生正面经济价值的，即为资产。

商业改进区（Business Improvement District，BID）

商业改进区是一个特定区域。在该区域内，商业拥有者需要缴纳额外税收（或征收），用于为区域内项目融资。商业改进区的资金主要通过征收来筹集，也有公共和私人资金源，用于支持政府既有税收无法支持的服务，例如街道清洁、安全、资本投资、修建人行街道、景观提升及市场与营销等。商业改进区提供的城市服务是对既有城市服务的补充。收入源于对商业用地拥有者、部分住宅用地拥有者的纳税额评估。

收支平衡比例（Break-Even Ratio，BER）

收支平衡比例指借贷方计算出的资金支出占资金收入的比例，以此衡量物业在租金收入下降的情况下，偿还债务、抵抗风险的能力。收支平衡比例是预计支出占收入的百分比。

（运营支出 + 贷款）/ 总运营收入 = 收支平衡比例

收支平衡比例结果：

小于 100%，支出小于可支配收入。

大于 100%，支出大于可支配收入。

棕地更新（Brownfield Redevelopment）

在棕地上的开发一般称为棕地更新。棕地一般指被控制或开发不完全的工业和商业设施用地，可重新利用。这类用地的扩张和再开发通常伴随着对既有环境的污染。土地可能被低浓度有害物质污染，但具备清理后重新利用的潜力。重度污染的、被高浓度有害物质污染的用地，例如超级基金（Superfund）治理的地块，不属于棕地范畴。

快速公交（Bus Rapid Transit，BRT）

快速公交系统使用公交客车或特殊车辆，不受其他交通流影响，在道路或公交专用道上运载乘客。BRT 系统通常包括专用行车道、公交优先信号、登车前收费系统和平台乘车（低地台公交客车和高地台站点），以提升乘车速度、增强可达性、改善封闭式站点。

资产回报率（Cap Rate）

资产回报率指出租物业经营净收入占资产价值的比例。资产回报率计算式通常要满足两个房地产投资目的：计算资产回报率，或通过转换公式计算合理资产价值。

经营净收入 / 市场价值 ×100%= 资产回报率

或

经营净收入 / 资产回报率 = 市场价值

载客能力（Capacity）

在既定地点、既定时间段、特定运营条件下，无不可接受的延误、危害或限制，合理确定性下的最大可载客人数。

能力建设（Capacity Building）

能力建设（或能力开发）指个人或组织获取、改善及维持技能、知识、工具、设备及其他所需资源，以完成工作或达到更大能力（更大规模、更多客群、更大影响等）的过程。

资本投资（Capital Investment）

资本投资指将资金投入企业经营，以实现深化经营目标。资本投资也指公司获得的资金资本或固定资产，例如可常年使用的制造设备和机器。

税后现金流（Cash Flow After Tax，CFAT）

税后现金流指房地产投资者从投资收益中扣除必要税收支出后的可获现金流。

税前现金流 − 税收 = 税后现金流

税前现金流（Cash Flow Before Tax，CFBT）

税前现金流指一定年限内，资产扣除所有支出后的现金价值。这部分现金收益仍需缴纳房地产投资收入税。

净营业收入 − 债务支出 − 资本性支出 = 税前现金流

现金回报率（Cash On Cash Return，COC）

现金回报率指一定期限内，资产现金流占完成收购所需的初始资本投资（例如抵押贷款首期款和交易结算成本）的比例。大部分投资者都会关注现金回报率，因为这关系到资产首年的税前现金流。

税前现金流 / 初始资本投资额 ×100%= 现金回报率

催化项目（Catalyst Projects）

催化项目指通过规划、设计对周边项目产生连带开发或补充作用的公共或私人项目。催化项目的规模足以激发对开发不足的资产的再开发，或使用不足的建筑的再利用。催化项目的定义和实施为公共和私人投资提供了获取客观回报的良好机会。回报计算包括创造就业、提升土地价值、提升交通和可达性以及新增住宅单元供应。

中央商务区（Central Business District，CBD）

市区中心地带，通常位于城市交通系统的汇合点，有高比例的商业和办公设施。中央商务区的高可达性带来高土地价值，进而激发土地集约利用，因此，开发往往是高密度的。在中央商务区内，珠宝行业等专业领域受益于外部经济。中央商务区的垂直土地利用区划很普遍，零售店铺可能位于第一层，商业用户位于其上方，住宅用户位于更高层。

中心性（Centrality）

在图论和网络分析中，使用中心性指标确定最重要的节点。中心性可用于识别社交网络中最具影响力的人、互联网或城市网络中的关键基础设施节点、疾病的超级传播者。中介中心性、接近中心性和点度中心性是公共交通网络最重要的三个指标。

接近中心性（Closeness Centrality）

网络中的节点可达性指标，用一个节点与所有其他节点的距离之和的倒数衡量。

完整街道（Complete Street）

一种分配道路空间的道路设计理念，目标是安全地平衡所有道路使用者的需求，包括行人、骑行者、公共交通工具驾乘者、汽车驾乘者。安全且吸引人的出行方式会让交通方式更多样化，提供步行和骑行选择是提升社区健康度、减少空气和噪声污染的契机。

通过环境设计预防犯罪（Crime Prevention Through Environmental Design，CPTED）

一种利用环境设计来遏制犯罪行为的多学科方法。

CPTED 策略注重在犯罪者实施犯罪行为前对其决策施加影响。截至 2004 年，有关 CPTED 的大多数实践仅在建成环境中开展。

债务抵补率（Debt Coverage Ratio，DCR）

债务抵补率是年度净营业收入与还本付息（例如包括本金和利息在内的总贷款偿还额）之比。

净营业收入 / 还本付息 = 债务抵补率

DCR 结果：

小于 1.0，净营业收入不足以偿还债务。

等于 1.0，净营业收入刚好偿还债务。

大于 1.0，净营业收入足以偿还债务。

点度中心性（Degree Centrality）

一个节点与网络中其他节点的连接数。在公共交通网络中，多个路线或交通模式间的换乘站（交通枢纽）具有高点度中心性。

开发控制法规（Development Control Regulations，DCR）

开发控制法规是指导开发以及最终塑造城市形态和功能的主要监管工具，包括对土地的开发和使用，建成环境的容积率、密度、高度和建筑退距，以及公共场所的指导。有效且高效的公共交通系统成功的关键，在于提供基本就业机会和多种住房类型的组合，并配套大型零售、市政、文化、娱乐和社区设施。DCR 是整个城市的统筹法规，在具体项目中应对其进行重新审视，并通过进一步修订使其成为更符合项目情况的开发规则。

开发计划（Development Plan）

指城镇规划中一系列有关地方政府在其行政区划内开发和使用土地的政策和建议。在开发控制或开发管理体系下，开发计划对是否批准规划许可的日常决策起到指导作用。为确保决策合理且一致，必须在经过公众咨询并适当考虑其他重要因素后，再对照上级单位批准的开发计划来衡量。

就业密度（Employment Density）

单位面积内的就业岗位数量。

围合度（Enclosure）

建筑物、墙壁、树木和其他垂直元素对街道和其他公共空间的包围程度。

容积率 / 楼面面积指数（Floor Area Ratio，FAR/Floor Space Index，FSI）

容积率 / 楼面面积指数指某位置建筑物的总建筑面积与该位置土地面积之比，或指对这一比例施加的限制。

公式：容积率 = 特定地块上所有建筑物的所有楼层的总占地面积 / 地块面积

例如，容积率为 2.0 的建筑物，总建筑面积是其用地总面积的两倍，即多层建筑物。

接驳公交（Feeder Bus Routes）

一种用于接送乘客并将其运送到更高阶中转站（例如快轨中转站、快速公交站和火车站）的公共汽车服务。

基于形态的分区法规（Form-Based Code）

基于形态的分区法规采用以实际形态（而非用途分离）为法规的组织原则，促进可预测的建筑结果和高质量的公共场所。这类法规不仅是导则，还会纳入市政法律框架。基于形态的分区法规是传统区划的替代方法。

基于形态的分区法规考虑了建筑立面与公共场所间的关系、多个建筑物形态与尺寸的关系，以及街道和街区的规模和类型。基于形态的分区法规中的法规和标准（图表和文字形式）与指定开发形态和规模（因此也决定了其特征），而非单独区分用地类型的法规相结合。相比之下，传统区划的缺陷是对土地用途的过度管理和分离，以及采用一系列抽象且不协调的参数（例如容积率、住宅密度、建筑退距、停车率和交通道路服务水平），忽视整体建成形态。

与设计指南或政策说明不同，基于形态的分区法规是具有法律效力的，而非建议性的。

终值（Future Value，FV）

终值指未来某个特定时间的现金流或一系列现金流的价值。利用给定的"复利利率"计算随时间的"复利"与原始本金的总和。

额定车辆总重（Gross Vehicle Mass，GVM）

额定车辆总重是车辆制造商指定的车辆的最大运行重量，包括车辆的底盘、车身、发动机、润滑油、燃料、配件、驾驶人、乘客和货物，但不包括任何挂车的重量。该术语用于机动车和火车。

车辆的重量受乘客重量、货物重量、燃料重量的影响，因此，有多个术语表示不同状态下的车辆重量。车辆总重额定值（Gross Combined Weight Rating，GCWR）是包括所有挂车在内的车辆总重量。总车重标准值（Gross Vehicle Weight Rating，GVWR）和车辆总重额定值都用于描述运行中车辆的指定重量限制。

绿地开发（Greenfield Development）

绿地开发指在未开发的土地上依规划建设社区。这片土地可以是城市郊区的农村、农业或未使用土地。不同于缺乏适当郊区规划导致的城市扩张，绿地开发基于有效的城市规划，旨在为不断增长的城市人口提供实用、可负担、可持续的居住空间。绿地开发考虑了未来的增长和发展，同时避免了困扰现有城市地区的基础设施问题。

营业总收入（Gross Operating Income，GOI）

除去空置和信用损失后的预定总收入与其他来源（例如投币式洗衣设备）收入之和。房地产投资者为服务出租房地产而实际收取的出租收入金额。

预定总收入 − 空置和信用损失 + 其他收入 = 营业总收入

毛租金乘数（Gross Rent Multiplier，GRM）

GRM 是分析人员根据预定总收入确定租赁资产的市场价值的一种简单方法。首先利用其他类似不动产的市场价值来计算 GRM，然后利用该 GRM 确定自己财产的市场价值。

市场价值 / 预定总收入 = 毛租金乘数

或

预定总收入 × 毛租金乘数 = 市场价值

预定总收入（Gross Scheduled Income，GSI）

在全部空间都被租用并收回所有租金的情况下，物业将产生的年租金收入。如果在进行房地产分析时存在空置单元，则以合理的市场租金进行预估，并将其计算在内。

租金收入（实际）+ 空置单元（按市场租金计算）= 预定总收入

高阶公共交通（Higher Order Transit）

高阶公共交通指具有公共交通专有路权或在公共交通优先状态下运行的公共交通服务，相较常规交通方式更高效，并能快速、舒适地运送大量人员。典型高阶公共交通方式包括具有专用车道的公交车、地铁和通勤铁路，它们都在专有独立车道/轨道上运行。

历史每日峰值小时因子（Historical Daily Peak Hour Factor）

即典型路线（整个系统的代表）的高峰时段高峰旅客需求量与双向每日总上车人数之比。该因子有助于将每日客流量转换为高峰时段客流量，理想情况下，应通过查看历史数据来确定。公共交通的因子值通常高于常规交通。

填充式开发（Infill Development）

填充式开发指对现有社区中未充分利用的空间进行再开发（通常密度更高）。良好的填充式开发项目能无缝融入现有社区结构中，其促成因素包括退距（从建筑正面到街道的距离，应与街道上其他建筑相同）、高度（应与周围建筑类似）和体积（建筑体积）。

信息和通信技术（Information and Communication Technologies，ICT）

指通过电信通信对信息进行访问的技术。类似于信息技术（Information Technology，IT），但侧重于通信技术，包括互联网、无线网络、手机和其他通信媒介。

智能交通系统（Intelligent Transportation Systems，ITS）

智能交通系统指信息和通信技术在交通基础设施和车辆中的应用。

集约化（Intensification）

城市集约化指在城市现有建成区中建设或重建紧凑社区。集约化包括新发展，可提高空间和社区内部密度。紧凑型社区有益于公共交通、骑行以及行人友好型社区设计，并能促进本地就业和服务业发展。

换乘枢纽（Intermodal Transit Hub）

换乘枢纽指不同交通方式（例如骑行、步行、地铁、私家车、公交车、出租车）汇集的站点或中心，便于从一种交通模式轻松转换到另一种交通模式，能促进不同规模的换乘，例如当地、区域和城际换乘。

内部收益率（Internal Rate of Return，IRR）

假定统一折现率，将所有未来现金流折算为初始现金投资成本。换言之，当一系列所有未来现金流按内部收益率折现时，其现值金额等于实际现金投资金额。

土地整合（land Amalgamation）

土地整合涉及一种或多种配给组合，用以创建一块土地。其目的是聚集土地，以进行城市扩张、填充式开发或重新开发。在此过程中，默认原始土地所有者或使用者自愿向政府或项目发起人贡献一定比例土地，然后以现金、公建配套土地或其他形式获得补偿。

土地价值捕获（Land Value Capture，LVC）

土地价值捕获是一种政策方法，使社区能收回和再投资因公共投资和其他政府行动而产生的土地价值增长。常见的土地价值捕获工具包括：可转让的开发权、土地改良费、公共土地租赁、包容性住房和分区、联动费或影响费、业务改善区和某些物业税等。这些工具可用于为改善公共交通和基础设施、可负担住房、公园和开放空间、升级市政基础设施和其他关键服务融资。地方政府可使用这笔资金以可持续方式改善市政财政状况，实现基础设施投资并应对可持续城市化的挑战。

可读性（Legibility）

具备可读性便于人们创建思维导图，以从整体视角理解空间结构。

轻轨（Light Rail Transit，LRT）

一种城市铁路交通方式，使用类似有轨电车的车辆，但载客能力更强，且通常拥有专有路权。轻轨运行在专有轨道上，通常由单个或多个车厢组成，载客能力和运行速度低于长途客运火车或城市地铁。一些轻轨网络的特征更接近快速公共交通，还有些轻轨网络本质上类似有轨电车，仅部分线路可在城市道路上运行。与重轨相比，轻轨资本成本更低且更可靠，因此近年来广受欢迎，遍布世界。

贷款价值比（Loan To Value，LTV）

用于衡量贷款占物业评估价值或售价（以较低者为准）的比例。较高的LTV使房地产投资者能获得更高杠杆，而贷款方则将较高的LTV视为较大的财务风险。

贷款金额 / 评估价值或售价中较低者 = 贷款价值比

地方公共交通（Local Transit）

地方公共交通在较短站间距（100~400米）的固定路线上运行，通常在混合交通方式的路面行驶，运营严重依赖步行通道和出口。

地方公共交通服务区（Local Transit Service Area）

指非城（区）际公共交通路网服务片区，通常为1个常用地方公共交通站点周围1公里内的区域。该区域不包括仅通过城际交通服务连接到地方服务区的地区。

地方公共交通乘客量（Local Transit Boarding）

地方公共交通的年乘客量指公共交通车辆在始发站与终点站之间往返行驶所积累的旅程中的登车次数，也称乘客出行量（Unlinked Passenger Trips，UPT）。使用该术语时，城际交通服务乘客量不应统计在内。

地铁（Mass Rapid Transit）

一种普遍在城市中运行的高载客量公共交通工具。与公交车或有轨电车不同，地铁是一种拥有专有路权的电气化轨道交通工具。其轨道通常具有分离式路权，位于隧道中或高架桥上，行人或其他任何类型车辆都无法使用。

地铁通常在设计站点间的指定线路上运行，采用多节电气化车厢，也可采用导向橡胶轮胎、磁悬浮或单轨铁路等形式。地铁站台通常较高，车厢内部平整无台阶。地铁车辆需定制，以使车身与站台间的间隙最小化。地铁通常由同一公共交通管理机构运营，与其他公共交通工具合作。一些地铁系统在地铁线路和道路间，或在两条地铁线路间具有地面交叉点，该方式能在短距离内快速输送大量乘客，且几乎不需要占用额外土地。

市场潜力值（Market Potential Value）

指车站区域的未实现市场价值，可利用包含需求和供给驱动因素等的综合指数来衡量。需求因素包括当前和未来的人口密度，以及当前和未来30分钟内公共交通可达的工作岗位数量。供给驱动因素包括可开发土地数量、区划的潜在变化以及市场活力。

本地公共交通平均运距（Mean Local Transit Trip Length）

使用公共交通的所有乘客每次出行的平均距离

本地公共交通平均运距 = 本地公共交通总周转量 / 本地公共交通乘次

路段行人过街通道（Midblock Crossing）

便于行人在路中段过街，通常设置在学校、公园、博物馆、海滨及其他出行目的地周边。这些地方过去一直被忽视或难以通行，使行人和车辆处于不安全或不可预测的境地。

混合土地利用（Mixed-Use）

指混合居住、办公、区域景点和公共空间等不同土地利用类型，以便人们采用步行方式上班或购物，而不是使用私家车满足所有日常需求。此外，还包括商住房的垂直类型混合开发，减少了不同活动间的距离，增加了不同活动间的可达性。

出行方式分担率（Mode Share）

某一出行方式，例如汽车、公共交通、骑行或步行等，在总出行中所占比例。

多模式交通系统（Multi-Modal Transport System，MMTS）

指协调使用两种或两种以上交通方式，为城市地区的乘客提供高效、安全、舒适且愉悦的出行经历。多模式交通为一次完整出行提供了方便和经济的不同交通换乘方式。一般而言，多模式交通的特点是载客能力更强、可达性更高、集成和节点位置更好。公共交通是多模式交通系统的重要组成部分，因此，地方和区域公共交通系统需要很好地合为一体。

多层停车场（Multi-Level Car Parking）

指为停放车辆而设计的地上或地下停车场。这类停车场的建设成本高于地面停车场，但更有效地利用了土地（三层停车场需要的土地是地面停车场的三分之一），且具有综合多功能开发的长期价值。

多用途开发（Multi-Use Development）

一种城市开发类型，融合了住宅、商业、文化、机构和娱乐等用途。这些用途在实体空间和功能上进行了整合，并提供步行通道。多用途开发可采取单一建筑、城市街区或整个社区三种形式。多用途开发也可更具体地指一个多功能房地产开发项目，由私人开发商、（准）政府机构或两者联合在城市开发的建筑物、建筑群或区域。

净营业收入（Net Operating Income，NOI）

指运营单位在除去空置、信用损失及所有营运支出后的收入。NOI对任何房地产投资而言都是最重要的计算因素之一，因为它代表的收入流决定了房地产的市场价值，即一位房地产投资者愿意为一个收入流支付的价格。

总营业收入 − 总支出 = 净营业收入

净现值（Net Present Value，NPV）

表示在特定折现率（要求收益率）下，未来现金流入现值与初始现金投入间的差额。

所有未来现金流的现值 − 初始现金投入 = 净现值

净现值结果：

净现值为正：要求的收益满足后还有盈余。

净现值为零：要求的收益刚好满足。

净现值为负：要求的收益不能满足。

公共交通运营里程（Network Extent）

公共交通网络中线路的总里程数，不重复计算不同线路共同使用的部分。

站点价值（Node Value）

基于客运量、不同交通方式连接性和网络中心性等度量的公共交通站点重要性，利用综合指数衡量。

非机动化交通（Non-Motorized Transportation，NMT）

非机动化交通（也称主动交通或人力交通）包括步行、骑行以及利用小轮交通工具等变体出行。这是一种非常有吸引力的短程交通方式，在城市中短程出行中占据最大比例。要扭转私家车使用量越来越多的趋势，就要使步行和骑行变得更具吸引力，同时还要改善公共交通。这可通过一系列活动来实现，包括修建人行道和自行车道、自行车共享计划、城市规划和以行人为导向的开发。NMT是一种高成本效益的交通战略，可带来巨大的健康、经济和社会效益，尤其是对城市贫困人口。

营业费用（Operating Expenses）

营业费用包括所有支持物业运营服务的费用，例如财产税、保险费、水电费和日常维护费等，但不包括还贷、资本支出及所得税等。

营业费用率（Operating Expense Ratio，OER）

营业费用率表示一个房地产投资项目的总营业费用与总营业收入之比（以百分数表示）。

总营业费用 / 总营业收入 = 营业费用率

叠加土地规划区（Overlay Zone）

叠加土地规划区指在不修改或移除原有土地区划的前提下，将土地利用和开发要求叠加或附加于基础区特定用途的要求之上。

计划评审技术（Program Evaluation Review Technique，PERT）

一种项目管理工具，用于计划、组织和协调项目中的任务。计划评审技术提供了一个项目的图形说明，表现形式是一个由编号节点（圆形或矩形）组成的网状图。每个节点表示项目中的一个事件或里程碑，这些事件或里程碑由方向线连接。方向线表示项目中的任务。方向线上箭头的方向表示任务的顺序。

乘客周转量（Passenger-Kilometers Traveled，PKT）

所有搭乘公共交通车辆乘客的总里程（就某一公共交通方式单一线路或一个公共交通系统而言）。

乘客周转量 = 乘客出行量 × 线路平均出行距离

客运密度（Passenger Traffic Density，PTD）

公共交通系统单位里程中的年乘客周转量。

对公共交通网络：

客运密度 = 乘客周转量 / 公共交通网络运营里程

对某段线路：

客运密度 = 线路乘客周转量 / 线路总里程

驻车换乘停车场（Park and Ride）

驻车换乘停车场专供驾车到达公共交通站点并使用公共交通工具的乘客使用。这类停车场通常设置在郊区，因为郊区居民的居住地距离公共交通服务普遍较远。驻车换乘停车场应位于通勤高峰路线沿线且便于寻找。驻车换乘停车场应具备经过景观设计的空间，能耐受不同气候且光线充足，还应包含一系列设施。

步行广场（Pedestrian Plaza）

步行广场可作为公共交通站点区域内的重要组成部分，促进换乘其他交通方式，充当行人接入点，并为公共交通乘客提供一系列服务和设施。

行人友好设计（Pedestrian-Friendly Design）

旨在优化行人体验，一般通过改善设施（例如设置有吸引力的景观、照明设施和座位区）和提高步行效率（例如小城市街区、网格街道模式，以及提供直接的、不迂回的道路连接）实现。

人均（Per Capita）

每一个人的；按每人单独计算的。

广泛应用于社会科学和统计学领域，包括政府统计数据、经济指标和建筑环境参数。

交通渗透度（Permeability）

城市形态可允许的机动车和人流在不同方向流动的程度。

高峰小时最大断面客流（Peak Hour Peak Direction Passenger Demand，PHPD)

公共交通在高峰小时单向最大断面可承载的乘客数，通常指工作日高峰小时。应在单个运行方向的最大负载点测算数据。

公共信息中心（Public Information Center，PIC）

公共信息中心的职责是建立更有效、集中的发布机制，保障政府信息发布的完整性和准确性。此外，公共信息中心为政府与公众间的沟通提供了重要框架，通过建立沟通渠道收集公众意见和反馈，为持续优化政府行政管理提供了信息源。

公共信息中心通常会接受公众咨询、投诉和建议，提供集中的沟通渠道以及一站式政府资讯服务。

场所营造（Placemaking）

场所营造概念诞生于20世纪70年代，建筑师和规划师用其描述广场、公园、街道和滨海区的创建过程，目的是打造有趣的、令人愉悦的场所，以吸引公众使用。

场所价值（Place Value）

指决定一个场所吸引力的因素，包括便利设施、学校、医疗设施、城市开发类型、通过步行和骑行满足所在地日常需求的水平以及车站周边的城市构造质量（特别是步行可达性、城市街道网络细密化程度、社区活力、土地利用的混合模式）。场所价值用综合指数衡量。

人口密度（Population Density）

用于量度单位面积或单位体积的人口数量。通常以每平方公里或每平方英里为单位面积进行统计（可能包括或不包括特定类型土地的面积，例如水体或冰川）。

通常会按县、市、国家、领土或世界范围进行计算。

现值（Present Value，PV）

指使用给定的"折现率"，将未来的现金流或一系列现金流折现到当前时刻的价值。

公私合营（Public-Private Partnerships，PPP）

指通过政府与1个或多个私营企业的正式合作关系，提供资金并运营政府服务或私营企业的模式，简称PPP或P3。

在PPP模式中，政府公共部门与私营企业签订合同后，由私营企业提供公共服务或项目，并在项目中承担财务、技术和运营风险。PPP有多种开展形式，例如，运营成本完全由服务使用者承担，而不是由纳税人承担。在其他类型（特别是社会资本提议）中，私营企业根据与政府签订的合同提供资本投资和相关服务，全部或部分费用由政府承担。政府对PPP的投入也可以是通过现有资产转移的实物。对于旨在创建公共产品的项目，例如基础设施项目，政府可通过一次性拨款的形式提供资金补贴，以提高对私人投资者的吸引力，也可通过提供收入补贴（包括减免税收）或在一定期限内提供年收入保障来支持项目运作。

PPP涉及许多模型，包括设计-建造-融资（Design-Build-Finance，DBF）和设计-建造-融资-维护（Design-Build-Finance-Maintain，DBFM）。

公共场所（Public Realm）

公共场所由街道、公园和人行道等公共空间组成。公共场所也是可通过街头节日庆典等有组织的协作活动来实现社区聚集的地方。

快速公共交通（Rapid Transit）

在固定路线上的平均运营速度高于本地服务水平的公共交通工具，通常使用专用通道和/或完全与地面交通隔离。可达性取决于步行（速度）和本地公共交通服务水平。站点之间的距离通常为 0.8~2 公里。

房地产评估（Real Estate Assessment）

房地产评估部门的首要目标是确保对所有房地产项目进行公平且公正的评估，以公平的市场价值为基础，最终让所有业主公平地负担税收。

区域公共交通（Regional Transit）

服务于地方区域内及周边区域的固定路线公共交通，运营速度高于快速公共交通，平均站间距离通常超过 2 公里。乘客主要使用机动交通工具换乘。

安全岛（Refuge Island）

也称行人避车所、行人岛，俗称"猪排岛"（pork chop island），指一小段路面或路侧人行道，用沥青或其他路面材料覆盖，供行人在完成通行前稍做停留。安全岛常见于较宽的道路，由于交叉路口过宽，行人无法在一个红绿灯周期内通过。安全岛也经常出现在较高限速的道路上。

交通用地权（Right-Of-Way，ROW）

交通用地权是以交通为目的的用地，例如小路、车道、轨道线路、街道和公路。交通用地权通常用于维护或扩展现有服务。

道路缩减（Road Diets）

也称车道减少或道路再渠化，指通过减少机动车车道数量、道路有效宽度的交通规划方式，实现交通系统的改善。

场所感（Sense of Place）

场所感通常与场所的某些特征相关，指场所具有的使人产生真切情感联结和归属感的特征。

经济特区（Special Economic Zone，SEZ）

一个在一国境内，适用与该国其他地区不同的商务和贸易法律的地区，设置目的包括促进贸易、增加投资、创造就业和高效管理。政府通过财政政策鼓励企业在经济特区内落户，这些政策通常涉及投资、税收、贸易、限额、海关和劳工法规。此外，在经济特区内创办企业可在一定时期内享受较低的税费。

共享停车（Shared Parking）

指一种土地利用、开发策略，通过允许互补的土地用途共享停车位来优化停车容量，而不是为不同用途提供专有停车位。共享停车能释放空间，不为特定租户或业主保留专有停车位。根据合作协议，共享停车可由私人建设和经营，但应确保在政府的管控范围内，并可实现长期交通规划目标。

路侧自行车道（Side Lanes）

指位于主要机动车行车道与专用转弯车道间的自行车道，可防止自行车与转弯机动车冲突（假设在前面的街区有一条自行车道）。

标牌（Signage）

指置于道路两侧或上方、为道路使用者提供信息的指示性标志牌。

仿真（Simulation）

仿真是对现实世界中的流程或系统的模仿。无论有形还是抽象的系统或流程，要对其进行模拟，先要开发一个代表其关键特征、行为和功能的模型。该模型代表系统本身，而仿真则代表系统随时间的运行情况。

仿真的应用范围很广，例如性能优化、安全设计、测试、训练、教育和电子游戏等。计算机试验常用于研究仿真模型。模拟可用于展示不同条件和行动过程的最终实际效果。

固体垃圾（Solid Waste）

指来自废水处理厂、供水处理厂或空气污染控制设施的任何垃圾、废物或污泥，还包括工业、商业、采矿业和农业运营以及社区活动产生的废弃材料，涉及固体、液体、半固体或含气物质。固体垃圾不包括生活污水中的固体或溶解物质，也不包括灌溉回流或工业废水中的固体或溶解物质。

（城市）蔓延（Sprawl）

以统一低密度、缺乏明确核心、可达性差、依赖汽车出行、不受控制和土地扩张不连续为特征的发展模式。

精明增长（Smart Growth）

指一系列旨在提高生活质量、保护自然环境，且从长期看节省资金的土地利用和开发原则。精明增长原则确保增长对财政、环境和社会负责，且注重发展与生活质量间的联系。精明增长通过优先考虑填充式开发、重建和致密化策略来增强和完善社区。

法定规划（Statutory Plan）

指必须经过立法机构三轮公开讨论投票，并进行公开听证后才能通过的法律文件。一旦通过，政府和居民都有法定义务遵守相关规划要求。

雨水（Stormwater）

指在降水和冰雪融化过程中产生的水。雨水可能渗入土壤，或留在地表蒸发，或通过径流最终进入附近的溪流、河流或其他水体（地表水）。

街道网格（Street Grid Network）

或称街道网格规划、格框规划，一种街道互成直角延伸并构成网格的城市规划格局。与其他道路分层模式相比，网格模式连通性更高、死胡同更少、穿过性连接更少。

街景（Streetscape）

用于描述街道特征和建成肌理的术语，定义为街道的设计质量及其视觉效果。街景概念将街道视为可供人们从事各种活动的公共场所。街景需要有边界，以确保所有道路使用者的安全。标牌、路缘石、围栏和景观绿化能有效地创造一个包容且安全的环境，为各类用户和活动提供舒适条件。街道美化计划的审美元素、巧妙的照明、街道家具、干净的街道和户外用餐设施都有助于营造场所感。设计便利设施能鼓励人们摆脱汽车，与环境和其他人互动，并尝试其他出行选择。

SWOT 分析（SWOT Analysis）

SWOT 分析（或 SWOT 矩阵）是一种战略规划技术，可帮助个人或组织识别与业务竞争或项目相关的优势、劣势、机会和威胁。它旨在为企业或项目明确目标，并确定有利和不利于实现目标的内部和外部因素。

税收增量融资（Tax Increment Financing，TIF）

指利用未来税收收益负担当前改进性投资的方法。理论上，改进性投资将为未来收益创造条件。公共项目或其他开发项目往往会使周围房地产增值，或吸引新投资，并可能带来税收增长。藉此增加的税收即为"税收增量"。税收增量融资会指定一个区域，用该区域内的税收增量来偿付开发项目为融资而发行的债券。税收增量融资旨在将资金引入贫困和欠发达地区。如果没有税收增量融资，则这类地区可能不会有开发项目。税收增量融资还通过借入未来的财产税收入，为本地原本负担不起的"公共"项目筹集资金。

应税收入（Taxable Income）

指房主出租房屋所获得的、必须缴纳联邦所得税的收入额。应税收入乘以投资者的边际税率（即州和联邦税率之和）即为房主的应纳税额。

净营业收入 − 抵押利息 − 不动产折旧 − 资本增加折旧 −
    摊销、贴现和结算成本 + 利息所得
（例如不动产银行或抵押托管账户）= 应税收入

然后，

应税收入 × 边际税率 = 应纳税额

可转让开发权（Transferable Development Rights，TDR）

指将开发土地的权利转让给政府、地方机构或企业。当土地所有者将其开发土地的权利转让给政府、地方机构或企业时，相关土地将用于建设基础设施项目，例如道路拓宽或新建、地铁、公园、花园、学校或其他公共设施。相应地，土地所有者会获得开发权证书（Development Rights Certificate，DRC）。开发权证书赋予他们在另一地段的定量开发权，他们也可将相关开发权再次转让。这一过程的主要目的是顺利获取公共项目所需土地。

金钱的时间价值（Time Value of Money）

指金钱价值会随时间而改变的基本假设。这是不动产投资中的重要元素，意味着何时从投资中获得收益可能比收益额本身更重要。

开发权转让/高度和密度交换（Transfer of Development Rights/Height and Density Exchange）

也称密度奖励，即允许开发项目超过土地分区控规原定的容积率（FAR）标准。为获得额外的建筑高度或密度，开发商必须按市政部门要求为社区提供服务或利益，例如建设社区所需的便利设施或住房。只有纳入市政规划的密度奖励措施才能用作开发工具。

交通稳静措施（Traffic Calming）

旨在放缓或减少机动车交通，以提高步行和骑行安全性，并改善居民出行环境。交通稳静措施包括较窄的行车道、减速带、高架人行横道和行人安全岛等。

变电站（Transformer Station）

配备发电、输电和配电系统的机站。变电站使用变压器将电压从高变低或反之。

公共交通毗邻开发（Transit Adjacent Development，TAD）

紧邻公共交通站点或设施的开发项目，其目的不在于提高公共交通使用量（不同于TOD）。公共交通毗邻开发无论在用地类型、进出站方式，还是场地设计方面，往往都缺乏与公共交通的功能性联系。

公共交通引导开发（Transit-Oriented Development，TOD）

公共交通引导开发相当于建设"城市村庄"，使所有居民都处于有效公共交通的5~10分钟步行圈内，并能在适宜步行的环境中生活、工作、休闲、购物、学习，不必依赖汽车。

公共交通引导开发是一种要求将高密度、混合用途的商业或住宅邻里中心，聚集在公共交通站点和公共交通走廊附近的规划方法。公共交通引导开发属于"精明增长"策略，因为它从可持续性角度解答了增长应发生在何处的问题，并协调了土地使用和交通，从而使土地和基础设施都能得到有效利用。顾名思义，公共交通引导开发旨在尽可能利用公共交通，而非利用汽车，或在使用汽车的基础上利用公共交通。同时，路网和多用途道路旨在提供有利于以步行和骑行方式在同一地区生活、工作和购物的环境。公共交通引导开发集中在以公共交通站点为圆心的800米半径范围内，站点附近400米内的混合使用强度最高。土地使用强度和密度从核心区域开始向外逐渐减小，逐渐过渡到与现有社区兼容。

彼得·考尔索普（Peter Calthorpe）总结了公共交通引导开发的主要特征和目标：

- 在区域一级组织紧凑且利于公共交通的增长。
- 将商业、住房、工作、公园、市政设施安置在公共交通站点的步行距离内。
- 创建直接与本地目的地连接的步行友好型街道网络。
- 提供多种住房类型、密度、价位的组合。
- 保护敏感的栖息地、河岸带和高质量开放空间。
- 使公共场所成为建筑物朝向和邻里活动的焦点。
- 鼓励沿现有社区内的公共交通走廊进行填充和重建。

公共交通信号优先（Transit Priority Signals）

公共交通信号优先允许公共交通车辆几乎无延迟地通过信号交叉路口。由于公共交通车辆可容纳许多人，优先考虑公共交通车辆能增大交叉路口的人员吞吐量。信号优先级分为被动、主动、实时三级。被动优先策略在区域交通信号定时方案中使用定时协调信号。主动优先策略涉及监测公共交通车辆的出现，并给予其特殊待遇。系统可提前点亮绿灯或延时熄灭已经点亮的绿灯。实时控制策略不仅考虑公共交通车辆的出现，还考虑车辆是否准点出现及其他交通流量状况。一种普遍的策略是仅优先考虑晚点的公共交通车辆，不优先考虑提前的公共交通车辆，进而优化了准点率（因此优化了等待时间），而非行程时间。

公共交通支持的开发（Transit Supportive Development，TSD）

公共交通支持的开发由住房、商店、餐饮店、办公室、民用建筑、紧邻公共交通站点的开放空间组成。支持公共交通的规划和开发聚焦于土地的使用和开发模式，力求创建平衡交通系统。在平衡交通系统中，通过社区设计，使步行、骑行和公共交通更便捷、更具吸引力，进而达成步行、骑行和使用公共交通工具的比例高于使用私家车的目标。

交通需求管理（Transportation Demand Management，TDM）

通过实施拼车、停车管理、骑行项目、灵活工作时间、高占用车辆用地，以及激励公共交通、步行和骑行等策略来影响出行行为，由此创建的交通系统将更加高效。

城市再开发（Urban Redevelopment）

城市再开发的概念与土地调整相似，两者的不同之处在于，城市再开发发生在现有的城市地区，且经常涉及政府对给定区域进行的由低密度（单户住宅）到更高密度（混合用途或商业）的重新分区，还伴随有支持重新分区的基础设施改善措施（例如建设地铁等大运量交通设施）。

城市热岛（Urban Heat Island，UHI）

指因人类活动导致气温明显高于周围乡村地区的市区或大都市区。通常，城市热岛与周围乡村地区的夜间温差要大于昼间温差，且在弱风时最明显。在夏季和冬季，城市热岛效应最强烈，其首要促因是人类对地表形态的改造，次要促因是人类使用能源产生的废热。随着人口中心的发展，城市热岛趋向于面积增大和平均温度升高。鲜有使用的术语"热岛"，指无论是否有人居住，气温始终高于周围区域的地区。

受热岛效应影响，城市下风区的每月降雨强度更高。城市中心的热量升高延长了气候生长期，同时降低了弱龙卷风的发生概率。城市热岛效应会提高空气中的臭氧等污染物含量，导致空气质量恶化。与此同时，城市热岛中相对温暖的水在流入区域径流后，会降低区域径流的水质，对区域生态系统形成威胁。

价值捕获（Value Capture）

通过开发和出售房产或收取费用和税款，资本化基础设施投资（通常是公共交通和其他政府支持的项目）创造的价值，以创造收入机会。价值捕获可通过直接措施（例如出售物业或授予开发特许权），或间接措施（例如通过征收、优化税收，从其他财产所有者处提取盈余），或从常规财产税中获取更高收益。

载客量（Vehicle Capacity）

最大载客量情况下可安排载运的平均人数。

废水处理（Wastewater Disposal）

一种将废水转化为可排放废水（流出到水体的部分）的过程，可将其返回到水循环中，最小化对环境的影响或直接再利用。

寻路（Wayfinding）

指人们将自己定位在实体空间中，通过导航前往不同地区的方式，可包括标牌等实体空间中的设计和辅助功能。

世界银行（World Bank，WB）

世界银行是一家国际金融机构，向世界各国提供贷款，帮助其实施基础建设项目。世界银行的既定目标是减少贫困，在《国际复兴开发银行协定》（Articles of agreement of the international bank for reconstruction and development）中定义为促进国外投资、国际贸易、资本投资的承诺。

分区法规（Zoning Regulations）

分区法规规定了一个区域是否能用于住宅、商业、工业、公共机构或开放空间建设，也可对地块面积、布局、建筑体积（密度）和高度进行规范。

分区法规包括两方面：对给定区域或土地分区，制定各区允许与禁止的土地使用类型。在美国，分区法规由县政府（或地方政府）制定，一般特定到非建制地区。分区法规倾向于将居住用地与其他用地分离。

案例文献与报告

© 2018 International Bank for Reconstruction and Development / The World Bank 1818 H Street NW Washington DC 20433

Telephone: 202-473-1000

Internet: www.worldbank.org

本作品是世界银行工作人员在外部资助下完成的。本作品所包含的研究成果、释义和结论不完全代表世界银行、世界银行执行董事会及世界银行执行董事所代表的政府的观点。

世界银行不保证本作品所述数据的准确性。本作品引用的地图中标注的边界、颜色和面积等信息，不代表世界银行对任何领土的法律主张，以及对相关边界的认可或判断。

权利与版权

本作品中的素材均受版权保护。世界银行鼓励知识传播，因此只要注明作品版权归属，就可在非商业目的下复制本作品的全部或部分内容。

任何有关权利和许可，包括版权在内的查询，应向世界银行出版社提出。

地址：The World Bank Group, 1818 H Street NW, Washington, DC 20433, USA

传真：202-522-2625

电子邮件：pubrights@worldbank.org

引用说明如下：Global Platform for Sustainable Cities, World Bank. 2018. "TOD Implementation Resources & Tools." 1st ed. Washington, DC: World Bank.

所有图片版权均为版权方所有，未经版权方书面许可，不得以任何目的使用。

简　介

　　TOD知识产品补充材料提供了全球范围内正在实施TOD项目的城市的相关文件、报告和参考文献。本部分为不同类别的知识产品提供了相关度最高的案例。提供这些案例的目的并不是限制对相关主题的理解。相反，读者可选择通过这些案例来了解TOD知识产品和工具的不同输出结果，明确不同情况下的输出结果差异。

AS-A01 TOD准备程度评估 / **AS-A02** TOD层级与环境评估

AS-A03 TOD房地产需求阈值 / **AS-H01** 如何进行房地产市场分析/ **AS-R01** 房地产分析最佳实践 / **AS-P01** 房地产分析职权范围

AS-A04 快速公共交通模式阈值 / **AS-H02** 如何进行快速公共交通系统备选方案评估 / **AS-P02** 公共交通系统备选方案分析职权范围

AS-H03 基础设施承载能力评估 / **AS-P03** 基础设施分析职权范围 / **FI-A01** 基础设施资本和运营成本的估算和范围界定

EN-C01 将TOD纳入公共沟通策略 / **EN-C02** TOD展开：利益相关者参与互动游戏 / **EN-P01** 沟通策略职权范围

PD-H01 如何制订城市层级TOD规划 / **PD-H02** 如何制订走廊层级TOD规划 / **PD-H03** 如何制订站点区域层级TOD规划 / **PD-H04** 如何制订地块层级TOD规划

PD-H05 如何制定与TOD配套的分区法规/ **PD-R02** TOD规划原则和设计指南

PD-H06 土地整合框架

FI-A02 房地产开发财务预测与分析

FI-H01 土地价值捕获框架 / **FI-R01** 开发激励政策 / **FI-R02** 土地价值捕获最佳实践 /

FI-R03 市政融资工具

FI-H02 私人部门参与框架

IM-A01 监测和评估框架 / **IM-A02** TOD关键绩效指标

IM-H01 能力建设指南 / **IM-P01** 能力建设策略职权范围

免责声明：TOD知识产品旨在为TOD项目实施提供顶层框架，并指导城市在规划的所有阶段排除障碍。由于中低收入城市的情况不尽相同，TOD知识产品的应用必须适应当地需求和优先事项，并根据个案定制。

© 2018 International Bank for Reconstruction and Development / The World Bank

 AS-A01：TOD准备程度评估

AS-A02：TOD层级与环境评估

评估

产品简介

TOD准备程度、规模和环境评估工具旨在帮助城市了解城市、交通走廊或站点区域的环境准备程度，并确定实施TOD规划的适当规模和环境。

相关案例

案例	类型	案例来源	URL
Transit Oriented Development Strategic Plan - Denver, US	报告	City of Denver. 2014. *Transit Oriented Development Strategic Plan*. Consultant Report, MIG, EPS, OV Consulting, Denver, CO: Federal Transit Administration.	Link
TOD City Specific Plan-Bhopal, India	报告	MOUD (Ministry of Urban Development), India. 2016. *TOD City Specific Plan - Bhopal*. Consultant Report, IBI Group, Bhopal: Sustainable Urban Transport Project (SUTP).	Link
Transit Oriented Development Strategic Plan - Portland US	报告	CTOD (Center for Transit-Oriented Development), Nelson Nygaard. 2011. *Transit-Oriented Development Strategic Plan*. Consultant Report, Portland: Portland Metro.	Link

TOD K P

评估
- AS-A03：TOD房地产需求阈值
- AS-H01：如何进行房地产市场分析
- AS-R01：房地产分析最佳实践
- AS-P01：房地产分析职权范围

产品简介

房地产分析工具提供了成功开发TOD项目所需的房地产知识。通过使用本工具，可确定TOD项目影响区域内的市场需求，并根据人口、地理和经济发展趋势，确定满足需求的最佳发展模式。

相关案例

案例	类型	案例来源	URL
Transit-Oriented Redevelopment of the Dwarka Bus Station	报告	GVMC (Greater Visakhapatnam Municipal Coorporation), USTDA (US Trade and Development Agency). 2017. "*Transit-Oriented Redevelopment of the Dwaraka Bus Station- Feasibility Study Final Report.*" Consultant Report, AECOM, IBM, KPMG, Visakhapatnam: AECOM.	Link
Revenue maximizing study in particular for non-fare box revenues with affordability studies	报告	MRVC (Mumbai Railway Vikas Corporation Ltd). 2014. "*Revenue maximising study in particular for non-fare box revenues with affordability studies.*" Consultant Report, PriceWaterhouseCooper, Mumbai.	Link
Real Estate Information System	报告	Urban Redevelopment Authority. n.d. *Realis Tool.* Accessed 08 18, 2018.	Link

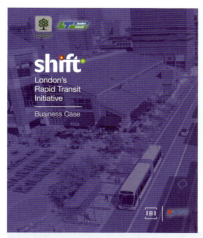 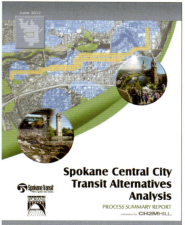  

评估

AS-A04：快速公共交通模式阈值
AS-H02：如何进行快速公共交通系统备选方案评估
AS-P02：公共交通系统备选方案分析职权范围

产品简介

快速公共交通评估工具旨在帮助正在规划首批快速公共交通走廊的城市，或正在规划扩大现有公共交通网络的城市。这些工具有助于识别、评估和选择适宜的快速公共交通备选方案，包括与城市条件和财政可行性相关的线路、形式和技术。

相关案例

案例	类型	案例来源	URL
Bus Rapid Transit System Hubli-Dharwad	报告	DULT (Directorate of Urban Land Transport) (2013). *Bus Rapid Transit System Detailed Feasibility Report.* Consultant Report (CEPT), Hubli-Dharwad	Link
Spokane Central City Transit Alternatives Analysis	报告	Sound Transit (2012). *Spokane Central City Transit Alternatives Analysis Process Summary Report.* Consultant Report (CH2M Hill), Spokane	Link
Rapid Transit Initiative - London, ON	报告	City of London, ON; LT (London Transit). 2016. "SHIFT -London's Rapid Transit Initiative." Consultant Report, IBI Group, WSP, London ON, Canada	Link
Corridor Assessment and Ranking for Selecting one Pilot Smart Corridor	报告	EDF (European Development Fund) (2016). *Report on the Corridor Assessment and Ranking for Selecting at Least One Pilot Smart Corridor.* Consultant Report (NTU/LB). Addis Ababa: The European Union.	Link

TOD K P

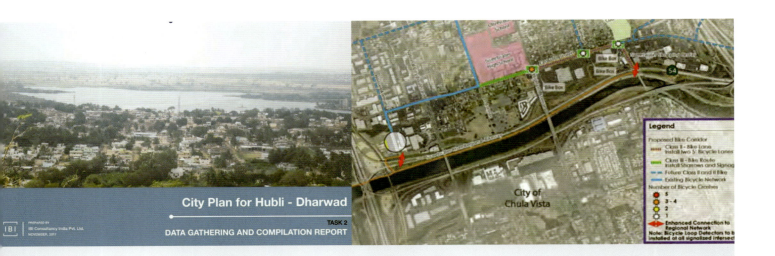

评估

AS-H03：基础设施承载能力评估
AS-P03：基础设施分析职权范围

融资

FI-A01：基础设施资本和运营成本的估算和范围界定

产品简介

基础设施评估工具可用于根据开发环境评估一个站点区域的基础设施承载能力，还可用于估算基础设施的资本和运营成本。

相关案例

案例	类型	案例来源	URL
Hubli-Dharwad City Plan - Data Gathering and Compilation Report	报告	HDBRTS Ltd. (2017). *City Plan for Hubli-Dharwad Data Gathering and Compilation Report.* Consultant Report (IBI Consultancy India Pvt Ltd), Hubli-Dharwad.	Link
TOD Regulations for Delhi - Annexure-1 - (vii) Infrastructure Provision	法定文件	DDA (Delhi Development Authority). (2016). *Proposed Transit Oriented Development (TOD) Regulations - Page 19.* New Delhi, Delhi, India.	Link
Capital Improvement Program, California	报告	California National City 1887 Incorporated. (2017). *Fiscal Year 2017 - 2021 5-Year Capital Improvement Program (CIP).* Budget Report, National City.	Link
Capital Operating and Maintenance costs estimates, Nashville	报告	Nashville Area Metropolitan Planning Organization. 2007. "*Nashville Southeast Corridor High-Performance Transit Alternatives Study - Chapter 9.*" Final Report, Nashville TN.	Link

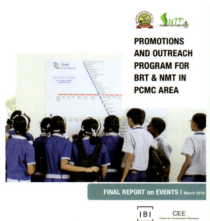

赋能

EN-C01：将TOD纳入公共沟通策略
EN-C02：TOD展开：利益相关者参与互动游戏
EN-P01：沟通策略职权范围

产品简介

沟通工具可用于在所有TOD利益相关者间建立主人翁意识。具体实施工具多种多样，包括线上和线下策略、互动游戏或其他有助于TOD规划沟通的媒介。

相关案例

案例	类型	案例来源	URL
Community Engagement, Roosevelt Station TOD	报告	Sound Transit. (2017). *Summary of Community Engagement*. Seattle: City of Seattle, Roosevelt Neighborhood Association	Link
Strategic Communications Plan, Manassas Park	报告	Arup USA, Inc. 2009. "*Marketing TOD Strategic Communications/Marketing Plan.*" Manassas Park.	Link
Promotion and Outreach Program, Pimpri Chinchwad	建议邀请书	PCMC (Pimpri Chinchwad Municipal Corporation). n.d. "Selection of Consultants for Promotion and Outreach Program (POP) for BRT & Non-Motorized Transport (NMT) Systems in Pimpri-Chinchwad." Pimpri Chinchwad, India.	Link
Promotion and Outreach program for BRT & NMT in PCMC area	报告	PCMC (Pimpri Chinchwad Municipal Corporation). 2016. *Promotions and Outreach Program for BRT & NMT in PCMC Area.* Consultant Report (IBI Group, Centre for Environment Education), Pimpri Chinchwad: SUTP (Sustainable Urban Transport Project).	Link

TOD K P

规划和设计

PD-H01：如何制订城市层级TOD规划

PD-H02：如何制订走廊层级TOD规划

PD-H03：如何制订站点区域层级TOD规划

PD-H04：如何制订地块层级TOD规划

PD-R01：TOD分区法规模板

PD-P01：TOD规划职权范围

产品简介

规划和设计导则展现了在不同环境条件下，以不同规模进行TOD规划时应遵循的程序。下列资料展现了这类工具如何协助确定最终成果。

相关案例

案例	类型	案例来源	URL
Dar es Salaam BRT Phase 1 Corridor Development Strategy	演示文稿	Broadway Malyan. 2018. "Dar es Salaam BRT Phase 1 Corridor Development Strategy." Client PO-RALG Tanzania. EAPI Summit 2018. Dar es Salaam: The World Bank; Nordic Development Fund	Link
Kakardooma TOD Proposal, Delhi	演示文稿	UTTIPEC (Unified Traffic and Transportation Infrastructure (Planning & Engineering) Centre). n.d. East Delhi Hub – Kadkardooma TOD Proposal. New Delhi: Delhi Development Authority	Link
Naya Raipur TOD Study	演示文稿	NRDA (Naya Raipur Development Authority). 2013. 'Naya Raipur' A New City Takes Root (Transit Oriented Development). Naya Raipur.	Link
City of Cape Town TOD Strategic Framework	报告	Transport for Cape Town. 2015. "City of Cape Town TOD Strategic Framework." Strategic Plan, City of Cape Town.	Link

规划和设计

PD-H05：如何制定与TOD配套的分区法规
PD-R02：TOD规划原则和设计指南

产品简介

与TOD配套的分区法规框架工具为如何将TOD概念和想法转化为城市分区法规提供指导。

相关案例

案例	类型	案例来源	链接
TOD Regulations for Delhi	建议邀请书	Delhi Development Authority. 2017. "Master Plan for Delhi-2021". New Delhi	Link
Sample TOD Overlay Zoning Ordinance - Reconnecting America	报告	Valley Connections. 2001. Model Transit-Oriented District Overlay Zoning Ordinance. http://www.reconnectingamerica. org/assets/Uploads/bestpractice230.pdf, California: Community Design + Architecture, Inc.	Link
Comprehensive Development Control Regulations, Ahmedabad	网页	UD&UHD (Urban Development and Urban Housing Department). 2017. "Comprehensive General Development Control Regulation - 2017." Gandhinagar.	Link
Spatial Development Framework, Johannesburg	报告	City of Johannesburg. 2016. "Spatial Development Framework 2040 City of Johannesburg Metropolitan Municipality." Prepared in collaboration with Urban Planning and Design Lab, Iyer Urban Design Studio and Urban the Morphology & Complex Systems Institute, Johannesburg.	Link

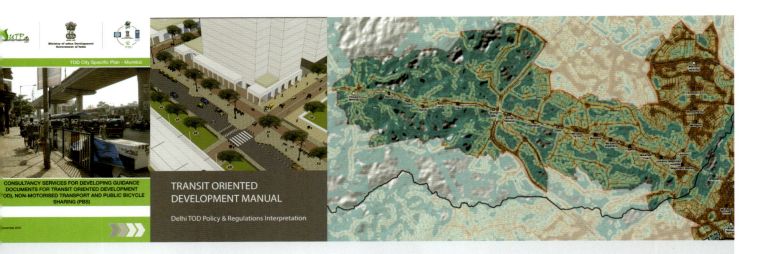

PD-H06：土地整合框架

规划和设计

产品简介

土地整合框架工具指导城市识别和开发需整合土地，并提供整合方式。

相关案例

案例	类型	案例来源	链接
Dar es Salaam BRT Phase 1 Corridor Development Strategy	演示文稿	Broadway Malyan. 2018. "Dar es Salaam BRT Phase 1 Corridor Development Strategy." Client PO-RALG Tanzania. EAPI Summit 2018. Dar es Salaam: The World Bank; Nordic Development Fund	Link
TOD Manual, Delhi	手册	UTTIPEC (Unified Traffic and Transportation Infrastructure (Planning & Engineering) Centre), WRI India. 2014. Transit Oriented development Manual- Delhi TOD Policy & Regulations Interpretation. Delhi: World Resource Institute.	Link
TOD City Specific Plan, Mumbai	报告	MOUD (Ministry of Urban Development), India. 2016. *TOD City Specific Plan - Mumbai*. Consultant Report, IBI Group, Mumbai: Sustainable Urban Transport Project (SUTP).	Link

 FI-A02：房地产开发财务预测与分析

融资

产品简介

房地产开发财务预测和分析工具根据项目开发基本参数，初步评估投资回报率（ROI）。

相关案例

案例	类型	案例来源	链接
Market and Pro-Forma Analysis	报告	City of Sacramento. 2007. "Market and Pro-Forma Analysis." Sacramento : Bay Area Economics .	Link
Transit-Oriented Development in Mexico City	演示文稿	DUSP (Department of Urban and Spatial Analytics), MIT. 2016. "Transit-Oriented Development in Mexico City." Mexico City.	Link
Gap Analysis for Transit-Oriented Development Financing	报告	MAPC (Metropolitan Area Planning Council). 2012. "Gap Analysis for Transit-Oriented." Consultant Report (GLC Development Resources LLC), Boston.	Link

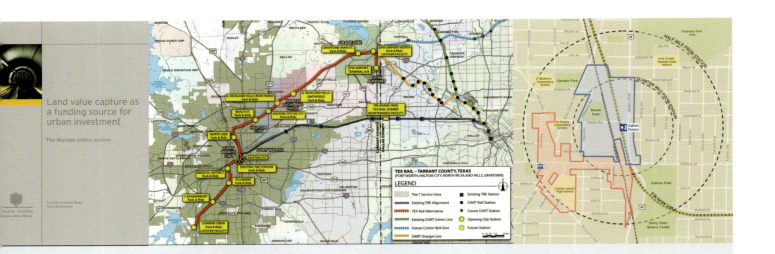

FI-H01：土地价值捕获框架

FI-R01：开发激励政策

FI-R02：土地价值捕获最佳实践

FI-R03：市政融资工具

融资

产品简介

开发激励、市政融资、土地价值捕获和公私合作等工具可指导城市和开发商构建开发项目，并在项目周期内分担风险、实现价值，使收益最大化。

相关案例

案例	类型	案例来源	链接
Land value capture as a funding source, Warsaw Metro	报告	Polska, Sprawne Panstwo Program- Ernst & Young. 2011. "*Land value capture as a funding source for urban investment- The Warsaw metro system.*" Warsaw.	Link
Transit Value Capture Analysis, Chicago Region	报告	CMAP (Chicago Metropolitan Agency for Planning). 2010. "*Transit Value Capture Analysis for the Chicago Region.*" Consultant Report (S. B. Friedman & Company).	Link
Feasibility Study, Dwarka	报告	Corporation, Greater Visakhapatnam Municipal. 2017. "*Transit-Oriented Redevelopment Of the Dwaraka Bus.*" Consultant Report (AECOM, IBM, KPMG), Visakhapatnam.	Link
Tax Increment Financing	演示文稿	Chapa, Jay. 2013. "*Tax Increment Financing: TEX Rail/Transit-Oriented Development.*" Fort Worth.	Link
Innovative Municipal Financing, Tamil Nadu	报告	Venkatatachalam, Pritha. 2005. "*Innovative Approaches to Municipal Infrastructure Financing: A Case Study on Tamil Nadu, India.*" Tamil Nadu, India: Development Destin Studies Institute.	Link

 FI-H02：私人部门参与框架

融资

产品简介

汇编了多国的市政融资工具，并指导城市应用这些工具。

相关案例

案例	类型	案例来源	链接
Indian Stations Redevelopment PPP Framework	报告	Indian Railways; FICCI. 2017. "Indian Railways Station Redevelopment- Transforming Railways and Creating Win-Win Opportunities." Consultant Report (The Boston Consulting Group).	Link
TOD Development – Capitol Hill Properties Redevelopment	建议邀请书	Sound Transit. 2014. "Request for Proposals TOD Development – Capitol Hill Properties Redevelopment."	Link

TOD Ⓚ Ⓟ

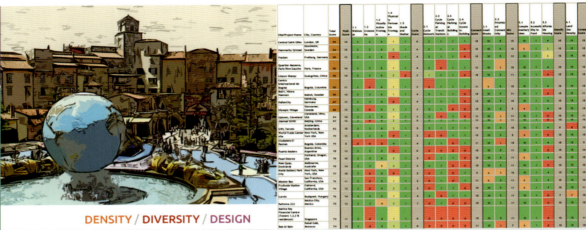

 实施

IM-A01：监测和评估框架
IM-A02：TOD关键绩效指标

产品简介

监测和评估工具指导城市监测和评估正在进行的或已经完成的项目的TOD相关目标。

相关案例

案例	类型	案例来源	链接
Evaluating Transit-Oriented Development Using a Sustainability Framework	报告	Renne, John L. n.d. "6 Evaluating Transit-Oriented Development Using a Sustainability Framework: Lessons from Perth's Network City." Perth	Link
Project Evaluation Report, Philadelphia	报告	Commission, Delaware Valley Regional Planning. 2003. "*Project Evaluation Report Implementing Transit-Oriented Development in the Philadelphia Metropolitan Area.*" Philadelphia	Link
TOD Indicators	报告	NIUA (National Institute of Urban Affairs). n.d. *Assessing TOD- A List of Indicators*. India: NIUA and Foreign and Commonwealth Office (UK).	Link
TOD Scores	网页	(ITDP), The Institute for Transportation and Development. 2014. TOD Scores.	Link

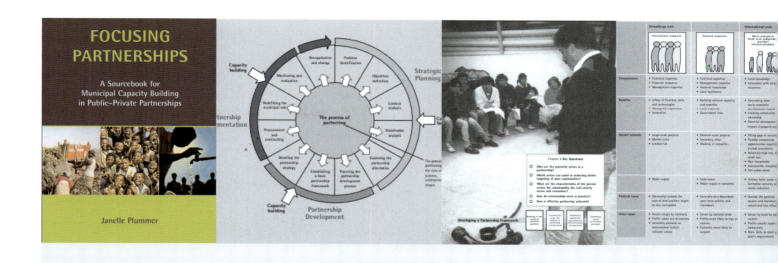

IM-H01：能力建设指南

IM-P01：能力建设策略职权范围

实施

产品简介

能力建设工具可帮助城市评估自身能力并制订提升措施，以建设规划和实施TOD所需的能力。

相关案例

案例	类型	案例来源	链接
Comprehensive Capacity Building Programme	网页	Municipal Corporation Dharamshala. n.d. Comprehensive Capacity Building Programme. Accessed August 20, 2018. http://mcdharamshala.in/comprehensive-capacity-building-programme/	Link
Capcity Building Reforms, Kolkata	演示文稿	KMC (Kolkata Municipal Corporation). 2009. "KMC: Capacity Building Program – A Reforms Initiative." Kolkata.	Link
Assessment of Capacity Building Needs	演示文稿	NIUA (National Institute Of Urban Affairs). 2015. *A Study to Qualitatively Assess the Capacity Building Needs of Urban Local Bodies (ULBs)*. Research Division, NITI Aayog,.	Link
Capacity Building in PPPs	报告	Plummer, Janelle. n.d. *FOCUSING PARTNERSHIPS- A Sourcebook for Municipal Capacity Building in Public–Private Partnerships*. UNDP, Earthscan Publications Ltd, London, Sterling, VA.	Link

案例文献与报告 | **529**